VICTOR CHU

Von der schwierigen Kunst, treu zu sein

Warum wir betrügen, was wir lieben

Kösel

FSC
Mix
Produktgruppe aus vorbildlich
bewirtschafteten Wäldern und
anderen kontrollierten Herkünften

Zert.-Nr. SGS-COC-1940
www.fsc.org
© 1996 Forest Stewardship Council

Verlagsgruppe Random House FSC-DEU-0100
Das für dieses Buch verwendete FSC-zertifizierte Papier
Munken Print liefert Arctic Paper Munkedals AB, Schweden.

Copyright © 2008 Kösel-Verlag, München,
in der Verlagsgruppe Random House GmbH
Umschlag: Kaselow Design, München
Umschlagmotiv: Getty Images/Somos/Veer
Druck und Bindung: GGP Media GmbH, Pößneck
Printed in Germany
ISBN: 978-3-466-30771-5

www.koesel.de

Inhalt

Treue –
Anspruch und Wirklichkeit

Treue ist diejenige Eigenschaft, die sich die meisten Menschen von ihrem Partner wünschen. Treue wurde in einer Umfrage des Magazins *Stern* von drei Viertel aller Frauen und zwei Drittel aller Männer als die wichtigste Eigenschaft genannt, die sie von einem Partner oder einer Partnerin erwarteten. Gleichzeitig gaben 43 Prozent der befragten Frauen und 51 Prozent der befragten Männer an, schon ein- oder mehrmals fremdgegangen zu sein oder es gerade zu tun.* Anscheinend klafft eine große Diskrepanz zwischen unserem Wunsch nach Beständigkeit und Verlässlichkeit einerseits und unserem Bedürfnis nach Freiheit und Abenteuer andererseits. Außerdem besteht offensichtlich ein Widerspruch zwischen dem Anspruch, den man an seinen Partner stellt, und der Fähigkeit, selber das Geforderte zu erfüllen.

Vielen Menschen, die untreu geworden sind, scheint ihr eigenes Verhalten selbst nicht zu behagen. 80 Prozent der Menschen, die fremdgegangen sind, sagen, sie lieben ihren Partner und möchten ihm treu sein.**

Sie möchten treu sein, aber sie schaffen es nicht. Warum betrügen sie, was sie lieben? Dieser Frage nachzugehen, ist Anliegen dieses Buches.

---

* Quelle: www.stern.de/lifestyle/liebesleben
** Untersuchung des Göttinger Psychologen Ragnar Beer im »Theratalk«, einem Projekt am Institut für Psychologie der Universität Göttingen 2006, an der 2 600 untreue und 3 334 betrogene heterosexuelle Männer und Frauen teilnahmen. Vgl. www.theratalk.de

Dieses Buch handelt aber nicht nur von Untreue. Es gibt offenbar ein großes Bedürfnis in unserer Zeit, sich nach Jahren der sexuellen Freizügigkeit wieder auf *Werte* und *Tugenden* zu besinnen – weniger aus der Sehnsucht nach der »guten alten Zeit« als aus dem inneren Bedürfnis vieler Menschen heraus, ihrem Leben und ihren Liebesbeziehungen wieder *Sinn* und *Bedeutung* zu geben. Deshalb geht es in diesem Buch auch um die Frage: Wie wir mehr Treue und Verbindlichkeit in unseren Liebesbeziehungen entwickeln können.

Dieses Buch könnte Menschen interessieren,

- deren Partner fremdgegangen ist und die darüber nicht hinwegkommen;
- die das Verhalten ihres Partners verstehen und
- einen neuen Anfang versuchen möchten.

Ferner richtet es sich an Menschen,

- die fremdgegangen sind und die den Grund für ihr Verhalten verstehen möchten;
- die nach positiven Alternativen suchen.

Ebenfalls wendet sich das Buch an Menschen,

- die sich in der Rolle des oder der Geliebten in einer Dreiecksbeziehung befinden und verstehen möchten, wie sie in diese Lage geraten sind.

Außerdem kann das Buch Menschen helfen,

- die sich bemühen, treu zu sein, und dies schwer finden, oder
- die treu sind, aber darüber nicht glücklich sind.

Eine wichtige Gruppe, die ich ansprechen möchte, sind Menschen,

- die als Kinder Untreue bei ihren Eltern erlebt und darunter gelitten haben und
- die in ihrer eigenen Beziehung einen anderen Weg einschlagen möchten.

Nicht zuletzt wendet sich das Buch auch an Kolleginnen und Kollegen,

- die sich beruflich mit diesem Thema befassen.

Ich bin davon überzeugt, dass es sich lohnt, um die Liebe zu kämpfen. Eine Liebesbeziehung verlangt zwar viel von uns, sie fordert uns aber auch heraus, über uns hinauszuwachsen. Wir können Kräfte entwickeln, von denen wir bisher nichts geahnt haben. Liebe ist wie ein Spiegel, in dem wir die schönsten und die hässlichsten Seiten von uns entdecken. In einer Liebesbeziehung werden Erfahrungen, die wir als Kinder in unseren Familien erlebt haben, wieder zum Leben erweckt. Damit erhalten wir eine zweite Chance, unerledigte Themen von früher abzuschließen.

Liebe verlangt Mut zur Wahrhaftigkeit. In einer intimen Beziehung können wir uns nicht verstellen. Wir müssen uns stellen. Daher ist Liebe ein Weg, unser wahres Selbst zu entdecken und zu entwickeln.

Es war für mich eine Freude, dieses Buch zu schreiben. Ich habe persönlich davon profitiert, da das Thema mich stellenweise sehr bewegt und aufgewühlt hat. Das Gleiche wünsche ich den Leserinnen und Lesern.

Was ist Treue?

Treue fällt uns nicht in den Schoß

Wie wir im Vorwort gesehen haben, scheint Treue für die meisten Menschen das Wichtigste zu sein, das sie sich in einer Liebesbeziehung wünschen. Doch während kaum einer daran zweifelt, dass es die wahre Liebe gibt, fällt es vielen schwer, an wirkliche Treue zu glauben. Das heißt: Selbst wenn man einen liebevollen Partner gefunden hat und mit ihm zusammenbleiben will, kann es zu Seitensprüngen und Affären kommen. Liebe bringt also nicht automatisch Treue mit sich.

Warum ist dies so? Warum fällt uns Treue nicht in den Schoß?

Dafür gibt es vielerlei Gründe. Es gibt kulturelle, gesellschaftliche, familiäre und persönliche Ursachen für Untreue:*

- Treue ist allem Anschein nach keine biologisch gegebene Ausstattung des Menschen, sondern eine kulturelle Errungenschaft. So wie sich die soziale Einheit der *Familie* (und mit ihr die ihr zugrunde liegende lebenslange Paarbeziehung) im Laufe der Menschheitsgeschichte erst allmählich gebildet hat, so muss sich jedes Individuum in seinem eigenen Leben die Treue zu einem Liebespartner erarbeiten.

---

* Ich danke Hansjörg Baumann für die eingehenden Diskussionen über dieses Thema.

- Neben dem erklärten Ideal der Treue gibt es in der patriarchalischen Gesellschaft gleichzeitig das Leitbild des *erobernden Mannes* und der *verführerischen Frau*. Diese Leitbilder haben sich über Jahrhunderte tief in uns eingegraben und bestimmen unser Verhalten, oft auch unbewusst. Ein solch widersprüchliches Wertesystem verursacht heftige innere Konflikte in den einzelnen Individuen. Der innere Kampf vieler Paare zwischen Treue und Untreue, zwischen Wahrhaftigkeit und Betrug ist somit auch Zeichen einer gesellschaftlichen *Doppelmoral*.
- Um treu zu sein, muss man/frau sich manches versagen. Man muss auf anderweitige Begegnungen und Beziehungen verzichten. Um diesen *Verzicht* mit vollem Herzen zu bejahen, bedarf es der Einsicht in den Sinn der Treue. Diese Einsicht ist nicht jedem von vornherein gegeben. Vielmehr reift sie erst im Laufe des Lebens allmählich heran. Treue kann somit als Frucht eines langen Reifungsprozesses angesehen werden.
- Verzicht steht im Gegensatz zu der verständlichen Tendenz im Menschen, den inneren Wünschen und Sehnsüchten nachzugeben und sie sich zu erfüllen. Der Reiz des Neuen, die Lust am Abenteuer, der Duft der Frauen (und der Männer) üben eine verführerische Wirkung auf uns aus.
- Gerade in einer Zeit, in der der Konsum uns verheißt, uns jeden erdenklichen materiellen Wunsch immer und überall erfüllen zu können, kommt uns der Verzicht auf Bedürfnisbefriedigung fast anachronistisch, zumindest altmodisch vor.
- Keine Beziehung ist vollkommen. Von der Liebe haben wir aber oft die Vorstellung, sie müsse perfekt sein. Wenn wir von unserer Partnerschaft enttäuscht sind, meinen wir oft, der Grund dafür liege (allein) beim Partner – wir hätten nur nicht den Richtigen oder die Richtige gefunden.

Also geht man/frau auf die Suche nach einer besseren Alternative. Erst wenn mehrere Versuche gescheitert sind, kommen wir darauf, dass das Problem vielleicht auch an uns selbst liegen könnte.

- Treue bedeutet auch Bindung und Gebundensein. Ein Seitensprung verspricht zumindest vorübergehend eine Befreiung aus dem Gefühl, eingeengt, festgelegt und angebunden zu sein.
- Eine langjährige Beziehung verliert mit der Zeit leicht an Farbigkeit und Faszination. Gewohnheit und Langeweile können sich einschleichen. Der Glanz der anfänglichen Anziehung lässt nach, so dass man/frau sich nach erotischer und sexueller Abwechslung sehnt.
- In langjährigen Beziehungen gibt es immer wieder gegenseitige Missverständnisse, Kränkungen und Verletzungen. Ein Seitensprung oder eine Affäre kann (bewusst oder unbewusst) dazu dienen, Rache am Partner zu üben oder ihm damit ein früher erlebtes Unrecht heimzuzahlen.
- Manchmal wird eine Nebenbeziehung dazu benutzt, um eine ins Ungleichgewicht geratene Beziehung – sei es im Machtverhältnis, sei es im emotionalen Engagement – wieder »auszubalancieren«.
- Aktuelle Partnerschaftskonflikte erhalten zusätzliche Nahrung aus schwierigen Konstellationen in den Herkunftsfamilien der beiden Partner. Wenn die eigenen Eltern emotional oder physisch abwesend waren, wenn sie fremdgegangen sind oder einen geliebten Partner verloren haben, kann dies zur Hypothek für die nächste Generation werden.

Wir sehen, es gibt mannigfaltige Gründe für die Schwierigkeit, treu zu sein. Im zweiten Teil des Buches, der von der Untreue und ihren Folgen handelt, werden wir auf die tieferen Motive für Seitensprünge und Nebenbeziehungen eingehen. Im Folgenden wollen wir uns erst einmal der Frage zuwenden, wieso es uns heute einerseits besonders schwerfällt, treu zu sein, weshalb aber andererseits viele von uns danach streben, treu zu sein und treu zu bleiben.

Warum das Thema Treue wieder aktuell ist

Warum ist Treue wieder ein aktuelles Thema geworden? Die Zeit scheint reif zu sein, menschliche Werte wieder in den Mittelpunkt zu stellen. In vielen Bereichen, sowohl im Privatleben als auch im gesellschaftlichen Zusammenleben, sind Beziehungen bedrohlich brüchig geworden. Das in der globalen Wirtschaft vorherrschende Profitdenken hat sich auch in unseren privaten Beziehungen ausgebreitet und unsere Wertmaßstäbe in Richtung Eigennutz verschoben. Wenn wir heute eine Beziehung eingehen, fragen wir uns oft: »Was bringt sie mir? Was habe ich davon?« In einer spaß- und lustbetonten Gesellschaft geht es eher um die Befriedigung kurzfristiger Bedürfnisse und Gelüste als um den Aufbau tiefer, langfristiger Beziehungen. Der Begriff »Lebenspartner« wird vielfach durch das Wort »Lebensabschnittspartner« ersetzt. Mann und Frau werden dazu animiert, ihre Partner nach Laune wie modische Kleidung an- und abzulegen. Doch kurzfristige Affären hinterlassen nicht selten einen schalen Geschmack. Irgendwann fragt man/frau sich: Ist das alles, was das Leben zu bieten hat?

War früher alles besser?

Besinnung ist angesagt. Es geht hier nicht um eine Rückbesinnung auf die »gute alte Zeit«, in der die Tradition noch gegolten hat und man wusste, was man zu tun und lassen hatte. Zum Glück sind solche Zeiten vorbei. Sie haben zwar eine gewisse Verlässlichkeit gebracht, aber um den Preis von Zwang, Furcht und falscher Scham. Man war vielleicht äußerlich treu, auch wenn man sich mit seinem Partner nicht verstand, aber häufig aus Furcht vor Schande –»Was werden die anderen denken, wenn ich mich scheiden lasse?« Viele Menschen blieben bei ihrem Partner, weniger aus Liebe denn aus Gewohnheit und Resignation. Da voreheliche Sexualität verboten war, gingen Mann und Frau in die Ehe, ohne dass man sich intim kannte. Wenn sich nach der Heirat herausstellte, dass man sexuell nicht zusammenpasste, konnte man nicht so leicht aus der Verbindung herausgehen. Gefangen in gesellschaftlichen Konventionen, mussten sich viele Menschen mit der einmal eingegangenen Partnerschaft arrangieren.

Die Auswirkungen der sexuellen Revolution

Das unterdrückte Bedürfnis nach Freiheit und Selbstbestimmung brach sich in der sexuellen Revolution der 60er- und 70er-Jahre des letzten Jahrhunderts Bahn. Man widersetzte sich vielen bis dahin geschriebenen und ungeschriebenen Gesetzen. Endlich durften Mann und Frau ihre geheimsten Wünsche in Erotik und Beziehung ausleben. Diese Befreiungsbewegung war getragen von viel Idealismus und Optimismus.

Heute geht man viel schneller miteinander ins Bett, wenn man Gefallen aneinander findet. Moderne Verhütungsmittel, eine liberale Abtreibungspraxis und eine größere gesellschaftliche Toleranz bewahren junge Menschen vor dem Zwang, gleich eine Familie gründen zu müssen, wenn sie mit einem Partner intim werden. Liebesbeziehungen können somit leichter wieder gelöst werden.

Diese Entwicklung ist ein großer Fortschritt, da sie viele unglückliche Verbindungen verhindert. Aber die neue Freiheit erkaufen wir auch durch eine größere Beliebigkeit. Wir schauen nicht mehr so genau hin, wen wir uns da ausgesucht haben. Die neue Freizügigkeit verführt dazu, Liebe und Sexualität wie einen Konsumartikel zu betrachten und als solchen zu behandeln: »Was du begehrst, nimm und genieße!« Damit geht eine Wegwerfmentalität einher, die uns viele Prominente vorleben: »Wenn dir der alte Partner nicht mehr passt, stoß ihn ab und such dir einen neuen!« Das Versprechen fürs Leben, das man gestern gegeben hat, gilt heute schon nicht mehr.

Wo die Befriedigung persönlicher Bedürfnisse zum obersten Ziel wird, führt die falsch verstandene Freiheit zum Egoismus. Auf der *gesellschaftlichen Ebene* beobachten wir, wie Rücksicht und Fürsorge für andere schwinden und uns die soziale Einstellung verloren geht. In *persönlichen Beziehungen* wird das Gegenüber immer mehr zum »Objekt«, etwas, das wie eine Ware behandelt werden kann. Liebe wird dann zum Tauschhandel. Nach sexuellen Abenteuern bleibt am Ende nicht nur ein schaler Geschmack zurück. Sie hinterlassen nicht selten innere Leere und Einsamkeit.

Wie sich sexuell wechselnde Partnerschaften der Eltern auf Kinder auswirken

Auch in der *Familie* finden Kinder und Jugendliche immer häufiger fragwürdige Vorbilder: Eltern gehen fremd, lassen sich scheiden, finden sich mit anderen Partnern zu Patchworkfamilien zusammen. Durch das Zusammenwürfeln verschiedener Familien finden Heranwachsende immer schwerer zu einer klaren Identität. Ihre Identität verschwimmt: Bin ich immer noch das Kind meines geschiedenen Vaters, auch wenn ich ihn jahrelang nicht mehr gesehen habe? Wieso darf ich meine Großeltern nicht mehr sehen? Wie soll ich mich gegenüber dem neuesten Lover meiner Mutter verhalten? Wie lange wird dieses Verhältnis halten? Warum muss ich auf einmal mit ihm und seinen Kindern zusammenleben und mit ihnen meine Sachen und meine Mama teilen? Was passiert mit meinen leiblichen Geschwistern, die beim Vater leben? Manche Kinder verwechseln den Begriff »Halbgeschwister« und »Stiefgeschwister« – sie wissen nicht mehr, zu wem sie gehören.

Wenn sich Familienbindungen auflösen

So lösen sich in unserer modernen Gesellschaft Familienbindungen langsam auf. Loyalitäten zur leiblichen Familie lockern sich, neue Bindungen zu Nichtverwandten entstehen. Es wäre jedoch ein Kurzschluss zu behaupten, alles stünde zum Besten, wenn man nur die traditionelle Familienstruktur beibehielte. Für manch ein Kind kann es ein Segen sein, wenn es vor einem prügelnden Vater oder vor einer übergriffigen Mutter geschützt wird, wenn es aus einem verwahrlosten Elternhaus herausgenommen und in eine neue, fürsorgliche Umgebung kommt. Es ist jedoch für jedes Kind wichtig zu wissen, woher es kommt, wer seine leiblichen Eltern sind und wie es diesen ergeht. Hier zwei Beispiele:

Ein Mann hat seinen Vater nie gekannt. Er wuchs nur mit seiner Mutter auf, die wechselnde sexuelle Beziehungen pflegte. Erwachsen geworden, kann er nicht treu sein. Immer wieder zeugt er mit einer Frau ein Kind, dann verlässt er sie und findet eine neue Beziehung.

Eine Frau wuchs größtenteils mit ihrer Mutter auf. Ihren Vater kannte sie nur aus ihren ersten Lebensjahren. Sie erinnert sich hauptsächlich daran, dass er jähzornig war. Sie hatte als Kind Angst vor ihm. Der Vater verließ die Familie, kurz nachdem sie in die Schule kam. Als sie erwachsen war, heiratete sie einen unscheinbaren Mann, von dem sie keine Gewalt zu befürchten brauchte, und blieb ihm Jahrzehnte treu. Sie fühlte sich von ihm zwar nicht geliebt, aber sie wusste keine Alternative. Außerdem war sie dankbar dafür, dass er nicht gewalttätig war. Irgendwann forschte sie nach ihrem Vater. Sie fand ihn in einer neuen Familie, lernte ihn als alten Mann neu kennen. Es wurde kein besonders herzliches Verhältnis daraus. Dann starb er. Kurz danach realisierte sie, wie sehr sie in ihrer Ehe unter der Lieblosigkeit ihres Mannes gelitten hatte. Sie lernte einen liebevollen Partner kennen und trennte sich von ihrem Mann.

Eine diffuse Identität führt zu diffusen Beziehungen

Wenn wir diese beiden Beispiele anschauen, bekommen wir ein Gefühl dafür, wie sich die Beziehung der Eltern auf die späteren Beziehungen ihrer Kinder auswirkt. In beiden Fällen kannten die Kinder ihre Väter nicht oder nur wenig. So konnte der junge Mann keine feste männliche Identität entwickeln. Seine Frauenbeziehungen blieben diffus. Er zeugte Kinder und verließ sie, so wie er selbst von seinem Vater verlassen worden war. Seine Partnerinnen waren nur solange interessant, wie sie keine Kinder hatten. Sobald sie Mütter wurden, nahm er Reißaus, so wie er einst vor seiner überbehütenden Mutter geflohen war.

Im zweiten Fall blieb die Frau bei ihrem Mann, auch wenn er sie nicht liebte, weil sie auf keinen Fall so einen gewalttätigen Partner haben wollte, wie sie ihren Vater erlebt hatte. Sie lief sozusagen vor dem Schreckensbild ihrer Kindheit weg. Als sie ihren Vater nach Jahren wiedersah, fand sie zwar einen unsympathischen, grobschlächtigen Mann vor, aber sie hatte keine Angst mehr vor ihm. Sie musste nicht mehr vor ihm davonlaufen. Dadurch erlosch auch ihr Bedürfnis, bei ihrem lieblosen Mann zu bleiben. Sie fand einen Partner, der sowohl friedfertig als auch liebevoll war.

Wir können hier also festhalten: Der Grund, weshalb es heute so schwer ist, eine dauerhafte Beziehung einzugehen und treu zu sein, liegt auch darin, dass unsere Identität in den jetzigen Zeiten unsicherer gewordenen ist – es ist kein Zufall, dass beide Kinder in den erwähnten Beispielen in den Wirren nach dem Zweiten Weltkrieg zur Welt kamen.

Treue kommt aus dem Wesenskern

Eine Treuebindung kann ich nur mit meinem ganzen Wesen eingehen. Ich möchte einem Menschen treu sein, *weil er mich in meinem Wesenskern berührt*. Liebe ist stets eine Verbindung zwischen meinem Wesenkern und dem Kern meines Gegenübers. Dem jungen Mann aus dem oberen Beispiel fehlt ein wesentlicher Teil seiner männlichen Identität – er kennt seinen Vater nicht. In diesem Bereich seines Wesenskerns klafft eine Lücke, er ist hier gewissermaßen hohl geblieben. Daher fällt es ihm schwer, eine tiefere Herzensverbindung zu einer Frau aufzubauen. Außerdem hat er vergeblich versucht, die Lücke des Vaters auszufüllen und den Ersatzmann für seine Mutter zu spielen. Da er seine Mutter nur als eine unglückliche, verlassene Frau kannte, meint er, alle Frauen seien bedürftig und besitzergreifend wie sie. Deshalb flüchtet er vor jeder nahenden Liebesbeziehung.

Im Grunde läuft er aber vor seinem eigenen Schatten weg. Er käme aus dem Teufelskreis heraus, wenn er die Wurzeln seiner Bindungsangst in der inneren Not als Kind erkennen würde. Dies ist jedoch ein schmerzlicher Prozess, für den man eigentlich die Hilfe eines Therapeuten benötigt.

Manchmal ist ein Mann erst dazu bereit, wenn er selbst Vater wird – dann erkennt er, wie sein eigenes Kind sein Schicksal wiederholt.

Während das Herz des Mannes aus dem ersten Beispiel »hohl« geblieben ist, ist das Herz der Frau aus dem zweiten Beispiel so sehr von dem Bild des gewalttätigen Vaters, den sie aus ihrer Kindheit kannte, besetzt, dass sie keinen Mann wirklich nahe an sich heranlassen kann. Ihre distanzierte Ehe ist eine Art Kompromiss: »Ich tue dir nichts, du tust mir nichts. Ich fühle mich neben dir zwar einsam, aber zumindest bin ich nicht ganz allein auf der Welt.«

Nur wer sich selbst kennt, kann auch richtig lieben

Weshalb es vielen von uns heute so schwerfällt, eine wirklich intime Beziehung einzugehen, liegt also auch in der traurigen Tatsache begründet, *dass wir uns selbst so wenig kennen.* Wir sind von den Medien und von der sich immer schneller verändernden Umwelt so sehr in Beschlag genommen, dass wir uns ständig in Äußerlichkeiten und in oberflächliche Kontakte verwickeln. (Das Internet und das Handy sind die herausstechendsten Symbole dieser Entwicklung.) Wir haben überhaupt keine Zeit und keine Energie mehr, uns selbst zu widmen. Damit meine ich nicht ein egozentrisches Um-sich-selbst-Kreisen, sondern die Pflege unserer eigentlichen Person, unseres *Selbst.* Vor lauter Herumrennen auf der Suche nach der Befriedigung unserer momentanen, kurzlebigen Bedürfnisse vergessen wir, uns auf das zu konzentrieren, was unserem Leben Sinn und Erfüllung gibt. Damit verfehlen wir uns – wir verlieren uns.

Eine kurzweilige sexuelle Begegnung reizt zwar, ähnlich wie ein gutes Essen, unsere äußeren Sinne, aber sie vermittelt keine Erfüllung, sie verleiht unserem Leben keine neue Perspektive, wir erleben keine Tiefe in dem kurzen Kontakt. Es bleibt ein schaler, manchmal ein unangenehmer Geschmack auf der Zunge zurück, wie von künstlichen Aromen.

Unsere Sexualität, die die Pforte zu tiefsten, uns transformierenden Erfahrungen öffnen könnte, verfällt dann zum handhabbaren Sex, der benutzt wird, um schnell Kontakt mit einem an sich Unbekannten herzustellen. Wir überspringen dabei wichtige intime Grenzen, sowohl bei uns selbst als auch bei unserem Gegenüber. Selbst wenn wir uns nackt ausziehen, bleiben wesentliche Teile unseres Selbst verhüllt. Je schamloser wir uns gebärden, desto tiefer verbirgt sich unser Innerstes. Vor einem respektlosen In-Besitz-genommen-Werden, vor einer unsensiblen Berührung zieht sich unser Innerstes instinktiv zurück. Voreiliger Sex kratzt nur an der Oberfläche. Er kann niemals unseren Kern erreichen.

Denn es gibt eine natürliche Scham, die unser Innerstes schützt. Sie umhüllt unsere zarten und verletzlichen Seiten wie die festen Schalen einer Knospe, die sich erst nach und nach, im Laufe eines langsamen Prozesses des gegenseitigen Kennenlernens und sich Anvertrauens öffnen und die Blüte freigeben. Wir wollen erkannt werden, so, wie wir wirklich sind, aber wir offenbaren uns nur dem Blick eines Liebenden.

Jeder weiß, dass Liebe das Wertvollste ist, was uns widerfahren kann. Unser Leben verliert seinen Sinn, wenn wir nicht lieben und nicht geliebt werden. Daraus erwächst unsere tiefe Sehnsucht nach Intimität und Verbindlichkeit.

Treue kommt vom Vertrauen. Uns einem anderen Menschen wirklich anzuvertrauen, braucht Zeit, manchmal gar Jahre, bis wir uns trauen, uns ganz fallen zu lassen, uns ganz hinzugeben. Dies für uns in Anspruch zu nehmen, bedarf Beständigkeit und Geduld. Es ist etwas, das wir unserer schnelllebigen Zeit abringen müssen.

Was ist Treue nicht?

Um den Begriff »Treue« klarer definieren zu können, ist es nützlich, herauszustellen, was Treue *nicht* ist.

Treue ist nicht blind, starr, einseitig, bequem oder opportun, sie ist keine Symbiose, bloße kindliche Treue, etwas Erzwungenes oder Erpresstes, bloße Pflichterfüllung, Abhängigkeit, ein geschlossenes System. Sie bedeutet nicht, keine anderen nahen Beziehungen haben zu dürfen, sie ist nicht kritiklos, alternativlos und sie ist kein Zweckbündnis.

Treue ist nicht blind

»Blinde Treue« beinhaltet die Einstellung: »Wenn ich einmal ein Versprechen abgegeben habe, darf ich es nie mehr revidieren. Egal, ob die Voraussetzungen, unter denen ich das Versprechen abgegeben habe, noch zutreffen. Egal, ob mein Partner mir treu ist. Egal, ob sich die Umstände verändert haben.« Dieses »Egal« entlarvt das Treueversprechen als etwas Starres, etwas Unkorrigierbares.

In früheren Zeiten galt eine solche Haltung als Tugend: Unbeugsamkeit, Härte gegen sich selbst, Gehorsam bis zum bitteren Ende. Es sind im Grunde soldatische Tugenden. Eine solche Haltung hat zwei gravierende Nachteile: Zum einen kann sie von Autoritäten ausgenutzt werden, sei es von egoistischen Eltern, sei es von einem despotischen Regime – siehe der Fahneneid im Dritten Reich, der jeden Soldaten auf den »Führer« einschwor. Zum anderen lässt sie keinen Raum für eigenständiges Urteilen und Entscheiden.

Eine reife Form der Treue ist eine, die dem Menschen den Raum und die Freiheit lässt, stelbstständig und ohne Druck und Beeinflussung von außen seine eigene Entscheidung zu fällen. Erst dann kann er wirklich mit seiner ganzen Person zu einem Versprechen stehen. Dies schließt auch mit ein, dass er sein Versprechen von Zeit zu Zeit neu anschauen und bei Bedarf abändern oder revidieren darf. Ein solches Verständnis von Treue traut dem Menschen zu, sein eigenes Urteil zu bilden. Es mutet ihm die Verantwortung für sein eigenes Leben zu. Es fordert von ihm, erwachsen zu sein, zu seiner Urteilskraft und zu seinem Gewissen – der höchsten inneren moralischen Instanz in einem Menschen – zu stehen. Es fordert den mündigen Bürger.

Blinde Treue entlässt dagegen den Menschen aus seiner Eigenverantwortung. Sie ist aus dieser Sicht eine bequeme Lösung. Man braucht nur einmal ein Versprechen abzugeben, danach kann man das eigene Denken und Urteil fahren lassen. Eine solche Einstellung bekommt leicht etwas Mechanisches, Marionettenhaftes. Sie kann sich bis zur Unmenschlichkeit steigern, die uns in der Tötungsmaschinerie in den Vernichtungslagern im Dritten Reich begegnet.

Treue bedeutet nicht Symbiose

Symbiose heißt verschmolzen sein. Das neugeborene Kind lebt mit seiner Mutter in einer Symbiose – es kann nicht ohne sie überleben (zumindest nicht ohne eine fürsorgliche Bezugsperson). Als Kinder befinden wir uns lange in symbiotischer Bindung zu unseren Eltern, zu unserer Sippe, zu unserer unmittelbaren Umgebung. Sie bilden den nährenden Hintergrund für uns. Wir sind auf sie angewiesen. Aufgrund dieser Angewiesenheit sind wir als Kinder keine unabhängigen Individuen. So wie die Jungtiere einer Herde allen Bewegungen der erwachsenen Tiere folgen, so übernehmen wir automatisch die Urteile und Standpunkte unserer Eltern und unserer Umwelt.

Symbiose hat oft Uniformität zur Folge. Alle Beteiligten machen das Gleiche. Manche alte Paare ziehen sich gleich an, haben dieselben Freunde, fahren jedes Jahr zum selben Urlaubsort – symbiotisches Verhalten ist also keineswegs auf die Kindheit beschränkt! Wenn man genauer hinschaut, haben natürlich beide Partner nicht immer denselben Geschmack. Meist stellt der eine Partner nur seine Bedürfnisse und Interessen zurück, während der andere meint, alle Entscheidungen für beide fällen zu können beziehungsweise zu müssen. Den Hang zu einer symbiotischen Beziehung findet man häufig bei Menschen, bei denen eine gute Symbiose mit der Mutter und dem Elternhaus gefehlt hat (etwa wenn ein Kind zu früh oder zu plötzlich von der Mutter getrennt wurde), oder wenn die frühkindliche Symbiose nicht gut aufgelöst wurde (wenn zum Beispiel eine bedürftige oder einsame Mutter das Kind festhält und nicht ziehen lässt). Dann neigt man dazu, auch im Erwachsenenleben ähnlich symbiotische Beziehungen zu etablieren.*

Die frühkindliche Symbiose löst sich normalerweise mit dem Älterwerden des Kindes. Schon das Kind, das krabbeln kann, bewegt sich gerne von der Mutter weg. Das in diesem Alter beliebte Versteckspiel (»Kuckuck! Wo bin ich?«) bereitet das Kind spielerisch auf die langsame Trennung von der Bezugsperson vor. Es braucht einerseits die Sicherheit, dass die Mutter da ist, wenn es aus seinem Versteck herauskommt. Es freut sich andererseits aber ebenso über die Möglichkeit, sich »unsichtbar« zu machen.

---

* Vgl. dazu: Victor Chu: *Die Kunst, erwachsen zu sein. Wie wir uns von den Fesseln der Kindheit lösen*, München: Kösel, 4. Auflage 2007

Mit dem Trotzalter gewinnt das Kind zum ersten Mal ein Gefühl für sein Ich, das es vehement gegen den Willen der Mutter abzugrenzen sucht. Die Verzweiflung, die damit einhergeht, entspringt dem inneren Konflikt im Kind, der durch die notwendige Trennung von der Mutter ausgelöst wird. Eine kluge Mutter respektiert den Willen des selbstständiger werdenden Kindes, sie kann aber bei Bedarf auch angemessene Grenzen ziehen. So erlebt das Kind langsam, zwischen dem »Ich« und dem »Du« zu unterscheiden – eine wichtige Stufe in der Entwicklung seines Selbst. So gewinnt das Kind seine Autonomie, lernt dabei gleichzeitig, Rücksicht auf seine Umwelt zu nehmen.

Für Mütter (und Väter) kann es natürlich auch schmerzlich sein, wenn sich das Kind entfernt. Lebenskluge Eltern wissen aber, dass ihr Kind in liebevoller Beziehung zu ihnen bleiben wird, auch wenn es erwachsen wird und sein eigenes Leben führt. Ein Teenager, der sich zum ersten Mal länger im Ausland aufhält, drückt es in einem Brief an die Eltern so aus: »Ich kann so gut hier sein und mein neues Leben genießen, weil ich weiß, dass Ihr meine Stütze und mein Rückgrat bleibt.« Er fühlt sich frei zu gehen und sein eigenes Leben auszuprobieren. Gleichzeitig ist er sich sicher, dass die Eltern jederzeit da sind, wenn er sie braucht. Er braucht keine Angst zu haben, fallen gelassen zu werden, wenn er sich entfernt oder anderer Meinung ist als die Eltern. Er braucht nicht zu klammern.

Kindliche Treue

Gleichzeitig ist es wichtig für ein Kind, zu wissen, dass die Eltern nicht leiden, wenn es weggeht und sein eigenes Leben führt. Kinder sind – entgegen der herkömmlichen Meinung – bedingungslos für ihre Eltern da, wenn sie spüren, dass diese traurig oder einsam sind, oder wenn sie das Gefühl haben, den Eltern geht es nicht gut.

Dafür haben Kinder bereits ab dem Säuglingsalter einen siebten Sinn. Sie sind zur Stelle, wenn sie merken, den Eltern geht es schlecht. Manche Kinder werden auffällig »pflegeleicht« – scheinbar selbstgenügsam fordern und verlangen sie nichts für sich selbst. Andere Kinder helfen schon früh im Haushalt oder beim Aufziehen ihrer jüngeren Geschwister mit, wenn die Eltern krank werden, sich trennen oder sonst überfordert sind. Dies ist manchmal nicht zu vermeiden, solche Notsituationen kommen in jeder Familie vor. Wenn diese aber zum Regelfall werden, hat das betreffende Kind ein Problem: Es kann sich nicht guten Gewissens vom Elternhaus entfernen. Das Kind wird zu früh »erwachsen«, es übernimmt die Vater- oder Mutterrolle für die Geschwister, es geht nicht auf Partys, bleibt auch nach der Ausbildung im Elternhaus oder zumindest in nächster Nähe der Eltern. Manch ein Kind verzichtet aufs eigenständige Leben oder aufs eigene Glück, um für die Eltern da zu sein. Es heiratet nicht, gründet keine Familie, hat keine Kinder – seine Eltern sind seine Kinder. Wenn die Eltern alt und gebrechlich werden, sind sie selbstverständlich als Erste zur Stelle.

In solchen Familien kehrt sich die Eltern-Kind-Beziehung um: Die Eltern bleiben kindlich und unreif, sie fordern, vom Kind ernährt und versorgt zu werden. Selbst wenn das Kind darüber ärgerlich wird und rebelliert, wird es irgendwann reumütig zurückkehren und sich, wenn auch widerwillig, um die Eltern kümmern. Eine derartige Ausnutzung der natürlichen kindlichen Treue ist bitter fürs Kind. Sie fesselt es wie ein Gummiband – selbst wenn das Kind Kontinente zwischen sich und die Eltern schiebt, spürt es den unerbittlichen Zug nach Hause. Seine Flucht bewirkt das Gegenteil: Je weiter es sich entfernt, desto stärker zieht das innere Band an.

Treue ist nichts Erzwungenes oder Erpresstes

Aus dem Gesagten wird deutlich, dass Treue nichts ist, das man von einem anderen Menschen erzwingen oder erpressen kann.

Erzwungene Bindungen (etwa erzwungene Eheschließungen) kommen in demokratischen Ländern zum Glück nicht mehr häufig vor. Aber auch hier existieren sie weiter im Untergrund. Wir finden sie sowohl in bestimmten Subkulturen wie Sekten als auch in der von der Öffentlichkeit »geschützten« Sphäre der Familie in Form von Kindesmisshandlung und -missbrauch. Die Dunkelziffer ist groß.

Erzwungene Beziehungen werden aufrechterhalten durch die Ausübung oder Androhung von Gewalt. Oft sind sie mit einer starken materiellen oder seelischen Abhängigkeit des Opfers vom Täter verbunden, wenn etwa ein junges Mädchen in die Hände eines Dealers oder eines Zuhälters gerät. In gewaltgeprägten Beziehungen müssen mächtige Außeninstanzen eingreifen, um das Opfer aus den Klauen des Täters zu befreien und es zu schützen. Schutzeinrichtungen wie Frauenhäuser oder Kinderschutzbund sind dazu ebenso notwendig wie gesetzliche Maßnahmen, die nicht nur pro forma auf dem Papier stehen, sondern tatkräftig durchgesetzt werden.

Emotionale Erpressung

Erpressung ist ein subtileres Mittel der Beeinflussung. In zwischenmenschlichen Beziehungen erweist sie sich oft wirksamer als rohe Gewalt. Physische Gewalt wirkt nur so lange, wie das Opfer direkt in der Macht des Täters steht. Sobald dieser in seiner Aufmerksamkeit nachlässt, kann das Opfer entfliehen. Emotionale Gewalt in Form seelischer Abhängigkeit braucht keine Fesseln. Sie wirkt im Opfer selbst. Die physische Anwesenheit seines Peinigers ist gar nicht mehr notwendig. Wenn eine Mutter am Telefon zur Tochter sagt: »Mir geht's so schlecht, wenn du dich nicht meldest«, braucht die Mutter gar nicht real depressiv oder krank zu sein, um der Tochter ein schlechtes Gewissen zu machen. Wenn ein Mann seiner Frau sagt, er bringe sich um oder gehe vor die Hunde, wenn sie ihn verlässt, muss sie schon sehr viel Mut aufbringen, um sich über eine solche Drohung hinwegzusetzen.

Schuldgefühle lassen sich leicht in einem Menschen auslösen, wenn man an sein Mitgefühl, seine Liebe oder seine Dankbarkeit appelliert. Dabei erweist sich Dankbarkeit als eines der wirksamsten Instrumente zur emotionalen Erpressung. Werbegeschenke sind hier ein gutes Beispiel. Man schenkt zunächst jemandem etwas, nutzt dann die Dankesschuld des Beschenkten, um implizit Forderungen zu stellen.

Ein kleines Beispiel aus dem Alltag: Vor Jahren bin ich auf das Angebot eines Buchklubs eingegangen und habe mir ein Buch kostenlos schicken lassen. Im Inserat wurde zugesichert, dass der Besteller zu nichts verpflichtet sei. Einige Wochen später rief mich ein junger Mann an und fragte freundlich, ob ich in den Buchklub eintreten möchte. Ich sagte Nein, danke. Daraufhin wechselte er den Ton und wurde ziemlich böse. Er zählte mir auf, wie teuer die Buchgeschenke seinem Unternehmen zu stehen kämen, dann legte er unvermittelt auf.

Erpressungen sind subtile Machtstrategien. Das Perfide an ihnen ist, dass das Opfer gar nicht merkt, wie es langsam in einen Knäuel von Verpflichtungen eingewickelt wird. Es merkt nicht, welche Macht der Täter ausübt. Dieser verschleiert seine Macht oft unter dem Deckmantel der Ohnmacht. Er ist aggressiv, aber seine Aggression zeigt sich in seiner scheinbaren Hilflosigkeit – wir nennen dies ein passiv-aggressives

Verhalten. Weil der Täter das Opfer mit seinen Argumenten zu verwirren weiß, durchschaut dieses seine Absicht nicht – es kann sie aber spüren, wenn es »auf seinen Bauch hört«. Übelkeit steigt auf, man fühlt sich bedrängt, man möchte weglaufen, fühlt sich aber wie gefesselt. Die angebotene Süße schmeckt wie Industriezucker – sie hat einen unangenehmen Beigeschmack und macht nicht satt und zufrieden.

Solche Machtstrategien kann man entlarven, indem man auf die eigene innere Stimme hört und sich weigert, das Verlangte zu tun. Sobald die Tochter zu der Forderung, die Mutter zu besuchen, Nein sagt, wird diese nicht wie angedroht zusammenbrechen oder todkrank werden. Sie wird aller Wahrscheinlichkeit nach aufbrausen und die Tochter mit Anklagen überschütten, oder sie wird sich bei den Verwandten über die Undankbarkeit der Tochter beklagen. Nun wird ihre bis dahin verborgene Aggression – und ihr Machtanspruch – offensichtlich. Ebenso wenig wird der Ehemann sich umbringen, wenn seine Frau ihn verlässt. Viel wahrscheinlicher ist es, dass er sich ein neues Opfer sucht. Es gibt leider genügend Frauen mit Helfersyndrom, die nur darauf warten, einen armen, verlassenen Mann zu trösten.

Erpresste und erzwungene Beziehungen haben nichts mit Treue zu tun. Wirkliche Treue ist freiwillig und gegenseitig. In einer erpressten oder erzwungenen Beziehung wird Zuwendung nicht freiwillig geschenkt, sie enthält eine versteckte Forderung nach Gegenleistung. Die Liebe, die vom fordernden Partner kommt, ist keine echte Liebe. Sie ist Mittel zum Zweck, ein gezielt eingesetztes Druckmittel.

Wirkliche Liebe fordert nichts. Wenn ich einen Menschen wirklich liebe, liebe ich ihn einfach. Ich bin machtlos, oder besser: Meine Liebe ist machtfrei. Sie verpflichtet den geliebten Menschen zu nichts. Wenn ich ihm Gutes tue, tue ich es, weil ich ihn liebe. Punkt, fertig.

Echte Liebe fordert nicht. Ich kann zwar um einen Menschen, den ich liebe, werben, aber ich kann nichts tun, wenn er meine Liebe nicht erwidert. Aber ich kann mich schützen: Ich brauche mich nicht einem Menschen auszuliefern, dem ich gleichgültig bin und der mich in meiner Zuneigung ausnutzt. Es ist wichtig, mich zurückzuziehen und dafür zu sorgen, dass aus meiner Liebe keine klaffende Wunde wird.

Natürlich ist eine einseitige Liebe schmerzlich. Sie zwingt zu Verzicht. Wenn der Schmerz abgeklungen ist, wenn die Wunde verheilt ist, kann ich nachspüren, was diese Liebe in mir ausgelöst hat. Jede Liebe, auch eine einseitige, bringt neue Saiten in uns zum Klingen, erweckt etwas Wesentliches in uns. Dieses können wir schätzen und es in unserem Leben fruchtbar werden lassen.

Pflichterfüllung ist nicht Treue

Umgekehrt ist eine Beziehung, die nicht aus Liebe, sondern hauptsächlich aus Pflichtgefühl aufrechterhalten wird, nicht Treue im eigentlichen Sinne. Eine wirkliche Treuebindung kommt von Herzen. Wir sind treu, weil wir mit unserem ganzen Wesen zu dieser Beziehung, zu diesem Menschen stehen. Wir sind ihm treu aus Liebe. Uns verbindet eine Herzensbeziehung.

Pflichtbewusstsein ist zwar eine wichtige Tugend. Einen pflichtbewussten Menschen kann ich achten, ich bringe ihm Respekt entgegen. Aber ich spüre keine wirkliche Wärme, keine echte Nähe, die von ihm ausgeht. Wenn ein Mensch aus Pflichtgefühl bei mir bleibt, spüre ich eine deutliche Distanz und eine abweisende Kühle. Ich fühle mich von ihm ein wenig wie ein Objekt behandelt: Er steht mir zwar bei, aber er tut dabei eben nur seine Pflicht. Ich fühle mich nicht wirklich gemeint. Er ist bei mir, aber nicht meinetwegen, sondern seiner inneren Verpflichtung wegen. Er dient nicht mir, sondern seiner Pflicht oder der Instanz, der er sein Versprechen abgegeben hat – sei es einer äußeren Autorität, einer göttlichen Instanz oder seiner persönlichen Moral. Er ist bei mir, weil ihm eine andere Beziehung wichtig ist. Es ist nur seine Hülle, die neben mir steht.

Treu sein im eigentlichen Sinne ist jedoch eine höchst persönliche Angelegenheit. Ich möchte als Person gemeint sein, gesehen sein, wahrgenommen sein, wenn ein anderer Mensch zu mir steht. Ich kann einem pflichtbewussten Partner dankbar sein, aber ich kann ihn nicht dafür lieben. Im Übrigen erwartet er dies auch nicht. Sein Herz ist woanders.

Ein Beispiel für ein solches starres Handeln nach verinnerlichten Konventionen finden wir im Roman *Effi Briest* von Theodor Fontane. Darin erschießt der Ehemann der Titelheldin seinen Rivalen im Duell »ohne jedes Gefühl von Hass oder gar von Durst nach Rache«. Er tut es nicht aus Eifersucht, nicht weil er seine Frau liebt, sondern weil sich in ihm »etwas ausgebildet (hat), das nun einmal da ist und nach dessen Begriffen wir uns gewöhnt haben, alles zu beurteilen, die anderen und uns selbst. Und dagegen zu verstoßen geht nicht; die Gesellschaft verachtet uns, und zuletzt tun wir es selbst und können es nicht aushalten und jagen uns die Kugel durch den Kopf.«[*]

Treue ist nicht Abhängigkeit

Eine der größten Selbsttäuschungen in Beziehungen ist die Illusion, man könne nicht ohne den Partner leben, oder genauer: überleben. Viele Menschen bleiben bei einem Partner,

---

[*] Aus: Elisabeth Frenzel: *Motive der Weltliteratur*, Stuttgart: Alfred Kröner 1992, Seite 125

34

den sie nicht lieben oder nicht mehr lieben, weil sie Angst davor haben, wieder allein zu sein. Sie malen sich aus, dass sie finanziell nicht mehr zurechtkämen, dass keiner ihnen die Hemden bügeln oder die Wohnung in Ordnung bringen würde, dass keiner sie vor einem Einbrecher schützen würde, dass sie im Alter einsam sein würden, wenn sie sich trennten.

In diesen Horrorszenarien fühlen sie sich schutz- und hilflos wie ein kleines Kind, das ohne seine Mama nicht überleben kann. Sie vergessen dabei, dass sie vor der Beziehung auch allein ihren Lebensunterhalt bestritten, ihre eigenen Finanzen geregelt und Freunde und Freundinnen hatten. Sie haben sich, ohne es zu merken, in der Beziehung in einen kindlichen Zustand zurückfallen lassen (in der Psychologie sprechen wir von »Regression«). Frauen überlassen ihren männlichen Partnern die Auseinandersetzung mit der Außenwelt, vor allem das Geldverdienen und alles Geschäftliche. Sie regredieren in den Zustand eines unmündigen Kindes, das aufs Taschengeld angewiesen ist und nicht auf eine Behörde oder zur Bank gehen kann. Auch das handwerkliche Zupacken geben sie gerne an den Partner ab und vergessen, dass sie selbst einst ihre Wohnung renoviert haben und dort, wo sie etwas nicht selbst machen konnten, einen Handwerker oder Bekannten beauftragt haben. Männer vergessen, dass sie einst selbst gekocht, ihre Wäsche gewaschen und ihren Haushalt in Ordnung gehalten haben. »Mama« – damit meinen sie ihre Partnerin – soll alles erledigen.

Die Partner finden sich hier zu einer Art *Pseudosymbiose* zusammen. Sie geben eigene Fähigkeiten auf, übertragen diese dem Partner oder der Partnerin und meinen, sie seien auf dessen oder deren Unterstützung *existenziell* angewiesen. Natürlich ist Arbeitsteilung bequem, natürlich bringt sie Erleichterung im Alltag, aber sie ist nicht existenziell notwendig. Vor allem, wenn der Preis zu hoch wird (zum Beispiel, wenn man die Nähe des Partners oder der Partnerin nicht mehr ertragen kann oder wenn man sich völlig auseinanderentwickelt und sich nichts mehr zu sagen hat). Wenn das Zusammenleben zur Last wird, verliert es seinen eigentlichen Sinn.

In einer solchen Beziehung bleibt man oft nur aus zwei Gründen zusammen: aus Gewohnheit und der Angst, neu anfangen zu müssen. Gewohnheit ist aber keine Treue, Angst vor dem Alleinsein kein Grund, mit einem Menschen auf engstem Raum zusammenzuleben, der einem fremd geworden ist. Die Angst vor einer Trennung hält die Partner davon ab, einen Schlussstrich zu ziehen oder auch nur ein klares Wort mit dem Partner zu reden.

Was ich zuvor über symbiotische Beziehungen gesagt habe, trifft auch hier zu: Wir bleiben in solchen Partnerschaften, in denen wir uns wie ein Kind fühlen und verhalten, weil uns etwas in der Kindheit gefehlt hat. Wir suchen in der Beziehung eigentlich eine Mutter, die uns versorgt, oder einen Vater, der uns bei der Hand nimmt. Dann wird der Partner oder die Partnerin zum Ersatzvater oder zur Ersatzmutter. (Diesen Prozess nennen wir »Übertragung«.) Dadurch verliert der Partner aber seine anfängliche sexuelle Attraktivität. Das Erotische verschwindet in einer Beziehung, in der der Partner zum Elternersatz wird. Nicht selten nennt sich das Paar gegenseitig »Mama« oder »Papa«. Der einstige Liebespartner wird sexuell uninteressant, und irgendwann wendet man sich einem anderen zu, man verlegt seine Sehnsüchte in die Lektüre von Liebesromanen oder man verabschiedet sich gänzlich von seiner Sexualität.

Es kann aber nicht der Sinn einer Liebesbeziehung sein, eine fehlende Elternbeziehung zu ersetzen. Wenn man merkt, dass die ursprüngliche Liebe in Abhängigkeit abgleitet und das Interesse aneinander schwindet, wird es höchste Zeit, sich um Hilfe zu bemühen. Man kann zu einer Ehe- oder Paarberatungsstelle oder zu einem Therapeuten gehen, bei dem man sich aussprechen, seine Frustrationen und Enttäuschungen äußern und die gegenseitigen Wahrnehmungsverzerrungen und Missdeutungen zurechtrücken kann.

Ziel ist es, einen Weg aus den eingeschliffenen Gewohnheiten zu finden, die zur Belastung gewordenen Abhängigkeiten abzubauen, um den Partnern mehr Luft, mehr Raum, mehr Freiheit zu geben. In seinem bekannten Buch *Der Prophet* hat Khalil Gibran folgende Verse zur Ehe geschrieben: »Vereint seid ihr geboren, und vereint sollt ihr bleiben immerdar. Ihr bleibt vereint, wenn die weißen Flügel des Todes eure Tage scheiden. Wahrlich, ihr bleibt vereint selbst im Schweigen von Gottes Gedenken. Doch lasset Raum zwischen eurem Beieinandersein, und lasset Wind und Himmel tanzen zwischen euch. Liebet einander, doch macht die Liebe nicht zur Fessel: Schaffet eher daraus ein webendes Meer zwischen den Ufern eurer Seelen ... Und stehet beieinander, doch nicht zu nahe beieinander: Denn die Säulen des Tempels stehen einzeln, und Eichbaum und Zypresse wachsen nicht im gegenseit'gen Schatten.«*

Eine Treuebindung ist kein geschlossenes System

Wir begeben uns also nicht in ein geschlossenes System, wenn wir unserem Partner treu sind. Wenn wir meinen, es gebe für uns und für den Partner keine Alternative zur bestehenden Beziehung, kesseln wir sie sozusagen ein: Die Beziehung wird zum geschlossenen System, sie wird wie eine Burg

---

* Khalil Gibran: *Der Prophet*, München: Piper 2005, S. 23

mit hochgezogener Zugbrücke und Wachposten an allen Mauern. Alles Neue wird als Bedrohung für den inneren Frieden angesehen und mit Misstrauen belegt. Die Partner beschränken sich auf den kleinsten gemeinsamen Nenner. Was nicht darunter passt, wird ausgeschlossen und aus dem gemeinsamen Leben verbannt. Dadurch wird die Luft zum Atmen immer dünner. Die Farben verblassen, das Licht wird düsterer, der Horizont enger. Die Beziehung wird schließlich zum selbstgemachten Gefängnis.

Eine lebendige Beziehung hat aber Platz und Raum zum Sich-Entfalten. Gerade wenn ein Paar ein Leben lang zusammenbleiben möchte, braucht jeder Partner Raum für seine eigene Entwicklung. Wir verändern uns mit dem Alter, keiner ist mit 40 oder 50 so, wie er mit 20 war. Wir verändern uns mit den Lebensumständen, wenn wir beruflich weiterkommen, wenn wir Kinder bekommen, wenn wir neue Interessen entwickeln. Solche Veränderungen uns selbst und dem Partner zuzugestehen und zu begrüßen, sollte heute eine Selbstverständlichkeit sein.

Menschen sind, um im zuletzt genannten Bild von Khalil Gibran zu bleiben, wie Bäume. Sie entwickeln sich, sie verändern sich mit den Jahreszeiten und mit den Jahren. In einer Beziehung stehen zwei Bäume unterschiedlicher Herkunft und Art nebeneinander. Jeder macht seine individuelle Entwicklung durch und bekommt die Veränderung beim anderen mit. In einer lebenslangen Beziehung können wir nicht wissen, wie wir uns mit den Jahren entwickeln werden. Wir können nur hoffen, dass wir uns nicht gegenseitig behindern und dass wir uns nicht auseinanderentwickeln. Dieses Risiko besteht immer, es ist der Preis unserer Freiheit. Deshalb müssen wir uns beständig um unsere Gemeinsamkeiten bemühen. Daher ist das Vertrauen so wichtig, dass wir bei allen unvorhersehbaren Entwicklungen, die wir in der Zukunft machen werden, nahe beieinanderbleiben werden. Dieses Vertrauen ist die Voraussetzung für den Entschluss, eine Lebensbeziehung miteinander aufzubauen. Eine Eheschließung heißt nicht umsonst »Trauung«.

Treue heißt nicht
Ausschluss anderer wichtiger Beziehungen

Treue bedeutet nicht Exklusivität, das heißt Ausschluss anderer wichtiger Beziehungen. Auch wenn der Partner den zentralen Platz in unserem Herzen innehat, brauchen wir andere Menschen, die uns wichtig sind: Kollegen, mit denen wir zusammenarbeiten, Vorbilder, die uns begeistern und anregen, Freunde, mit denen wir eine gemeinsame Vergangenheit teilen, Menschen, mit denen wir ein neues Interesse entdecken und entwickeln. Vorbilder, Freunde, Weggefährten – sie alle geben unserem Leben Kraft, Solidarität, Inspiration. Mit ihnen fühlen wir uns verbunden, wir stehen nicht allein. So wichtig ein Lebenspartner ist, mit dem wir das Persönlichste und Intimste teilen, so nötig haben wir auch andere Kontakte und Beziehungen, um uns lebendig zu fühlen.

Wichtig ist nur, dass wir uns des Stellenwerts jeder dieser Beziehungen bewusst sind: Was bedeutet mir diese Person? Wie stehe ich zu ihr? Welches Bedürfnis von mir wird durch den Kontakt mit ihr gestillt? Steht sie in Konkurrenz zu meiner Liebesbeziehung? Je klarer wir eine bestimmte Beziehung definieren können, desto eindeutiger können wir ihr einen Platz in unserem Herzen zuweisen. Gerade bei Menschen, die uns begeistern und bewegen, ist es wichtig, dass wir sie gut abgrenzen können von unserer Liebesbeziehung. Klare Grenzen geben uns die Sicherheit, diese Beziehungen pflegen zu können, ohne dass sie unsere Treuebindung bedrohen.

Treue ist nicht unkritisch und nicht kritiklos

Kritik ist, geäußert in Solidarität, eines der wichtigsten Wesensmerkmale einer guten Beziehung. Unser Partner ist der Mensch, der uns am besten und am intimsten kennt. Er bekommt das mit, was Freunde und Kollegen nicht sehen. Er weiß, wie unser Alltagsgesicht aussieht. Unsere Schwächen und Fehler bleiben ihm nicht verborgen. Daher ist seine Kritik so wertvoll. Solidarische Kritik ist etwas ganz anderes als Nörgelei, die leider in manchen alt gewordenen Beziehungen zur Gewohnheit wird – diese hat eher mit Verachtung zu tun und dient hauptsächlich dem Zweck, den eigenen Frust loszuwerden, indem man den Partner erniedrigt. Manche Frauen kritisieren ihren Partner in aller Öffentlichkeit, wenn er sich wieder einmal ungeschickt anstellt. Der Partner ist aber kein Kind, das ich zu erziehen habe. Solidarische Kritik äußere ich, weil der andere mir etwas bedeutet, nicht weil er mich wieder einmal nervt. Ich kann ihn zwar auf etwas hinweisen, was mich stört. Aber es liegt an ihm, etwas daran zu ändern. Falls sein Verhalten mich wirklich stören sollte, müsste *ich* die Konsequenz daraus ziehen, anstatt endlos an ihm herumzunörgeln.

Treue ist nicht alternativlos

Eine Treuebindung ist auch nicht alternativlos. Es ist ja gerade ein Kennzeichen der Treue, dass ich zwischen verschiedenen Alternativen wählen kann und mich für die Beziehung mit diesem einen Partner entscheide. Ich ziehe diese Beziehung allen anderen vor und verzichte auf die Verwirklichung anderer möglichen Verbindungen. Wenn mir nur eine Beziehung zur Verfügung steht, ist es nicht unbedingt ein Zeichen der Treue, dass ich bei diesem Partner bleibe. Dann bleibe ich vielleicht bloß bei ihm, weil das besser ist, als gar niemanden zu haben.

Aber selbst wenn ich mich für eine Beziehung entschieden habe, bedeutet das nicht, dass ich sie unter allen Umständen aufrechterhalten muss. Für den Fall, dass wir uns so weit auseinanderentwickeln, dass wir einander wirklich nichts mehr zu sagen haben, für den Fall, dass mich der Partner so verletzt oder verrät, dass ich ihm nicht mehr verzeihen kann, dafür muss ich die Alternative einer Trennung offenhalten. Ich kann nicht dauerhaft in einer Beziehung bleiben, in der ich mich selbst immer wieder verraten oder verleugnen muss. Irgendwann stehen die Treue zu mir selbst, meine Selbstachtung, mein Selbstbewusstsein, meine Zukunft auf dem Spiel. Ich muss ein einmal gegebenes Versprechen zurücknehmen können, wenn die Voraussetzungen, unter denen ich es gegeben habe, sich grundlegend verändert haben.

Zweckgebundene Beziehungen sind nicht fürs ganze Leben ausgelegt

Manchmal hat sich irgendwann der Zweck der Beziehung erfüllt, sodass die Verbindung zu einem natürlichen Ende kommt. Wenn zwei Menschen sich zusammengetan haben, um einander zu helfen, vom Elternhaus loszukommen oder aus einem diktatorischen Regime zu fliehen, dann hat sich der Zweck ihres Bündnisses erfüllt, sobald sie in die Freiheit gelangt sind. Wenn sich zwei Menschen zusammenfinden, weil sie hauptsächlich an Kindern interessiert sind, können sie sich überlegen, ob sie noch zusammenleben möchten, wenn die Kinder aus dem Haus sind. Wenn eine Beziehung ausschließlich aufgrund einer erotischen Anziehung entstanden ist, löst sie sich von allein, wenn die gegenseitige Faszination verblasst oder wenn ein neuer attraktiver Partner auftaucht. Es gibt auch Paare mit großem Altersunterschied, bei denen der jüngere Partner (früher waren es meistens Frauen, heute sind es auch Männer) einen Elternersatz oder einen Mentor für sein berufliches Weiterkommen sucht und der ältere ihn gerne unter seine Fittiche nimmt und fördert. Wenn der Jüngere herangereift ist, löst sich die Verbindung ebenfalls von selbst. Solche zweckgebundenen Verbindungen sind nicht fürs ganze Leben ausgelegt und fallen streng genommen nicht unter unsere Betrachtung der Treue.

Die Grundlagen der Treue: Liebe, Sexualität, Intimität und Produktivität

Treue ruht auf vier Säulen: Liebe, Sexualität, Intimität und Produktivität. Mit *Liebe* ist das Einander-Erkennen der Partner in ihrem Wesenskern gemeint, mit *Sexualität* die sexuelle Hingabe und Erfüllung in der körperlichen Liebe, mit *Intimität* das Entstehen eines exklusiven intimen Raumes, in dem das Paar sich ausschließlich aufeinander bezieht, mit *Produktivität* die Schaffung eines größeren Gemeinsamen, etwa das Aufziehen von Kindern (womit ein neuer intimer Raum, die Familie, entsteht) oder das solidarische Bemühen um ein gemeinsames Lebensprojekt.

Diese vier Säulen stützen und tragen eine Liebesbeziehung und geben ihr Festigkeit und Stabilität. Die Schwerpunkte können natürlich von Paar zu Paar variieren (das eine Paar schätzt vielleicht besonders die gemeinsamen Gespräche, während ein anderes sich hingebungsvoll ihren Kindern zuwendet und ein drittes immer wieder über ihre erotische Beziehung zueinander findet). Sie können sich auch im Laufe einer langjährigen Beziehung verschieben (wenn etwa die sexuelle Aktivität mit dem Älterwerden nachlässt, dafür aber die innere Nähe und Vertrautheit zunehmen, oder wenn die Kinder erwachsen werden und aus dem Haus gehen), aber alle vier Säulen sind lebensnotwendig für den Erhalt einer Liebesbeziehung.

Wenn eine Säule schwindet, kann das ganze Gebäude ins Schwanken geraten. Beziehungen, in denen die eine oder andere Säule fehlt oder schwach ausgebildet ist, befinden sich oft in einer Schieflage, die ihre Stabilität gefährdet (etwa wenn die Partner sich aufrichtig lieben, aber sexuell unerfüllt bleiben; wenn ein Paar sich vorwiegend über die sexuelle Attraktion definiert, aber sich sonst wenig zu sagen hat; wenn Eltern oder Schwiegereltern keine Rücksicht auf die Beziehung eines jungen Paares nehmen und immer wieder in dessen intimen Raum einbrechen; wenn ein Paar kinderlos bleibt und die Partner auch sonst wenig Gemeinsames miteinander teilen). Es entsteht dann leicht das Gefühl von Zweifel, Unzufriedenheit oder Langeweile in der Beziehung. Dann kommt ein Partner schnell in Versuchung, sein Glück in einer anderen Beziehung zu suchen. Selbst wenn die Partnerschaft nicht infrage gestellt wird, nimmt die Intensität der Beziehung ab. Die Partner flüchten sich in die Arbeit, in den Haushalt oder andere Aktivitäten. Die Beziehung hungert aus.

Eine Partnerschaft, in der alle vier Grundsäulen stabil stehen, bleibt hingegen lebendig bis ins hohe Alter.

Lassen Sie uns die Säulen im Einzelnen betrachten.

Liebe – das Einander-Erkennen im Wesenskern

In der Schöpfungsgeschichte heißt es: »Und Adam erkannte sein Weib Eva.« Diese für unser heutiges Sprachverständnis etwas eigenartige Ausdrucksweise birgt eine Vielfalt von Bedeutungen in sich: Zunächst bedeutet in der biblischen Sprache das Wort »Erkennen« das Gleiche wie Beischlaf. Es kann auch eine Umschreibung der Faszination sein, die Adam bei seiner ersten Begegnung mit dem anderen Geschlecht ergriff. Auf einer tieferen Ebene bedeutet es aber das Erkennen des anderen in seinem Wesen, so wie er auf dem Grund seiner Seele ist.

Ich stelle mir den *Wesenskern* eines Menschen als eine Kugel mit einem Mittelpunkt vor. Er symbolisiert das Zentrum seines Daseins. Darin liegt seine Persönlichkeit begründet. Er enthält alle Erfahrungen, die der Mensch im Leben gemacht hat, seine Hoffnungen und Ängste, seine Lebensziele. Im Zentrum des Wesenskerns liegt eine göttliche Quelle, aus der jeder Mensch seine Liebe, seine Kraft und Lebendigkeit bezieht.

Als wir Kinder waren, lag unser Wesenskern offen und für alle sichtbar. Im Gesicht eines Neugeborenen kann jeder lesen, wie seine Persönlichkeit und seine Befindlichkeit ist. Wenn unser Wesenskern derart offen liegt, strahlen wir Liebe, Kraft und Lebendigkeit aus. Dieses Strahlen ist die Grundlage für unsere natürliche menschliche Würde. Im Hebräischen bedeutet das Wort für Würde, *kabad*, »Glanz, Strahlen, Gewicht, Macht«. Das Kind hat zwar weder besonderes Gewicht noch Macht, aber es strahlt einen natürlichen Glanz aus, der von seinem Wesenskern ausgeht. Dieser Glanz veranlasst uns, das Kind zu achten. Seine Zartheit rührt uns und lässt in uns Zärtlichkeit für dieses so verletzliche Wesen aufkeimen, sodass wir es liebevoll behandeln. Wenn ein Kind von Erwachsenen mit Achtsamkeit und Zärtlichkeit behandelt wird, wächst es in natürlicher Würde auf. Es behält seinen inneren Glanz und strahlt eine natürliche Anmut aus.

Als Kinder sind wir aber klein und ohnmächtig. Wir sind angewiesen auf unsere Umwelt und deren Wohlwollen. Im Laufe unseres Aufwachsens kommt es immer wieder vor, dass wir unachtsam, grob oder verletzend behandelt werden. Deshalb bilden sich mit der Zeit Schutzhüllen um unseren Wesenskern aus, wie Membranen oder Häute, die uns vor der Unbill des Lebens schützen. Auch unsere Scham gehört zu diesen Schutzhüllen: Wenn wir uns schämen, wenden wir uns ab und verhüllen uns. Wir zeigen nicht mehr jedem, was wir denken und fühlen und wie wir auf dem Grund unserer Seele sind. Dies ist ein notwendiger Prozess beim Erwachsenwerden. Wir sind geschützt, aber dies geht auf Kosten unserer Liebe, Kraft und Lebendigkeit. An ihre Stelle treten dann Angst, Misstrauen und Rückzug. Unsere seelischen Schutzhüllen stelle ich mir als Ringe um den Wesenskern vor.

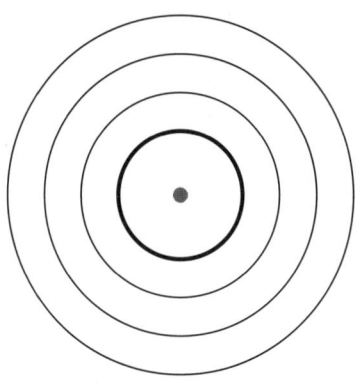

Haben wir gar Härte und Verletzungen im Leben erfahren, werden diese Schutzschichten härter und undurchdringlicher, bis dahin, dass sie wie ein Panzer den Wesenskern umschließen und diesen nach außen völlig abdichten. Dann wirken wir nach außen hart, cool und unansprechbar, oder wir passen uns an die äußere Umgebung an, verstellen uns und zeigen nicht, was wir tatsächlich denken und fühlen. Wir tragen dann eine Maske.

Aber in uns schlummert eine tiefe Sehnsucht: Wir möchten in unserem Wesenskern erkannt und angenommen werden. Wir möchten, dass jemand kommt und uns sieht, wie wir auf dem Grund unserer Seele sind. Wir möchten, dass er uns darin annimmt und in sein Herz schließt. Dann kommen wir selbst mit unserem Wesenskern in Kontakt – denn all die Schutz-hüllen halten nicht nur andere, sondern auch uns selbst von unserem Innersten fern. Dann blühen wir auf wie eine Pflan-ze, auf die nach langer Trockenheit endlich wieder Regen fällt. Es ist nicht nur die Sehnsucht, geliebt zu werden. Der Wunsch, selbst zu lieben, einem anderen Liebe zu schenken, ist genauso groß. In dieser Hoffnung liegt der tiefste Grund, weshalb sich jeder Mensch nach Liebe sehnt. Deshalb haben so viele Menschen heute das Gefühl, ihnen fehlt etwas Ent-scheidendes, selbst wenn es ihnen materiell an nichts fehlt.

»Und Adam erkannte sein Weib Eva«: Wenn wir einem Menschen begegnen, der uns in unserem Wesenskern er-kennt, dann öffnen sich unsere Schutzschichten, wir schälen uns aus unserer gepanzerten Haut, legen unsere Masken ab und zeigen uns, wie Gott uns schuf. Dann schämen wir uns unserer Nacktheit nicht mehr, und wir begegnen dem Ge-liebten nicht nur körperlich, sondern auch in unserem We-senskern. Es bildet sich eine »intime Brücke« zwischen sei-nem und meinem Wesenskern.

Um die Liebenden bildet sich eine unsichtbare Kugel, eine Aura, die beide Partner umschließt und die Umgebung aus-schließt. Sie ist unsichtbar, aber für Außenstehende durchaus spürbar: Wenn zwei Verliebte auftauchen, spürt man sofort: Die beiden gehören zueinander. Dies ist der »intime Raum«, der die Liebenden wie eine Blase umschließt und sie vor Einflüssen von außen schützt – auch vor möglicher Eifersucht, Neid und Missgunst.

Warum verlieben wir uns?

Wenn Menschen sich ineinander verlieben, haben sie häufig das Gefühl, sie kennen sich schon ewig, der andere ist ihnen gar nicht fremd. Sie spüren eine spontane Nähe zueinander, die sie nicht erklären können. Es ist, als seien sie jemandem, den sie einst sehr gut gekannt, aber aus dem Blick verloren haben, unerwartet wieder begegnet.

Manche Menschen glauben an Karma und karmische Beziehungen – sie haben das Gefühl, sie würden jemanden schon aus einem früheren Leben kennen und begegnen ihm in diesem Leben wieder (und werden ihn vielleicht auch im nächsten wieder treffen), jeweils in einer anderen Gestalt und in einem anderen Zusammenhang. Es gibt viele Dinge zwischen Himmel und Erde, die wir nicht rational erklären können.

Eine interessante Entdeckung mache ich als Psychotherapeut immer wieder, wenn ich mir Familiengeschichten anschaue: *Paare haben sehr häufig ähnliche Konstellationen in ihren Herkunftsfamilien.* Manchmal haben beide ähnliche Verlusterfahrungen gemacht (der eine Partner hat ein Geschwister früh verloren, beim anderen starb ein Elternteil früh): Sie wissen, wie es ist, von einem geliebten Menschen zurückgelassen zu werden. Sie erkennen sich an ihrer Trauer. In anderen Beziehungen stammen beide Partner aus zerbrochenen oder aus Patchworkfamilien: Sie haben den gemeinsamen Wunsch, endlich mit jemand Gleichgesinntem eine heile Familie zu gründen. Manche Ehepartner können gut miteinander auskommen, obwohl sie sich ganz distanziert oder vorsichtig zueinander verhalten, weil sie in ihrer Kindheit so viel Schlimmes erlebt haben, dass sie nur in Ruhe gelassen werden möchten. Sie können sicher sein, dass der Partner nicht zu viel von ihnen erwartet. Andere Paare haben umgekehrt so wenig Zuwendung in ihrer Kindheit erfahren, dass sie miteinander eine allumfassende Symbiose leben möchten.

So unterschiedlich solche Schicksale auch sind, so haben alle diese Paare doch eines gemeinsam: *Sie kennen den Partner aus der Tiefe ihrer Seele.* Auch wenn sie sich in vielen Bereichen unterscheiden oder miteinander nicht zurechtkommen: Es gibt einen oder einige entscheidende Punkte in ihrem Leben und ihrer Vergangenheit, wo sie sich wortlos verstehen. Wenn sie mit dem Partner zusammen sind, brauchen sie sich – was diese entscheidenden Punkte angeht – nicht zu erklären. Sie wissen, der andere kennt das Leid oder das Glück, das sie im Herzen tragen. Er hat Ähnliches erlebt.

Ein Ehepaar stritt das ganze Leben lang. Beide Partner waren sehr verschieden in ihrer Persönlichkeit, sie hatten ganz unterschiedliche Freunde und Interessen. Sexuell verstanden sie sich auch nicht. Ihre Kinder litten immer unter den Streitigkeiten der Eltern. Nach dem Tod der Mutter fragen sie den Vater, weshalb er und die Mutter trotz aller Differenzen zusammengeblieben sind. Er antwortet: »Sie hatte ihre Eltern früh verloren. Ich hatte zwar eine Familie, aber ich war Außenseiter. Insofern haben wir uns gut verstanden in unserer Einsamkeit. Wir wussten, dass wir uns trotz unserer Gegensätze nie im Stich lassen würden.«

An diesem Beispiel sehen wir eine wesentliche Grundlage für Treue: Menschen gehen eine tiefe Beziehung ein, weil sie sich auch in ihren Schattenseiten im Partner wiederfinden.

Wenn sich beim Geliebten die Schattenseiten zeigen

Wenn sich zwei Menschen begegnen und sie einander intimer kennenlernen, ist es so, als würden sich zwei Wesenskerne mit ihren jeweiligen Schutzhüllen einander annähern. Die Attraktion, die sie gegenseitig fühlen, kommt zum einen von der ähnlichen Grundschwingung ihrer Wesenskerne. Zum anderen ziehen sie sich an, weil sie ähnliche Schutzhüllen haben. In den Schutzhüllen sind aber auch all ihre schmerzlichen, traumatischen, leidvollen Erfahrungen verborgen.

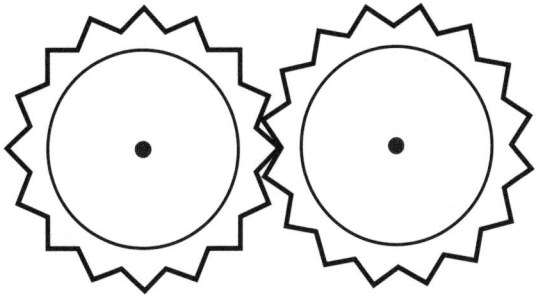

Wenn beide Sphären zusammenstoßen, tauchen diese schlimmen Erinnerungen aus der Vergangenheit auf – es sind Erfahrungen, die wir in unseren intimen Beziehungen in früher Kindheit gemacht haben. Das ist der Grund, weshalb in unseren nahen Beziehungen (in Liebesbeziehungen, aber auch in unseren Beziehungen zu unseren Kindern oder zu Freunden und Freundinnen) gelegentlich alte traumatische Erinnerungen auftauchen können. Da fühlen wir uns plötzlich von altbekannten Emotionen und Affekten wie Wut, Schmerz, Ekel oder Angst überschwemmt, die gar nicht zur aktuellen Beziehung passen, aber dennoch unser Verhalten im Hier und Jetzt bestimmen.

Solche Phänomene treten auf, wenn wir einem Menschen näherkommen. Wir können sie nicht vermeiden. Aber wir können eines tun: Wir können lernen zu unterscheiden zwischen den Gefühlen und Reaktionen, die mit unseren früheren Beziehungen zu tun haben, und denen, die zur jetzigen, realen Beziehung gehören. Die Erinnerungen müssen verarbeitet werden, damit sie sich endlich beruhigen und aufhören, uns zu plagen. Nur so gelingt es uns, den Partner nicht mehr durch die Brille der Vergangenheit zu sehen, sondern wie er real ist. Dafür ist oft eine Therapie erforderlich.

Soweit es einem Paar gelingt, die Schatten der Vergangenheit, die im Laufe seines Zusammenseins auftauchen, zu verstehen und zu verarbeiten, können die Partner – sozusagen Schicht für Schicht – ihre Schutzhüllen ablegen. Damit kommen sie sich in ihrem Wesenskern näher. Ihre Intimität nimmt zu. Die Beziehung wächst.

Ohne therapeutische Hilfe (oder psychologisches Verständnis) können wir aber die Erlebnisse von früher nur schwer unterscheiden von den gegenwärtigen. Denn die Intensität früherer Erfahrungen, vor allem wenn sie traumatischer Natur sind, kann so stark sein, dass sie die reale Beziehung vollkommen überstrahlt und überdeckt. Wir haben dann das Gefühl, dass der jetzige Partner genauso bedrohlich ist wie früher der Vater, dass die Partnerin sich genauso stark an uns klammert wie früher die Mutter oder dass sie uns genauso verlassen wird. Solche Übertragungsreaktionen können alle vernünftigen Überlegungen überschwemmen. Dies ist ein furchtbares Erlebnis. Wir reagieren dann, wie wir früher reagiert haben: Wir stoßen den vermeintlich bedrohlichen oder klammernden Partner fort, oder wir klammern uns wie Ertrinkende an ihn fest.

Wenn das geschieht, befinden wir uns in einem unlösbaren Dilemma: Wir sind ja ursprünglich mit dem Partner zusammengekommen, weil wir so viel Gleichklang in der Tiefe unserer Seele empfunden haben. Eigentlich wollten wir durch die Beziehung von dem Schatten, der uns lebenslang verfolgt hat, erlöst werden. (»Du bist der Einzige, der mich so akzeptiert, wie ich bin – ich bin früher so abgelehnt worden!«) Aber nun kehrt sich der Fluch um und bedroht just die Beziehung, die uns retten sollte. Der Schatten legt sich auf sie und wir erleben eine Wiederholung des Vergangenen: »Ich dachte, du liebst mich. Jetzt lehnst auch du mich ab!«

Aber auch der Partner hat ähnliche Schatten, die ihn verfolgen. Auch er wird von seiner Vergangenheit eingeholt. Es ist, als würden zwei Nichtschwimmer versuchen, einander vor dem Ertrinken zu retten. Dies hat zur Folge, dass beide in ihren Erwartungen an die Beziehung enttäuscht werden: »Ich mache immer wieder die gleiche Erfahrung mit Männern! Zuerst ist es wie der Himmel auf Erden. Dann lande ich immer im gleichen Schlamassel.« Entweder resigniert man und bleibt allein, oder man geht erneut auf die Suche nach dem »idealen Mann« oder der »Traumfrau«.

In der Liebe fühlen wir uns oft magisch zu Menschen hingezogen, die ähnliche Schattenseiten haben wie wir selbst. Daher birgt jede Liebesbeziehung die Gefahr einer Wiederholung unserer schlechten Erfahrungen in sich. Eine intime Beziehung kann aber auch eine Chance sein, um endlich diese Schatten loszuwerden. Aber wir können nur dann von ihnen erlöst werden, wenn wir den Mut haben, die Schatten, die durch die Beziehung hochgespült werden, als unsere eigenen anzunehmen und zu bearbeiten. Dies ist das, was man unter »Beziehungsarbeit« versteht – harte Arbeit, die alles andere als angenehm ist. Aber es ist der einzige Weg – der Weg durch unsere Schutzhüllen hindurch –, um zu unserem Wesenskern und zum Wesenskern unseres Partners vorzustoßen. Am Ende wird uns wirkliche Intimität zuteil, wenn alle Mauern und Stacheldrahtzäune, die wir im Laufe unseres Lebens um unseren Wesenskern errichtet haben, abgebaut sind. Bis dahin ist es harte Arbeit, aber Arbeit, die sich lohnt.

Liebe ist die wichtigste Grundbedingung für Treue

Unter den vier Grundsäulen für Treue ist Liebe die wichtigste. Ohne Liebe ist es für Menschen schwer, bei einem Partner zu bleiben. Dies ist etwa der Fall, wenn eine Partnerschaft durch äußere Umstände zustande kommt – zum Beispiel in Gesellschaften, in denen Ehen nach Standes- oder religiösen Regeln gestiftet werden. Eine Verbindung ohne Liebe kann auch durch eine ungewollte Schwangerschaft eingegangen werden, etwa wenn sich ein Mann verpflichtet fühlt, eine von ihm geschwängerte Frau zu heiraten, oder wenn diese Angst hat, das Kind allein großzuziehen. Aber selbst unter solchen Bedingungen können Beziehungen gelingen, wenn die Partner einander achten und respektvoll behandeln.

Umgekehrt ist eine große Liebe noch keine Garantie dafür, dass eine Beziehung nicht in eine Krise gerät. Es können unvorhersehbare Ereignisse eintreten, die die Partnerschaft belasten, etwa familiäre Probleme, schwere Krankheiten oder Arbeitslosigkeit. Im Laufe der Beziehung kann sich einer der Partner etwa durch eine sexuelle Umorientierung, eine Sucht oder eine andere Krankheit so in seinem Wesen verändern, dass der andere ihn nicht mehr erkennt. Oder er wendet sich einer Religion oder einer Weltanschauung zu, die vom anderen nicht mitgetragen werden kann. Aber selbst der banale Alltag in einer Beziehung – besonders wenn Kinder hinzukommen – kann Belastungen mit sich bringen, die die ursprüngliche Liebe der Partner auf eine harte Probe stellen. Wir werden bei der Betrachtung der Ursachen für

Untreue uns solche beeinträchtigenden Faktoren genauer anschauen.

Eine große Liebe ist für eine Beziehung wie ein Samen. Ein Samen hält in sich nur ein Versprechen. Er muss in gute Erde gelegt werden, regelmäßig gegossen und geschnitten werden, damit aus ihm ein Baum erwächst. Wenn die Partner ihn pflegen, kann er ihnen Schatten spenden und mit seinen Früchten erfreuen. Vernachlässigen sie ihn, geht er ein und verkümmert. Liebe allein genügt nicht.

Sexuelle Hingabe und Erfüllung

Durch die Sexualität wird aus einem Paar ein Liebespaar. Die erotische Beziehung zwischen zwei Menschen, egal, ob von gleichem oder unterschiedlichem Geschlecht, ist nach der Liebe die zweite Grundsäule einer guten Partnerschaft. Während die Liebe (als das Einander-Erkennen im Wesenskern) auf geistiger und seelischer Übereinstimmung beruht, hat Sexualität ihre Wurzel in der körperlichen Anziehung. Sie stellt eine gewaltige Kraft dar, die uns mit Macht zu diesem einen Menschen hinzieht. Sie sucht nach körperlicher Nähe und Berührung, nach der leidenschaftlichen Umarmung, nach Verschmelzung beider Leiber. Getragen wird sie von einer Woge aus Lust und Leidenschaft.

Es wäre zu einfach, unsere geschlechtliche Beziehung auf animalische Instinkte zurückzuführen. Natürlich basiert unsere Sexualität auf unseren biologischen Trieben, aber sie ist stets verbunden mit menschlichen Leidenschaften, und in ihrer tiefsten Ausprägung berührt sie uns im Kern unserer Spiritualität. Die sexuelle Vereinigung zweier Liebenden kann daher eine umfassende ganzheitliche Erfahrung sein. Sie kann uns bis auf den Grund unserer Seele erschüttern und einen neuen Menschen aus uns machen.

In der sexuellen Hingabe verschmelzen zwei Menschen zu einer Einheit

Wenn wir uns in einer Liebesbeziehung wirklich hingeben, dann wird aus zwei Menschen eine Einheit. Es kommt zu einer Verschmelzung zweier Individuen, die vorher jedes für sich existiert haben. In diesem Prozess entsteht *das Paar*. Hierin liegt die Macht der Sexualität. *Liebe und Sexualität verwandeln uns.*

Es gibt einen uralten Satz aus der Bibel, der diese Verwandlung sehr treffend beschreibt: »Und sie werden sein *ein* Fleisch.« (Gen 2,24) Damit wird die sexuelle Begegnung zwischen Adam und Eva, dem ersten Menschenpaar, beschrieben. Dieses Bibelwort ist nicht bloß eine schöne Metapher, sondern Ausdruck einer tief greifenden Transformation. Wenn sich zwei Menschen einander sexuell hingeben, tauchen sie verwandelt aus der Vereinigung hervor. Sie sind nicht mehr dieselben wie zuvor. Sie sind ein Paar geworden.

Das heißt: Wenn ich mich wirklich sexuell hingebe, gebe ich mich als Einzelwesen auf, um Teil eines »Zweier-Wesens« zu werden. Ich bin nicht mehr der, der ich vorher war. Ich werde Teil eines Größeren. Mein Partner ist nicht mehr ein anderes, abgetrenntes Individuum, mit dem ich durch mehr oder weniger Gemeinsamkeiten verbunden bin, sondern ist Teil von mir geworden, wie ich Teil von ihm geworden bin. Wir sind *eins* geworden, eine unlösbare Einheit. Aus den beiden »Ichs« ist ein »Wir« geworden.

Dies ist der Grund dafür, warum manche Menschen die Sexualität als etwas Heiliges erleben. Sie stehen damit nicht alleine: Im indischen Tantra gilt die sexuelle Vereinigung als Verwirklichung des göttlichen Prinzips. Im Taoismus sieht man in der Verschmelzung von Yin und Yang, vom Weiblichen und Männlichen, die Kraft, die die Welt zusammenhält. Dabei begreift die östliche Weltanschauung Sexualität als etwas Ganzheitliches: Hier vereinigen sich die animalischen Triebe mit den menschlichen Leidenschaften und bilden die Grundlage für eine einzigartige spirituelle Erfahrung. Dies entspricht in der Tat der unmittelbaren Erfahrung während der sexuellen Hingabe, wie sie von manchen Menschen beschrieben wird: In der leidenschaftlichen Umarmung fühlen sie, als »würden sie vor Lust vergehen«: Sie erleben, wie ihr vorher abgetrenntes, isoliertes Ich aufhört zu existieren. Es erstirbt und steigt wie ein Phönix aus der Asche zu einer neuen Identität empor. Eine Frau beschrieb ihren ersten Orgasmus mit dem Satz, nun sei sie endlich zur Frau geworden.

In der Liebesvereinigung findet also eine tief greifende Verwandlung beider Liebespartner statt. Es ist eine Erfahrung, die sie *miteinander* und *durch einander* erleben. Ohne den anderen wäre diese gar nicht möglich. Nicht nur die sexuelle Vereinigung schweißt sie zusammen, auch das Bewusstsein, dass sie diese ganz eng gemeinsam erlebt haben, lässt eine exklusive Verbindung entstehen.

Wenn wir Sexualität in dieser umfassenden Dimension betrachten, begreifen wir, weshalb sie zur tragenden Säule einer Liebesbeziehung werden kann. Egal, ob aus der sexuellen Vereinigung Kinder hervorgehen, eine erfüllte Sexualität verbindet uns essenziell mit unserem Liebespartner. Die grundlegende Bedeutung der Sexualität für eine Liebesbeziehung wird deutlich, wenn wir uns vor Augen führen, dass die meisten Menschen die *sexuelle Untreue* als den stärksten Verrat ansehen, schlimmer als etwa emotionale

Untreue. Denn wir begreifen instinktiv, wie tief greifend eine sexuelle Begegnung sein kann. Sie hat die Macht, uns bis in unseren Grundfesten zu erschüttern und zu verwandeln.

Krisen in der sexuellen Beziehung

Aber wie die Liebe ist eine erfüllte Sexualität allein noch kein Garant für eine dauerhafte Partnerschaft. Es ist eine allgemeine Erfahrung, dass die gegenseitige sexuelle Attraktion in den meisten Liebesbeziehungen mit der Zeit abnimmt, wenn der Reiz des Neuen schwindet und sich Gewohnheiten einstellen. Selbst wenn die Sexualität zwischen den Partnern immer noch befriedigend ist, verliert sie an Intensität. Man beginnt, die sexuelle Beziehung als etwas Selbstverständliches zu betrachten. Man beginnt, sich selbst in seiner äußeren Erscheinung zu vernachlässigen, man bringt dem Partner oder der Partnerin weniger Aufmerksamkeit entgegen als in der Zeit der Werbung.

Ein weiteres Merkmal der Sexualität ist ihre Unberechenbarkeit. Sie kommt und geht. Sie kann mit der Stimmung, der Tages- und Jahreszeit, dem Monatszyklus, der Schwangerschaft, der Arbeitsbelastung, dem Älterwerden schwanken. Lust ist nicht vorhersagbar. Während sie bei dem einen Partner steigt, verschwindet sie womöglich gerade beim anderen. Die Belastungen des Alltags, besonders wenn Kinder da sind, können die erotische Leidenschaft bei einem Paar ebenso beeinträchtigen wie das mit dem Älterwerden verbundene Nachlassen der sexuellen Potenz. Wir werden später bei der Besprechung der Untreue auf solche Krisenmomente näher eingehen.

Liebe ohne Sexualität und Sexualität ohne Liebe

Wenn zwei so mächtige Kräfte wie Liebe und Sexualität zusammentreffen, verstehen wir, weshalb sie imstande sind, zwei Menschen ein Leben lang zusammenzuschweißen. Sie verleihen einer Partnerschaft innere Festigkeit und Stabilität. Krisenanfälliger sind dagegen Beziehungen, in denen eine der beiden Komponenten fehlt.

Zwei Menschen können sich beispielsweise von Herzen lieben, aber miteinander keine oder keine befriedigende Sexualität erleben. Auch wenn sie sich nahe fühlen und sich wortlos verstehen, fehlt ihnen etwas Entscheidendes, um ein Liebespaar zu sein. Sie können eine durchaus befriedigende Beziehung führen, aber sie sind füreinander eher wie innige Freunde oder Geschwister. Sie sind Lebenspartner, aber keine Liebespartner. Es fehlt die Verschmelzung, dieser alchemistische Prozess, der allein durch die sexuelle Hingabe und Erfüllung stattfindet.

Ein Beispiel: Eine Frau trennt sich nach langer Ehe von ihrem Mann, nachdem sie bei einer zufälligen Begegnung im Urlaub zum ersten Mal sexuelle Befriedigung erfahren hat. Sie hat ihren Mann geheiratet in einer Lebenssituation, in der sie sich sehr verloren fühlte. Mit seiner liebevollen Zuwendung und Verlässlichkeit hat er ihr eine Heimat gegeben. Aber der entscheidende Funke ist nie übergesprungen. Nun spürt sie, wie sehr sie sich danach sehnt, endlich von einem Mann als Frau wahrgenommen und begehrt zu werden. An der Seite ihres Mannes kommt sie sich wie ein Neutrum vor. Nach langer Überlegung entschließt sie sich, einen neuen Anfang zu wagen.

Umgekehrt kommt es vor, dass sich zwei Menschen wie magisch zueinander hingezogen fühlen und eine leidenschaftliche Sexualität miteinander erleben, danach jedoch keinen Zugang zum Wesenskern des anderen finden.

Eine Frau erzählt, dass sie sich leidenschaftlich in einen Mann verliebt hat. Wenn sie mit ihm sexuell zusammenkommt, spürt sie das innere Kind in ihm. Dann zeigt er sich so, wie er in der Tiefe seines Wesens ist. Zu diesem inneren Kind fühlt sie eine ungeheure Zärtlichkeit und Liebe. Aber sobald er sich aus ihrer Umarmung löst, tut sich eine unsichtbare Barriere auf und er wird für sie unerreichbar. Sie würde liebend gerne mit ihm zusammenleben, aber es ist unmöglich, mit ihm den Alltag zu teilen. Am Ende trennt sie sich mit großem Bedauern. Nur von den sexuellen Begegnungen zu leben, ist ihr zu wenig.

Intimität

Wie erwähnt, entsteht durch Liebe und Sexualität eine neue Einheit: das Paar. Wenn sich zwei Liebende einander zuwenden und ihr Innerstes austauschen, bildet sich zwischen ihnen eine »intime Brücke« und um sie ein »intimer Raum« (siehe Illustration auf Seite 48) Dieser *intime Raum* ist wie eine Aura, ein Strahlungskörper, der beide umhüllt und sie von der Umwelt abschirmt. Jeder, der einem Liebespaar begegnet, spürt, dass etwas Besonderes diese beiden Menschen verbindet, eine außerordentliche Kraft – die Kraft der Liebe. Er wird auch intuitiv wissen, dass es schwer bis unmöglich ist, in den intimen Raum dieses Paares einzudringen und das Liebesband zu durchschneiden. Manche versuchen es trotzdem. In Märchen gibt es das Motiv der eifersüchtigen Stiefmutter, die der jung Verliebten das Glück missgönnt, oder des älteren Prinzen, der seinem jüngeren Bruder die Braut neidet. Sie führen die Heldin oder den Helden in Prüfungssituationen, in denen sich ihre Liebe bewähren muss.

Deshalb ist es für Liebende wichtig, auf eine angemessene Abgrenzung ihres intimen Raumes zu achten und ihn vor schädlichen Einflüssen zu schützen.

Ich habe bereits von den Schutzhüllen um den Wesenskern gesprochen. Diese kann man auch als *Schichten der Kommunikation* ansehen:

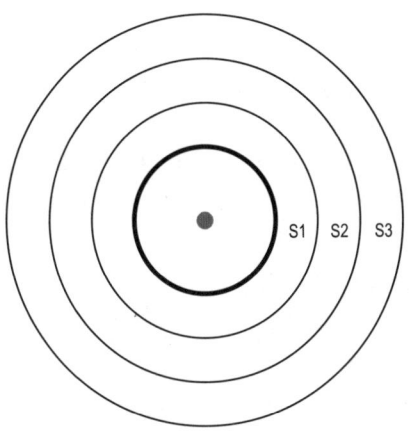

An der äußersten Schicht S3 komme ich in Kontakt mit Menschen, die mir fremd sind. Ich bewahre einen respektvollen Abstand zu ihnen, tausche formale Begrüßungsformeln aus. Wenn sie mir vertrauter werden, lasse ich sie näher an mich heran: Ich begegne ihnen an der mittleren Schicht S2. Wenn wir uns wirklich gut verstehen und ich ihnen in jeder Hinsicht vertraue, öffne ich mich in meiner innersten Schicht S1.

Wenn zwei Menschen sich lieben, öffnen sie sich in ihrer innersten Schicht. Sie haben dann direkten Zugang zum Wesenskern des anderen. Sie vertrauen sich ihre intimsten Geheimnisse an, im Vertrauen darauf, dass der Partner sie nicht achtlos an andere weitergeben wird. Dabei ist es wichtig, auch Menschen, die ihnen sonst nahestehen, wie Eltern, Geschwister oder Freunde und Freundinnen, draußen zu lassen. Der intime Raum ist wie heiliger Boden, den nur die Liebenden betreten dürfen.

Im grimmschen Märchen »Der Eisenofen« erlöst eine Königstochter einen verzauberten Königssohn, der in einem eisernen Ofen gefangen war, und verliebt sich in ihn. »Er stieg heraus und sprach: ›Du bist mein, und ich bin dein, du bist meine Braut und hast mich erlöst.‹ Er wollte sie mit sich in sein Reich führen, aber sie bat sich aus, dass sie noch einmal zu ihrem Vater gehen dürfe. Der Königssohn erlaubte es ihr, doch sollte sie nicht mehr als drei Worte zu ihrem Vater sagen. Sie ging, aber sprach mehr als drei Worte. Darauf verschwand der Eisenofen über gläserne Berge und schneidende Schwerter.« Erst nach langer Suche und vielen Prüfungen findet sie ihren Bräutigam wieder.

Dass der Königssohn seiner Braut nicht erlaubte, mehr als drei Worte zu ihrem Vater zu sprechen, mutet eigenartig an. Man muss sich jedoch vor Augen halten, dass in Märchen menschliche Konflikte in verdichteter und symbolischer Form wiedergegeben werden. Der eiserne Ofen, in dem der Prinz gefangen gehalten wurde, könnte als Panzerung um seinen Wesenskern verstanden werden. Die Liebe der Königstochter öffnete diese Schutzhüllen und gab den Königssohn frei. Die Worte »Du bist mein, und ich bin dein« ist ein uraltes Eheversprechen, mit dem der Bund zwischen den Liebenden besiegelt wurde. Die Warnung, nicht mehr als »drei Worte« zu sagen, könnte so verstanden werden, dass die Königstochter das Geheimnis ihrer Intimität für sich bewahren und Außenstehenden nichts davon verraten solle. Außerdem ist es nicht zufällig, dass sie ihrem Vater gegenüber mehr als drei Worte sprach. Sie war noch so stark an ihren Vater gebunden, dass sie noch nicht bereit war, sich von ihm zu lösen. (Eine ausführliche Interpretation des »Eisenofens« finden Sie auf Seite 249 ff.)

In der Schöpfungsgeschichte heißt es: »Darum wird ein Mann seinen Vater und seine Mutter verlassen und seinem Weibe anhangen, und sie werden sein *ein* Fleisch.« (Gen 2,24) In der jüdischen Tradition wird eindeutig dem Bund zwischen Mann und Frau die Priorität vor der Liebe zu den Eltern eingeräumt. Es ist ein ganz wesentlicher Schritt in der Menschheitsgeschichte, dass der Verbindung zwischen Liebenden ein höherer Wert beigemessen wird als die Achtung vor den Eltern. In anderen patriarchalischen Gesellschaften, etwa der chinesischen, behält die Elternfamilie (des Mannes) auch nach der Eheschließung ihre Dominanz, sodass das frisch vermählte Paar immer noch im »Kinderstatus« bleibt. Wenn ein erwachsen gewordenes Kind sich von Vater und Mutter verabschieden muss, um seinen zukünftigen Partner zu nehmen, dann ist dies ein großer emanzipatorischer Schritt. Er bedeutet einen eindeutigen Schnitt mit der Vergangenheit, um eine neue Zukunft zu beginnen.

Selbst heute finden wir immer wieder Familien, in denen Eltern oder Schwiegereltern fordern, dass die verheirateten Kinder bei ihnen einziehen. Oder sie nehmen sich das Recht heraus, sich in Dinge wie Liebesleben, Kindererziehung oder Haushaltsführung einzumischen. Dies stellt einen Einbruch in den intimen Raum des Paares dar und belastet dessen Beziehung erheblich. Es ist natürlich schwer, ein erwachsen gewordenes Kind gehen zu lassen, so wie es fürs Kind ebenfalls nicht leicht ist, vom vertrauten Elternhaus Abschied zu nehmen. Dies ist jedoch ein notwendiger Schritt, um wirklich erwachsen zu werden. Wir werden später bei der Besprechung der Ursachen für Untreue sehen, wie ungelöste Bindungen zu den Eltern zu Beziehungskonflikten führen.

Der intime Raum zwischen den Partnern muss nicht nur gegenüber den Eltern verteidigt werden. Es ist ebenso notwendig, ihn gegenüber den eigenen Kindern zu schützen.

Gerade wenn sich eine Zweierbeziehung zur Familie erweitert, ist die Gefahr groß, die Liebesbeziehung zugunsten der Beziehung zu den Kindern zu beschneiden. Dies ist besonders dann der Fall, wenn die Kinder noch klein und bedürftig sind. Auch wenn Einschränkungen unvermeidbar sind, sollte sich das Paar immer wieder Zeiten für sich reservieren, in denen es ihre Liebe und Zweisamkeit pflegt. Solange die Bedürfnisse der Kinder berücksichtigt werden, werden diese nichts dagegen haben, wenn sich die Eltern zurückziehen. Im Gegenteil, es ist für Kinder wichtig wahrzunehmen, dass die Eltern als Paar ihre Liebesbeziehung pflegen. Denn diese bildet die Grundlage für die Familie und den familiären Zusammenhalt. Dies spürt jedes Kind intuitiv.

Ich habe in meinem Buch *Liebe, Treue und Verrat* die Liebesbeziehung der Eltern als »tragenden Balken« dargestellt. An diesem Balken hängt eine Schaukel, auf der die Kinder sicher sitzen. Ist dieser Balken stabil, fühlen sich die Kinder geborgen. Sie können ihre Kindheit unbeschwert verleben. Ist er morsch oder gar brüchig, droht das Kind aus der Schaukel herauszufallen. Es bekommt Angst, muss sich krampfhaft festhalten, oder es bemüht sich, mit seinen geringen Mitteln den Balken zu kitten, sodass die Gesamtkonstruktion nicht zusammenstürzt. In diesem Licht *kann die Pflege der Zweierbeziehung als eine wesentliche Elternfunktion angesehen werden!*

Abgrenzung des intimen Raumes gegenüber anderen als Zeichen der Treue

Die Bedeutung der Wahrung des intimen Raumes wird uns am stärksten bewusst, wenn ein Rivale oder eine Rivalin auftaucht. Dann ist die Intimität des Paares ernsthaft bedroht. Manche Paare merken erst angesichts einer solchen Herausforderung, wie wesentlich die Pflege des intimen Raumes ihrer Beziehung ist. Wenn sie sich darin befinden, gehen sie auf eine Weise vertraut miteinander um, wie sie es mit keiner anderen Person tun. Im geschützten Raum der Intimität entstehen Rituale, die nur sie miteinander pflegen. Deshalb schmerzt es besonders, wenn einer der Partner erfährt, dass sein Liebster oder seine Liebste etwas, was sie bisher nur füreinander reserviert haben, mit einer anderen Person teilt – sei es essen zu gehen in ihrem Lieblingslokal, sei es die Verwendung bestimmter Kosenamen oder der Austausch besonderer Gesten oder Geschenke. Dann spürt er, dass ihre Liebesbeziehung ernsthaft gefährdet ist.

Auch wenn andere Menschen für den einen oder anderen Partner wichtig werden, ist es notwendig, dass wir die Einzigartigkeit des intimen Raumes, den wir mit unserem Liebespartner teilen, verteidigen und gegenüber Dritten abgrenzen. Jede unserer wichtigen Beziehungen sollte einen bestimmten Platz in unserem Herzen halten und klar gegenüber den anderen Beziehungen abgegrenzt sein. Wenn uns dies gelingt, können wir uns im Haus unseres Herzens frei bewegen und von einem Beziehungsraum in den anderen treten, ohne unsere innere Orientierung zu verlieren.

Produktivität

Die vierte und letzte Säule einer Liebesbeziehung ist die Produktivität. Produktivität (oder »Fruchtbarkeit«, wie man sie früher häufig nannte) bedeutet, dass aus einer Liebesbeziehung etwas Gemeinsames entsteht. Es gibt einem Paar ein Gefühl tiefer Befriedigung, wenn aus ihrer Beziehung etwas Größeres entspringt, womöglich etwas, was sie überdauert.

Es liegt in der Natur der Liebe, dass sie Neues erschaffen möchte, wie ein Baum, der Früchte trägt.

Kindersegen

Wir denken dabei natürlich zuerst an Kinder, die einer Liebesbeziehung entspringen. Kinder sind der größte Schatz, den wir besitzen, und sie sind die größte Bestätigung für die Liebe zwischen zwei Menschen. Wie durch ein Wunder entsteht aus der Vereinigung zweier Liebenden neues Leben. Es entsteht ein Wesen, das die Verschmelzung zweier Individuen darstellt, kein Duplikat, kein Klon, sondern etwas völlig Neues, in dem sich aber beide Eltern wiedererkennen.

Kinder geben ihren Eltern eine neue Identität. In dem Augenblick, in dem ein Mann und eine Frau erkennen, dass aus ihrer sexuellen Verbindung ein Kind entstanden ist, findet in ihnen ein Bewusstseinssprung statt. Sie sind auf einmal keine bloße Individuen mehr, sondern Eltern: Mutter und Vater. Sie haben gemeinsam ein neues Lebewesen gezeugt, sie sind fürs Kind verantwortlich. Und gleichzeitig spüren sie intuitiv, dass sie sich mit dem Partner, mit dem sie das Kind gezeugt haben, aufs Innigste verbunden haben. Sie sind mit ihm eine existenzielle Verbindung eingegangen, ob sie es wollen oder nicht. Sie sind eine Familie geworden.

Wo Liebe fehlt, kann eine Schwangerschaft den Partnern zum Unglück, ja zum Fluch werden. Wo sie der Liebe entspringt, ist sie das größte Wunder überhaupt.

Kinder lassen uns als Eltern über unsere engen individuellen Grenzen hinauswachsen. Wir spüren auf einmal, dass wir nicht mehr die Wichtigsten sind. Solange die Kinder auf uns angewiesen sind, müssen wir auf sie eingehen und die eigenen Bedürfnisse zurückstellen. Es wird von uns zwar Verzicht, manchmal viel Verzicht gefordert, aber die meisten Eltern leisten ihn gerne, weil sie dafür etwas Unersetzliches erhalten: die Möglichkeit, ein Kind zu lieben. Ein Kind zu lieben, bereichert uns unendlich. Hierin liegt wohl das Geheimnis der Liebe: Sie lässt das Beste in uns erblühen, und indem wir dieses dem geliebten Menschen schenken, spüren wir eine Befriedigung, die viel tiefer ist, als wenn wir selbst beschenkt wären.

Kinder öffnen unsere Lebensperspektive für die Zukunft. Wir stellen uns vor, wie sie aufwachsen und in die Welt gehen werden. Damit entsteht in uns automatisch der Wunsch, für eine lebenswertere Welt zu kämpfen. Die Zukunft ist nicht mehr anonym und namenlos.

Wenn Eltern das Aufziehen ihrer Kinder als gemeinsame Lebensaufgabe ansehen, festigt dies ihre Paarbeziehung auf einzigartige Weise. Das Zeugen und Aufziehen gemeinsamer Kinder stellt die stärkste Verbindung und Verbindlichkeit zweier Menschen dar. Es erfüllt Eltern mit Stolz und Dankbarkeit, wenn sie sehen, wie ihre Kinder erwachsen werden, ihren Lebensweg gehen und selbst Kinder bekommen. Das Bewusstsein, diesen langen Weg gemeinsam gegangen zu sein, gibt ihrer Beziehung Sinn und Bedeutung.

Kinderlosigkeit

Paare, die sich Kinder wünschen, aber keine bekommen, aus welchen Gründen auch immer, haben es deshalb schwerer. Nicht nur, dass ihnen der natürliche Wunsch nach Kindern verwehrt wird, ihnen bleibt auch die letzte Bestätigung ihrer Liebe versagt. Dies ist ein großer Verlust, der gemeinsam betrauert werden muss. Die gemeinsame Trauer kann ihrer Beziehung mehr Tiefe und Verbundenheit verleihen. Indem sie ihr Schicksal gemeinsam tragen, können sie eine größere Solidarität füreinander empfinden. Eine neue Dankbarkeit für ihre Liebe kann sie erfüllen.

Wenn es den Liebenden gelingt, gemeinsam zu trauern, können sie irgendwann ihren Kinderwunsch hinter sich lassen und den Wunsch, etwas Gemeinsames zu erschaffen, in andere Bahnen lenken. Manche Paare adoptieren Kinder, nehmen sie in Pflege oder übernehmen Patenschaften, andere widmen sich sozialen oder politischen Projekten – sie merken dann, dass es womöglich gar nicht so sehr darauf ankommt, *was* sie gemeinsam tun. Wichtiger ist, *dass* sie etwas gemeinsam tun. Dann bekommt ihre Liebe neuen Sinn.

Etwas Gemeinsames aufbauen

Produktivität hat aber noch eine weitere Bedeutung für eine Paarbeziehung. Es bereitet jedem Paar eine große Befriedigung, wenn sich die Partner gemeinsam einer Aufgabe zuwenden und sie bewältigen. Das gemeinsame Projekt können gemeinsame Kinder sein, es kann ein Haus sein, das sie mit vereinten Kräften bauen, ein Geschäft, das sie eröffnen, ein Garten, den sie gemeinsam bestellen, oder eine Weltreise, die sie unternehmen. Die Erfahrung, dass man ein gemeinsames Projekt verwirklicht, kann ein Paar fester zusammenschweißen. Dieser Prozess, in dem die Partner Hindernisse aus dem Weg räumen, Widrigkeiten überwinden und Herausforderungen erfolgreich bestehen, schafft eine gelebte Solidarität.

Aber ein gemeinsames Projekt kann eine Liebesbeziehung auch gefährden. Was passiert, wenn das Unternehmen scheitert – wenn man ein Kind verliert, wenn der geschäftliche Erfolg ausbleibt oder die gemeinsame Reise misslingt? Geben sich die Partner gegenseitig die Schuld? Haben sie das Gefühl, persönlich versagt zu haben, und fühlen sie sich deshalb schuldig dem Partner gegenüber? Können sie ihrem Partner ihre Enttäuschung mitteilen? Bringen sie das Verständnis und Mitgefühl auf, das in solchen Momenten so bitter nötig wäre? Wenn ihnen dies gelänge, kann sich ihre Liebe vertiefen – denn so finden die Partner auch Zugang zu ihren Schwächen und Schattenseiten. Dann fühlen sie sich nicht nur geliebt, wenn es ihnen gut geht, sondern auch, wenn sie verzagt sind. Wenn wir in unseren dunklen Stunden Liebe und Trost erfahren, bekommen wir die Gewissheit, dass unsere Liebe Bestand hat.

Umgekehrt kann das Gelingen eines gemeinsamen Projektes auch eine Partnerschaft gefährden – indem es zum Beispiel wichtiger wird als die Beziehung selbst. Dann fließt die Liebe immer mehr in das Werk, in dieses Dritte, das man geschaffen hat, und man verliert den Blick für den Partner, mit dem man es aufgebaut hat. Wenn die gemeinsamen Kinder wichtiger werden als die Partnerschaft, wenn das Haus, das Geld, das Unternehmen zum einzigen Zweck einer Beziehung werden, gerät das ganze System in Schieflage. Die Beziehung, die ursprünglich die Basis für die ganze Unternehmung gewesen ist, fällt immer mehr in den Hintergrund zurück, während die gesamte Energie, das ganze Geld, die Lebenszeit ins gemeinsame Projekt investiert werden. Das Projekt ist dann zum Selbstzweck geworden. Irgendwann stürzt das Ganze dann zusammen, weil der vernachlässigte Partner geht (oder sich ebenfalls einem Dritten zuwendet).

Daher ist es wichtig, dass wir eine gute Balance in diesem Zusammenspiel finden. Ein gemeinsames Projekt stellt in einer Beziehung so etwas wie ein »Drittes« dar. Und damit ist man nicht mehr zu zweit, sondern zu dritt. Eine Dreierbeziehung ist aber häufig labil. Sie bringt Spannung in die Beziehung, die immer wieder wahrgenommen, angesprochen und ausgeglichen werden muss. Dieses Dritte kann zu einer großen Bereicherung für die Zweierbeziehung werden, aber es ist stets auch eine Herausforderung.

Wie Treue und Untreue gelernt werden

Treues und untreues Verhalten fallen nicht vom Himmel. Sie werden, wie vieles andere auch, in Kindheit und Jugend gelernt. Am wichtigsten ist dabei die Bindung des Kindes an die Eltern, vor allem an die Mutter. Außerdem spielt das Vorbild der Eltern und anderer naher Bezugspersonen eine wichtige Rolle. Ich gehe zunächst auf die Vorbildfunktion der Eltern ein.

Wie haben die Eltern ihre Liebesbeziehung vorgelebt?

Die vier im vorigen Kapitel beschriebenen Grundsäulen einer Liebesbeziehung – Liebe, Sexualität, Intimität und Produktivität – spielen nicht nur zwischen den Partnern eine Rolle. Sie dienen auch als Vorbild für deren Kind(er). Ein Kind, das mit seinen Eltern aufwächst, beobachtet tagtäglich, wie die Eltern miteinander umgehen:

- Lieben sie sich? Sind sie zärtlich zueinander? Oder streiten sie sich ständig?
- Sind sie gerne beisammen oder gehen sie sich eher aus dem Weg?
- Sprechen sie miteinander, worüber, und in welcher Stimmlage?
- Verehrt der Vater die Mutter oder hat er nur Augen für

andere Frauen? Freut sich die Mutter, wenn der Vater sich ihr körperlich nähert, oder weicht sie verschämt oder gar angewidert zurück?

- Wie verabschieden sie sich? Wie begrüßen sie sich? Vermissen sie sich?
- Ziehen sie sich gelegentlich zu zweit zurück? Schlafen sie in einem Bett? Nehmen sie sich regelmäßig Zeit zu zweit, ohne dass die Kinder dabei sind?
- Wie verhalten sie sich anderen Frauen und Männern gegenüber? Wie fühlt sich die Mutter, wenn der Vater nicht da ist? Womit beschäftigt sich der Vater, wenn die Mutter abwesend ist?
- Sprechen die Eltern über Liebe und Sexualität? Und wie? Klären sie das Kind auf?
- Welche Meinung haben die Eltern dazu, dass das Kind ein Mädchen oder ein Junge ist? Finden sie es hübsch? Wie soll es sich später ihrer Meinung nach als Frau oder Mann entwickeln? Was hat es später als Frau oder Mann vom Leben zu erwarten? Wie reagieren die Eltern auf das Kind, wenn es geschlechtsreif wird?

An diesen Fragen merken wir schon, wie stark die Liebesbeziehung zwischen den Eltern von Kindern aufgenommen wird, ohne dass ein Wort darüber gesprochen zu werden braucht. Kinder nehmen all die subtilen und unausgesprochenen Botschaften zwischen den Eltern wahr. Wie Seismografen registrieren sie alle untergründigen Schwingungen. Egal, was die Eltern verbal behaupten, Kinder spüren alle Lügen und Halbwahrheiten auf. Nichts bleibt ihnen verborgen.

Daher ist es wichtig für Eltern, in Bezug auf ihre Beziehung ehrlich zu sein. Sie können von ihren Kindern nicht erwarten, dass diese später eine gute Partnerschaft führen, wenn sie selbst in keiner glücklichen Ehe leben. Die Beziehung der Eltern wird wie eine Matrix im Kind gespeichert, und wenn es später einen Partner findet, wird es diesem eingeprägten Beziehungsmuster blind folgen, selbst wenn es sich vorgenommen hat, eine ganz andere Beziehung zu führen als die Eltern. Dann wiederholt sich der Beziehungskonflikt der Eltern in der nächsten Generation. Daher ist es wichtig, dass die Eltern ihre Partnerschaftskonflikte *heute* lösen, statt diese zu verschieben oder zu ignorieren.

Neben den Eltern spielen auch andere Vorbilder eine Rolle. Menschen aus der Verwandtschaft wie Großeltern, ältere Geschwister oder Onkel und Tanten können von Bedeutung sein. Aber auch Rollenmodelle außerhalb der Familie können für junge Menschen prägend sein: Lehrer, Mentoren, Freunde und Freundinnen, spirituelle Lehrer, Therapeuten. Wenn man einen Therapeuten oder eine Therapeutin sucht, sollte man sich nicht scheuen, beim ersten Kontakt auch nach deren Familienverhältnisse zu fragen. Schließlich üben sie eine wichtige Vorbildfunktion für ihre Klientinnen und Klienten aus.

Günstige Voraussetzungen für die Entwicklung von Treue

Wir wissen, dass die Welt, in der Kinder heute aufwachsen, alles andere als ideal ist. Gerade deshalb ist es wichtig, sich zu überlegen, welche Bedingungen erforderlich sind, damit ein Kind Treue erfährt und Treue lernt. Die folgenden Vorschläge sollten Sie nicht als einen Katalog von unerfüllbaren Forderungen lesen, sondern als Anregungen zum Nachdenken betrachten.

Kinder brauchen eine stabile, sichere Umwelt

Das Gefühl von Beständigkeit und Verlässlichkeit kann ein Kind nur in einer Umwelt entwickeln, die stabil und voraussagbar ist. Viele Menschen aus meiner Generation sind im Krieg oder einer verwirrenden Nachkriegswelt aufgewachsen, wo nahe Angehörige starben oder verschwanden, wo man vor Krieg und Verfolgung flüchten musste. Die vier Jahrzehnte von 1950 bis 1990 waren geprägt vom Kalten Krieg, in dem die Welt in zwei feindliche Blöcke gespalten war. Die politische Atmosphäre war von Misstrauen vergiftet, es drohte ständig der Atomkrieg, der einen Großteil der Menschheit ausgelöscht hätte.

Heute steht die Welt in der Spannung zwischen Terrorismus auf der einen und hemmungsloser Geld- und Machtgier auf der anderen Seite. Viele gewachsene soziale Strukturen zerfallen zusehends im Zuge der Globalisierung. Auch wenn manche Traditionen die Entfaltung des Einzelnen behindert haben, so gaben sie doch vielen Menschen inneren Halt in einer unsicheren Welt. In meiner Generation protestierte man noch gegen die autoritären Strukturen in der Gesellschaft. Längst haben sich die Verhältnisse ins Gegenteil verkehrt. Heutzutage wissen viele junge Eltern nichts Besseres mit ihren Kindern anzufangen, als diese vor den Fernseher oder den Computer zu setzen. Selber orientierungslos aufgewachsen, wissen sie nicht, nach welchen Wertmaßstäben sie ihre Kinder erziehen sollen. In ihrer Hilflosigkeit greifen sie zu dem, was heute als höchstes Gut gilt: Konsum. Nach der schwedischen Schriftstellerin Anna Wahlgren hat in ihrem Land jedes Kind unter drei Jahren durchschnittlich 536 Spielsachen!*

---

* »Kleine Kinder brauchen ihre Herde«, Interview in der *Frankfurter Rundschau* vom 23.12.2006

Materielle Güter können aber das Bedürfnis eines Kindes nach Geborgenheit, Zuwendung und Anregung nie ersetzen.

In unserer modernen Mobilität überschätzen wir die Fähigkeit von Kindern zur Integration verschiedener Sinnesreize. Wir fahren sie ständig von einem Event zum anderen, von einer Freizeitaktivität zur nächsten und übersehen, dass Kinder Zeit für sich und eine beständige, verlässliche Umgebung brauchen, um sich zu entdecken, um ihre Identität zu entwickeln und um ihre Fähigkeiten auszuprobieren. Indem wir sie mit immer neuen Reizen überhäufen, bringen wir sie aus ihrer Mitte. Dann brauchen wir uns nicht zu wundern, dass sie zappelig und unkonzentriert werden.

Auch mit ihrem Bedürfnis nach innerer Sicherheit lassen wir Kinder oft allein. Wir vergessen nur allzu oft, dass Sicherheit nicht nur materielle Sicherheit bedeutet, sondern aus der Erfahrung kommt, von liebevollen und aufmerksamen Eltern und Bezugspersonen angenommen und begleitet zu werden. Natürlich brauchen Kinder ihre Freiräume, aber Autonomie bedeutet nicht, sie sich selbst zu überlassen. Kinder brauchen den persönlichen Halt von Menschen, die zuverlässig da sind. Eltern müssen ihre eigenen Bedürfnisse hintanstellen, wenn sie Kinder bekommen. Das ist nicht einfach in einer Gesellschaft, die einem suggeriert, die Befriedigung der eigenen Bedürfnisse sei das Wichtigste im Leben. Wenn man Eltern wird, muss man viele persönliche Interessen und Wünsche zurückstellen und dem Kind die Priorität einräumen. Dies ist natürlich keine leichte Aufgabe. Aber darin liegt auch eine Chance. Wir merken auf einmal, dass es auch beglückend sein kann, für jemand anderes da zu sein. So geben wir ganz nebenbei ein Vorbild für Treue ab.

Kinder brauchen Vorbilder. Durch Nachahmung lernen Kinder am schnellsten und nachhaltigsten. Ein gutes Vorbild zu sein, hat eine viel stärkere pädagogische Wirkung als gute

Ratschläge und Ermahnungen. Oft fordern Eltern von ihren Kindern etwas, was sie selbst nicht erfüllen. Wenn eine rauchende Mutter von ihrer Tochter fordert, nicht zu rauchen, kann sie mit einiger Sicherheit davon ausgehen, dass die Tochter ihrem Beispiel folgen und rauchen wird. Sie hat von der Mutter gelernt, dass gute Vorsätze nichts nutzen. Wenn die Mutter selbst aufhören würde zu rauchen, hätte die Tochter eine viel größere Chance, sich in ihrem Verhalten zu ändern. Kinder bleiben uns eben auch in unseren fehlerhaften Seiten treu – und da besonders in den Eigenschaften und Verhaltensweisen, für die wir uns schämen oder die wir peinlich vor ihnen zu verbergen suchen.

Kinder brauchen klare Verantwortlichkeiten

Verantwortung stellt eine wesentliche Voraussetzung für Treuebeziehungen dar. In der Eltern-Kind-Beziehung sollte klar sein, wer welche Verantwortlichkeiten hat. In heutigen Familien ist die Verteilung von Aufgaben oft diffus. Manche Kinder müssen sich um den Haushalt oder jüngere Geschwister kümmern, weil die Eltern arbeiten oder krank sind. Solche Kinder übernehmen zu viele Verpflichtungen. In anderen Familien geschieht genau das Gegenteil: Aus übermäßiger Fürsorge entlasten Eltern ihre Kinder von allen häuslichen und familiären Verpflichtungen. Dann lernt das Kind nicht, dass es auch für andere verantwortlich ist. Es wächst möglicherweise zu einem egoistischen Tyrann heran. Klare, altersgemäße Verantwortlichkeiten sind ein gutes Lernfeld für Kinder, um in ihren späteren Beziehungen Verantwortung zu übernehmen.

Kinder brauchen eine klare Familien- und Beziehungsstruktur

Kinder brauchen ein klares Netzwerk an verlässlichen Beziehungen innerhalb der Familie. Wenn sie wissen, wer ihre Eltern sind, wer ihre Großeltern, ihre Geschwister, ihre Onkel und Tanten sind, dann entwickelt sich in ihnen eine klare Landkarte über ihre wesentlichen Beziehungen. Sie wissen, wie ihre Beziehung zu jedem einzelnen Verwandten aussieht. Sie wissen, wer für was zuständig ist.

In unserer Zeit, in denen Familienstrukturen und -bindungen schwächer werden, sich manchmal sogar auflösen, ist es schwer für Kinder, klare Loyalitäten zu bilden. Sie werden durch Trennungen und Scheidungen willkürlich von Teilen ihrer Familie getrennt. Geschwister werden auseinandergerissen. Kinder werden mit fremden Partnern und Partnerinnen ihrer Eltern konfrontiert, bekommen Stief-, Halb- und Adoptivgeschwister. Aus dem zuvor klaren Familiennetzwerk wird ein Knäuel undurchsichtiger Beziehungen. Darin fühlen sich die Kinder im wörtlichen Sinne »verstrickt« und »verwurstelt«. Wenn Kinder mit solch einer chaotischen Beziehungslandkarte im Kopf aufwachsen, entwickeln sie später als Erwachsene leicht ein ähnliches Chaos in ihren eigenen Liebesbeziehungen, wie sie es einst in ihrer Herkunftsfamilie erlebt haben.

Kinder brauchen die Wahrheit

In chaotischen Familien werden nicht selten Lügen, Mythen und Halbwahrheiten aufrechterhalten. Um das eigene Durcheinander zu verschleiern, erzählen Eltern ihren Kindern oft die Unwahrheit. Die wahre Herkunft des Kindes oder seines Geschwisters wird verschwiegen, der Selbstmord eines Verwandten wird vertuscht. In meinem Buch über *Lebenslügen und Familiengeheimnisse* habe ich auf die Folgen solcher Täuschungen hingewiesen. Ein belogenes Kind ist verwirrt, es weiß nicht, was wahr und falsch ist. Seine Identität setzt sich aus falschen Stücken zusammen. Es bekommt ein schiefes Bild von sich selbst und der Welt. Es kann sich nicht orientieren. Wenn es erwachsen wird, stolpert es mit einer falsch gezeichneten Landkarte ins Leben und verirrt sich. Dann macht es sich selbst Vorwürfe und meint, es habe persönlich versagt, statt dass es die Karte überprüft.

Ich betone es daher immer wieder: Auch wenn Erwachsene meinen, einem Kind die Wahrheit nicht zumuten zu können – Kinder können die Wahrheit vertragen. Noch mehr, Kinder brauchen die Wahrheit. Es hat wohl nie ein Zeitalter gegeben, in dem Kinder von der grausamen Realität der Erwachsenenwelt verschont gewesen sind. Die Welt von Kindern ist eine harte Welt. Jedes Kind wird mit Aggression, Ablehnung, Schmerz und Angst konfrontiert, egal ob es dies im Elternhaus, im Kindergarten oder in der Schule erlebt. Kinder lernen mit diesen Härten umzugehen, sie entwickeln Überlebensstrategien, sie finden Fluchtwege, sie halten eine Menge aus. Solange sie bei den Eltern emotionalen Halt finden, können sie mit den unangenehmen Wahrheiten des Lebens fertig werden.

Selbstverständlich kommt es darauf an, wann und wie man einem Kind etwas sagt. Es muss seinem Alter und seinem Fassungsvermögen entsprechen. Es gibt Geheimnisse, mit deren Eröffnung man warten sollte, bis das Kind alt genug ist, sie verstandesgemäß zu begreifen und emotional zu ertragen. Es ist auch wichtig, ein Kind nicht allein zu lassen, wenn es mit einer unangenehmen Wahrheit konfrontiert wurde. Aber mit der Wahrheit zu warten, bis das Kind es versteht (»Das werde ich dir später genauer erklären«), ist etwas anderes, als ein Geheimnis daraus zu machen oder es gar zu tabuisieren (»Das brauchst du nicht zu wissen!«). Geheimnisse und Tabus machen nur neugierig, sie setzen eine Spirale von Lügen in Gang, die immer weitere Unwahrheiten nach sich ziehen, bis schließlich ein Irrgarten entsteht.

Wie wir später bei der Untreue sehen werden, neigen Menschen, die mit Geheimnissen aufgewachsen sind, zu unsicheren und zweideutigen Beziehungen. Sie führen oft ein Doppelleben. Ihre Partner können sich nicht richtig auf sie verlassen. Ihre Identität, ihre innere »Landkarte« weist weiße Flecken auf. Daher ist es wichtig, dass Menschen die Wahrheit über ihre Herkunftsfamilie erfahren.

Bindung in der Kindheit und ihre Auswirkung auf die Partnerschaft

When the night has come	*Wenn die Nacht gekommen*
And the land is dark	*und das Land dunkel ist*
And the moon is the only light	*und der Mond das einzige Licht,*
we'll see,	*das wir sehen,*
No, I won't be afraid	*werde ich keine Angst haben,*
Oh, I won't be afraid	*nein, werde ich keine Angst haben,*
Just as long as you stand,	*solange du bei mir bist,*
Stand by me.	*bei mir bist.*

In vielen Liebesliedern wie diesem von Ben E. King kommt eine Sehnsucht zum Vorschein, die eigentlich der Sehnsucht eines Kindes nach seiner Mutter gleichkommt. Es scheint ein verbreitetes Phänomen zu sein, dass wir in der Liebesbeziehung unbewusst die Wiederholung unserer einstigen Mutter-Kind-Beziehung herbeisehnen – oder auch befürchten. Warum dies so ist, erklärt die *Bindungstheorie.*

Die Bindungstheorie – intimes Verhalten lernen wir in unserer Kindheit

Der Grundstein für eine gute Liebesbeziehung wird bereits in frühester Kindheit gelegt. Der englische Psychoanalytiker John Bowlby entwickelte in den 50er-Jahren des 20. Jahrhunderts die Bindungstheorie, die später von der klinischen Psychologin Mary Ainsworth empirisch belegt wurde. Demnach bringt jedes Neugeborene ein Grundbedürfnis nach *Bindung* mit: Es bindet sich emotional an seine unmittelbaren Betreuungspersonen – Mutter, Vater und andere Bezugspersonen. Wenn es Hunger oder Angst hat, tut es alles, damit diese *Bindungsperson* zu ihm kommt und es versorgt. Es weint, schreit und ruft, später krabbelt oder läuft es zu ihr. Dies nennt man das »Bindungsverhalten« des Kindes.

Da das Baby noch nicht sagen kann, was es braucht, ist es darauf angewiesen, dass seine Bindungsperson es in seinen nonverbalen Ausdrucksmöglichkeiten versteht. Aus der Art, wie das Kind sich bewegt, schreit oder weint, muss diese »ablesen«, was das Kind gerade braucht. Im Idealfall lernt die Bindungsperson sich auf die feinen Signale des Kindes einzustimmen und darauf zu reagieren. Man spricht dann von der *Feinfühligkeit* der Bindungsperson.

Neben der Feinfühligkeit gibt es noch andere Bedingungen für das Gelingen einer Bindung, etwa dass die Bezugsperson zur Verfügung steht, wenn das Kind sie braucht, oder dass sie das Kind annimmt, so, wie es ist. Wenn diese Bedingungen gegeben sind, erlebt das Kind seine Bindungsperson wie einen »Hafen der Sicherheit«. Ein solchermaßen »sicher gebundenes« Kind kann beherzt in die Welt gehen, in der Gewissheit, es findet Unterstützung und Rückendeckung, wenn ihm Gefahr droht.

Die Qualität unserer ersten Bindungen bestimmt im hohen Maße unsere späteren Beziehungen, besonders unsere nahen und intimen Beziehungen. In ihnen wird das gleiche Bindungsverhalten ausgelöst: Wie signalisiere ich meinem Partner, dass ich etwas von ihm brauche? Kann ich überhaupt bei mir selbst wahrnehmen, was ich brauche (oder fühle ich nur Unruhe und Spannung in mir)? Traue ich mich, meine Bedürfnisse und Wünsche zu äußern (oder schäme ich mich ihrer)? Traue ich meinem Partner zu, dass er auf meine Bedürfnisse eingeht (oder gehe ich von vornherein davon aus, dass er kein Interesse daran zeigen wird)? Gestatte ich mir, mich schwach und bedürftig zu zeigen (oder meine ich, ich müsse stets stark und unabhängig sein)? Kann ich es ertragen, wenn mein Partner nicht auf meine Wünsche eingeht (oder fühle ich mich gleich gekränkt und sinne auf Rache)?

Bin ich umgekehrt fähig, auf die Bedürfnisse und Wünsche meines Partners einzugehen (oder sind sie mir von vornherein zu viel)? Fühle ich mich stark genug, um ihm beizustehen (oder traue ich mir das nicht zu)? Was lösen seine Hilferufe in mir aus: Mitgefühl, Ärger, Verachtung, Ungeduld oder Gleichgültigkeit? Kann ich die Äußerung seiner Bedürfnisse überhaupt wahrnehmen (oder bin ich auf diesem Ohr taub)? Kann ich sie auch richtig interpretieren (oder meine ich, er will Sex, wenn er nur kuscheln will)? Bin ich bereit, darauf einzugehen? Bin ich auch fähig, respektvoll und liebevoll Nein zu sagen, wenn ich ihm das Gewünschte nicht geben kann oder will (oder fühle ich mich verpflichtet, ihm stets zur Verfügung zu stehen)?

Alle diese Einstellungen und Verhaltensweisen haben wir schon im Beisein unserer Mütter und anderer Bezugspersonen in der Babywiege gelernt. In einer Liebesbeziehung kommt jedoch noch die *Gegenseitigkeit* hinzu. In einer lebendigen Partnerschaft gibt es ein gegenseitiges *Geben und Nehmen*. Mal ist der eine Partner bedürftiger, mal der andere. Eine tragfähige Liebesbeziehung zeichnet sich dadurch aus, dass beide Partner sich gestatten, einmal schwach, einmal stark zu sein, dass sie also flexibel aufeinander reagieren können.

Die vier Bindungsqualitäten

Wie beeinflusst das Verhalten der Eltern und anderer Bezugspersonen die spätere Bindungseinstellung eines Menschen? Man unterscheidet in der Bindungstheorie zwischen vier verschiedenen Bindungsqualitäten:

- sichere Bindung
- unsicher-vermeidende Bindung
- unsicher-ambivalente Bindung
- desorganisierte/desorientierte Bindung

Sichere Bindung

Die sichere Bindung ist dadurch gekennzeichnet, dass die Bindungsperson (Eltern oder andere nahe Bezugspersonen in der frühen Kindheit) dem Kind zur Verfügung steht, sodass das Kind sicher sein kann, dass es sie bei Bedarf jederzeit erreichen kann. Wenn das Kind sich meldet, reagiert die Bindungsperson feinfühlig auf sein Signal, das heißt, sie nimmt dieses wahr (zum Beispiel, dass das Kind weint), interpretiert es richtig (erkennt etwa, dass das Kind Hunger hat) und geht auf das kindliche Bedürfnis ein (füttert es). Sie kann unterscheiden zwischen verschiedenen Bedürfnissen des Kindes, etwa zwischen Hunger, Müdigkeit oder dem Wunsch nach Nähe. Sie geht respektvoll mit dem Kind um und akzeptiert es, so wie es ist. Wenn das Kind älter wird, bezieht die Bezugsperson es mit in die Entscheidungen ein, die es betrifft. Wenn Konflikte entstehen, kann sie angemessen auf das kindliche und ihr eigenes Bedürfnis eingehen, um eine für beide tragbare Lösung zu finden.

Die Bindungsforschung hat herausgefunden, dass der Einfluss nicht nur der Mutter, sondern auch des *Vaters* von großer Bedeutung für die spätere Bindungsfähigkeit eines Kindes ist. Während die Mutter (in der traditionellen Familie) mehr den »sicheren Hafen« für das Kind darstellt, gibt ihm der Vater eher den Ansporn, mutig in die Welt hinauszugehen. Im gemeinsamen Spiel erweitert er die körperlich-geistige Kompetenz und das Selbstvertrauen des Kindes. Die Anwesenheit und Zuwendung eines Vaters während der frühen Kindheit wirken positiv auf das spätere Bindungsverhalten eines Menschen – selbst dann, wenn der Vater nach einer Scheidung woanders lebt. Besonders die Akzeptanz des Kindes durch den Vater während der Pubertät ist wichtig für die spätere Bindungssicherheit des Kindes.

Für eine sichere Bindung spielt die *elterliche Beziehung* ebenfalls eine wichtige Rolle. Es ist für ein Kind wichtig, dass beide Eltern es in gegenseitiger Übereinstimmung und Ergänzung behandeln und erziehen. Auch das Verhältnis der Eltern zueinander (wie sie einander begegnen, wie sie übereinander sprechen) nimmt das Kind bereits in frühester Kindheit auf. Darin findet es ein Modell (Vorbild) für seine spätere Partnerschaft.*

Ein »sicher gebundenes« Kind wächst zu einer autonomen Person heran. Es hat eine gute »Rückendeckung« vom Elternhaus. Es fühlt sich angemessen stark und selbstbewusst, hat Vertrauen in sich selbst und in andere Menschen und geht furchtlos in die Welt. Es kann um Hilfe bitten, wenn es diese braucht. Vor allem geht es gerne und vertrauensvoll intime Bindungen ein. Es hat am eigenen Leib erfahren, dass es schön ist, mit anderen Menschen in nahen Beziehungen zu leben. Dabei sind Selbstständigkeit und Bindung für es kein Gegensatz: Es kann sein Leben gut für sich führen

---

* Vgl. Karin und Klaus E. Grossmann: *Bindungen – das Gefüge psychischer Sicherheit*, Stuttgart: Klett-Cotta 2004

und kann gleichzeitig Nähe und Intimität genießen. Es kann außerdem gute von schlechten Beziehungen unterscheiden. Es weiß, welche Person ihm guttut und welche nicht. Wenn Konflikte auftauchen, kann es angemessen und konstruktiv damit umgehen.

Eine sichere Bindung in der Kindheit bietet damit eine günstige Voraussetzung für eine spätere Liebesbeziehung. Die Forschungsergebnisse sprechen dafür, dass sicher gebundene Menschen längere Beziehungen unterhalten als unsicher gebundene. 1987 fand man in einer Studie in den USA heraus, dass von den interviewten Personen sicher Gebundene durchschnittlich doppelt so lange Beziehungen hatten als unsicher Gebundene. Nur sechs Prozent der sicher gebundenen Menschen hatten eine Scheidung hinter sich, während bei unsicher-vermeidenden zwölf Prozent und bei unsicher-ambivalenten Personen zehn Prozent geschieden waren.**

Unsicher-vermeidende Bindung

Eine unsicher-vermeidende Bindung entsteht meist dadurch, dass das Kind viel allein gelassen wird (etwa bei Heimkindern) oder wenn die nächsten Bindungspersonen des Kindes nicht am Kind interessiert sind. Sie verhalten sich ihm kühl oder gleichgültig gegenüber. Auch wenn sie physisch anwesend sind, reagieren sie nicht auf die Bedürfnisse des Kindes, sodass dieses mit der Zeit lernt, dass es sinnlos ist, sich an sie zu wenden. Das Kind wird scheinbar selbstgenügsam und selbstständig – es beschäftigt sich die meiste Zeit mit sich

----

** C. Hazan und P. R. Shaver: »Romantic Love Conceptualized as an Attachment Process«, in: *Journal of Personality and Social Psychology*, 52, 1987, S. 511–524

selbst. Wenn sich die Bindungsperson entfernt, reagiert das Kind zwar äußerlich nicht ängstlich. Aber physiologische Messungen ergeben, dass seine Stresshormone und seine Herzfrequenz steigen. Das bedeutet, es ist doch innerlich beunruhigt, wenn es allein gelassen wird. Es zeigt nur kein äußeres Bindungsverhalten mehr, weil es die Erfahrung gemacht hat, dass es zwecklos ist, nach der Bindungsperson zu rufen. Das Kind hat bereits resigniert. Seine Umwelt meint dann irrtümlich, es sei besonders »pflegeleicht«.

Ein Kind mit einer unsicher-vermeidenden Bindung wächst mit der Einstellung auf, nicht liebenswert zu sein. Liebe spielt in seinem Leben sowieso keine große Rolle, die eigene Unabhängigkeit ist ihm wichtiger. Menschen mit einer unsicher-vermeidenden Bindung gehen später höchstens Vernunftbeziehungen ein. Andere Menschen sind dafür da, bestimmte Funktionen zu erfüllen, etwa um die materielle Versorgung sicherzustellen, Kinder großzuziehen oder ein gemeinsames Geschäft zu führen. Viele bleiben Singles – sie haben lieber ein Haustier als einen Partner. (»Mein bester Freund ist mein Hund, auf den ist wenigstens Verlass.«) Manche heiraten, weil es sozial erwünscht ist, oder aus Pflichtbewusstsein, weil sie ein Versprechen abgegeben oder ein Kind gezeugt haben. Aber sie meiden Intimität in der Beziehung, sind körperlich oder emotional abwesend. Sie widmen sich lieber ihrer Arbeit, ihrem Hobby oder ihrem Verein (wo sie sehr beliebt sein können, denn oberflächlich kommen sie mit Menschen gut aus). Als Männer sind sie berufsbedingt selten zu Hause (als Fernfahrer oder Manager), als Frauen sind sie ständig mit Haushalt und Küche beschäftigt. Wenn sie Kinder haben, kümmern sie sich zwar um die Schulleistungen der Kinder, aber nicht um deren Bedürfnis nach Nähe. In Konfliktsituationen bleiben sie stumm und ziehen sich zurück.

Es ist äußerst schwer für einen Menschen vom unsicher-vermeidenden Bindungstyp, sich für eine nahe Beziehung wirklich zu öffnen. Denn seine Selbstgenügsamkeit dient dem Selbstschutz. Er ist meist sehr früh in seinem Bindungsbedürfnis zurückgewiesen und enttäuscht worden. Er hat vor langer Zeit für sich beschlossen, sich nie wieder einem Menschen auszuliefern, um nicht noch einmal zurückgewiesen zu werden. Er hat sich in seiner Einsamkeit eingerichtet. Die einzige Chance für eine intime Beziehung besteht darin, dass er sich einmal wirklich in einen Menschen verliebt, sodass er bereit ist, das Risiko einer nochmaligen Enttäuschung auf sich zu nehmen und einen erneuten Versuch zu wagen. Dafür wird in den meisten Fällen therapeutische Unterstützung notwendig sein, um die früheren Gefühle von Trauer, Verlassenheit und Angst zu verarbeiten.

Unsicher-ambivalente Bindung

Die unsicher-ambivalente Bindung stellt gewissermaßen das andere Extrem einer unsicheren Bindung dar. Hier hat das Kind häufig mit unsicheren, schwachen, inkompetenten und bedürftigen Eltern zu tun. Die Bindungsperson ist mit der Fürsorge fürs Kind überfordert. Sie lehnt das Kind zwar nicht kategorisch ab, aber sie sieht sich außerstande, angemessen für es zu sorgen. Oft handelt es sich um sehr junge Mütter oder um solche, die selbst wenig Bemutterung erfahren haben. Manchmal befindet sich die Mutter in einer schwierigen Lebenslage, etwa weil sie von ihrem Partner im Stich gelassen worden ist, weil sie selbst krank ist oder anderen Verpflichtungen (zum Beispiel den eigenen Eltern gegenüber) nachkommen muss. Auf jeden Fall ist sie mehr mit sich selbst und den eigenen Problemen beschäftigt als mit den Bedürfnissen des Kindes. Sie reagiert schwankend aufs

Kind – mal ist sie geistig abwesend, mal erinnert sie sich daran, dass sie ein Kind hat und stürzt sich darauf, egal, ob das Kind es gerade braucht oder nicht. In manchen Fällen stellt das Kind auch die einzige Bezugsperson für die Mutter dar (wenn sie etwa alleinerziehend ist und keinerlei Unterstützung erfährt), sodass die Mutter auf das Kind angewiesen ist, um von ihm getröstet zu werden.

Dadurch ist ihr Pflegeverhalten für das Kind nicht zuverlässig, nachvollziehbar und voraussagbar. Das Kind nimmt wahr, dass die Mutter sich mal auf diese, mal auf jene Weise verhält. Da es sich nicht auf sie verlassen kann, muss es die Mutter permanent im Auge behalten. Es versucht herauszufinden, wie sie sich gerade fühlt. Es registriert ihre kleinsten Stimmungsschwankungen. Es lernt, sich minutiös an die Mutter anzupassen, damit es zumindest ein wenig Aufmerksamkeit von ihr abbekommt. Mit der Zeit wird das Kind völlig abhängig von der Mutter. Da es sich nicht auf sie verlassen kann, klammert es sich übermäßig an sie, ohne sich wirklich sicher zu fühlen. Vor lauter Konzentration auf die Mutter weiß es gar nicht, wer es selbst als Person ist. Es hat auch keine Energie und kein Interesse mehr, um die Welt zu erkunden. Es ist auf die Mutter fixiert.

Im Gegensatz zu den Menschen mit unsicher-*vermeidender* Bindung streben unsicher-*ambivalent* Gebundene in ihrer späteren Liebesbeziehung nach der allumfassenden Symbiose. Sie sehnen sich nach der großen Liebe, die sie erlösen soll. Sie träumen vom Traumprinzen oder von der Traumfrau. Häufig verlieben sie sich auf den ersten Blick und projizieren dann alle ihre Wünsche auf den Auserkorenen. Weil dieser eigentlich nur eine Projektionsleinwand für ihre Sehnsüchte darstellt, können sie ihn als reale Person gar nicht wahrnehmen. Sie können einen guten nicht von einem ungeeigneten Partner unterscheiden, sie lassen sich blenden und werden nicht selten enttäuscht. Wenn sie einen Partner gefunden haben, fühlen sie sich permanent unsicher – wie einst gegenüber ihrer ambivalenten Mutter. Sie suchen dauernd nach Bestätigung von ihrem Partner. Dieser soll ihnen beteuern (und beweisen!), dass er sie liebt – und nur sie allein. Aber alle Liebesbezeugungen schlagen fehl, weil sie ihrem Partner im Grunde ihres Herzens doch nicht trauen. Letztlich können sie keine wirkliche Nähe ertragen. Ein Partner, dessen sie sich unsicher sind, ist ihnen eigentlich lieber (weil vertrauter) als einer, der treu und verlässlich ist. Einen solchen fänden sie todlangweilig!

Daher binden sich Menschen mit einer unsicher-ambivalenten Bindung nicht selten an solche mit einer unsicher-vermeidenden Bindung, oft in der Konstellation »Die klammernde Frau – der distanzierte Mann«. Beide halten Nähe im Prinzip nicht aus. Die Rollen sind klar verteilt: Er rennt weg – sie hinterher. Wenn er mal stehen bleibt und sich nach ihr umdreht, bekommt sie Angst und ist plötzlich nicht mehr wirklich interessiert (oder wendet sich einem anderen zu). Da Nachlaufen ein anregendes Spiel ist, kann sich eine solche Beziehungskonstellation lange halten, zumal sie den gängigen Geschlechterstereotypien entspricht.

Dass in einer solchen Konstellation das Fremdgehen als Mittel der Distanzierung und Nähevermeidung gerne benutzt wird, ist einleuchtend. Dem unsicher Vermeidenden dient eine Affäre der Flucht vor der anklammernden Partnerin, die sich durch seine Untreue in ihrem Gefühl der eigenen Wertlosigkeit bestätigt sieht. Manchmal rächt sich die betrogene Partnerin dadurch, dass auch sie sich einen Geliebten nimmt. Das Ganze kann in einer sadomasochistischen Spirale enden, in der jeder sich gedemütigt und verletzt fühlt (und Dritte mit in den Partnerkonflikt hineingezogen werden).

Desorganisierte/Desorientierte Bindung

Diese vierte Bindungsqualität ist erst spät erforscht worden. Sie wurde erst durch die neuesten Erkenntnisse der Psychotraumatologie bekannt, also der Erforschung der Ursachen und Auswirkungen von traumatischen Erfahrungen.

Bei dieser Störung der Mutter-Kind-Interaktion handelt es sich häufig um Mütter mit einer schweren Vorgeschichte: Sie sind oft schwer körperlich oder psychisch krank, sodass sie entweder zu schwach sind, um fürs Kind zu sorgen, oder sie gehen unangemessen und »verrückt« mit dem Kind um. Manchmal sind sie alkohol- oder drogenabhängig und kommen in rauschartige Zustände, die fürs Kind verwirrend und beängstigend sind. Manche Mütter haben in der Zeit der Schwangerschaft und Geburt schwere Verluste erlitten, etwa den Verlust eines Elternteils, und befinden sich noch im Schockzustand. Häufig haben die Mütter in ihrem Leben schwere Traumata erlebt, in denen sie körperlich oder seelisch schwer bedroht oder verletzt worden sind (durch Misshandlungen, sexuellen Missbrauch, Krieg, Flucht oder Vertreibung). Viele stammen aus dysfunktionalen Familien, in denen Alkoholismus, Gewalt oder Verwahrlosung geherrscht haben.

Solche Mütter werden leicht selbst zu Täterinnen gegenüber ihren eigenen Kindern, oft ohne es zu wollen: Sie misshandeln das Kind, missbrauchen es sexuell (sexueller Missbrauch durch Mütter kommt genauso vor wie durch Väter) oder liefern es der Gewalt und Willkür des Vaters aus. Oft werden sie als Mütter zwar nicht gewalttätig, aber sie sind durch ihre traumatischen Erfahrungen von einer namenlosen Angst erfüllt. Das Kind wird bei jedem Kontakt mit der Angst der Mutter konfrontiert, ohne dass es versteht, wovor sich diese fürchtet. Da die Mutter seine Vermittlerin zur Welt ist, bekommt das Kind das Gefühl, die ganze Welt sei unberechenbar und bedrohlich: Gefahr lauert überall. Man ist ihr ohnmächtig ausgeliefert und kann sich dagegen überhaupt nicht schützen.

Das Kind einer traumatisierten Mutter steckt in einem ausweglosen Dilemma: Die Mutter ist Auslöser tiefster Angst und Quelle der Sicherheit *zugleich*. Sie löst im Kind Angst aus. Das Kind sucht die Mutter, um sich trösten zu lassen, aber in ihrer Nähe wächst die Angst umso mehr. Daher schreit das Kind in den Armen der Mutter und lässt sich weder durch sie noch einen Dritten beruhigen. Es kann aggressiv gegen sich, die Mutter oder die Umgebung werden, um die unerklärliche Bedrohung loszuwerden. Es kann im Jugendalter Borderline-Symptome zeigen wie Selbstverletzungen und unkontrollierbare Gewaltausbrüche.

Wo die beiden oben beschriebenen unsicheren Bindungen immer noch eine gewisse, wenn auch labile Sicherheit fürs Kind bieten, erscheint die Welt für ein desorganisiert beziehungsweise desorientiert gebundenes Kind völlig aus den Fugen zu geraten. Die Eltern stellen überhaupt keinen Hort der Sicherheit mehr dar, sie sind vielmehr diejenigen, die die seelische oder körperliche Gesundheit des Kindes bedrohen. Aber sie sind oft die einzigen Bezugspersonen fürs Kind (weil schwer gestörte Eltern sich oft von ihrer Umwelt abschotten und für wohlmeinende Ratschläge von außen taub sind).

In diesen Fällen muss die Hilfe von außen kommen. Es ist wichtig, dass Angehörige, Freunde, Kindergärtnerinnen, Lehrer, Ärzte beherzt einschreiten und das Jugendamt, das Gesundheitsamt oder die Polizei benachrichtigen. Es ist wichtig, dass das Kind geschützt wird. Grenzen müssen zwischen den Eltern und dem Kind gezogen werden, sodass dieses vor weiteren Misshandlungen geschützt ist. Gleichzeitig benötigen die Eltern, die oft selbst an unverarbeiteten Traumata leiden, eine angemessene Behandlung (und nicht nur juristische Verurteilung und Bestrafung), damit sie irgendwann besser imstande sind, für sich und das Kind zu sorgen. Eine bloße Entfernung des Kindes von den Eltern dient in den meisten Fällen *nicht* dem Kindeswohl, weil dieses, wenn auch verstrickt, sich zutiefst loyal mit den in seinen Augen leidenden Eltern verbunden fühlt.

Erwachsene Menschen mit einer desorganisierten/desorientierten Bindung haben es schwer, die Intimität einer Liebesbeziehung zu ertragen, denn diese löst unweigerlich die Erinnerung an frühere traumatische Erfahrungen aus, die die Betreffenden bisher mühsam verdrängt haben. Daher bleiben viele Personen dieser Gruppe allein, selbst wenn sie sich eigentlich nach einer Partnerschaft sehnen. Sie pflegen meist losere Kontakte und Beziehungen, jedoch keine intimen. Da sie sehr unter ihrer Einsamkeit leiden und sich nach der Nähe zu anderen Menschen sehnen, begibt sich ein Teil dieser Menschen in Psychotherapie. Dies kann für sie eine große Hilfe sein, da sie hier oft zum ersten Mal über ihre schwere Kindheit sprechen können und Verständnis für ihre innere Not finden. Es ist für viele erleichternd, von kompetenter Seite zu hören, dass ihre Mutter psychisch krank gewesen ist und dass sie als Kinder nicht für die Mutter verantwortlich gewesen sind. Dies kann der erste Schritt sein, ein neues Leben zu beginnen.

Wenn Menschen mit einer desorganisierten/desorientierten Bindung ohne therapeutische Hilfe eine enge Beziehung eingehen, können schwere bis schwerste Partnerschaftskonflikte entstehen. Intimität mit einem Partner löst bei ihnen die alten Ängste und Aggressionen aus ihrer Kindheit aus. Sie greifen dann den Partner an, weil sie in ihm den bedrohlichen Feind sehen, der einst ihre Mutter gewesen ist.

Sie stecken in einem Dilemma. Einerseits brauchen sie den Partner fürs nackte Überleben (wie einst in der Symbiose mit der Mutter). Andererseits fühlen sie sich von seiner Nähe extrem bedroht. »Ich hasse dich – verlass mich nicht!«* ist die paradoxe Botschaft, die sie dem Partner vermitteln.

Auch der Partner steckt in einem echten Dilemma. Normalerweise würde er sich von einem so unberechenbaren Partner trennen, aber er fühlt sich ähnlich verantwortlich wie eine Mutter. Er hat Angst, der gestörte Partner käme ohne ihn nicht aus. Womöglich ist er selbst mit einem gestörten Elternteil groß geworden, hat also von Kindesbeinen an gelernt, mit einem seelisch labilen Menschen zusammenzuleben und ihn zu besänftigen. Solche Beziehungen haben eigentlich nur eine Chance, wenn sich beide Partner in therapeutische Behandlung begeben.

Schlussbetrachtung

Wenn wir uns den Einfluss frühkindlicher Bindung auf die spätere Partnerschaft anschauen, wird klar, wie sehr unsere Kindheit unser späteres Verhalten in der Liebesbeziehung prägt. Viele Partnerschaftskonflikte wie Angst vor Nähe, Gewalt in der Ehe oder auch Untreue werden verständlich vor diesem Hintergrund. Wichtig ist in diesem Zusammenhang noch die Feststellung, dass durch den gesellschaftlichen Wandel immer weniger junge Eltern heute imstande zu sein

---

* So heißt ein sehr lesenswertes Buch über Borderline-Störungen: Jerold J. Kreisman und Hal Straus: *Ich hasse dich – verlass mich nicht. Die schwarzweiße Welt der Borderline-Persönlichkeit,* München, Kösel 19. Aufl. 2007; von denselben Autoren: *Zerrissen zwischen Extremen. Leben mit einer Borderline-Störung. Hilfen für Betroffene und Angehörige,* München: Kösel, 2. Aufl. 2007

scheinen, ihren Kindern eine sichere Bindung zu bieten. Die zunehmende Zahl geschiedener Ehen ist ein Beleg dafür, dass der Anteil von Kindern mit sicherer Bindung sinkt, während der Prozentsatz von Kindern mit unsicherer und desorientierter Bindung steigt. Dies stellt eine große gesellschaftliche Herausforderung dar.

Untreue
und ihre Folgen

Formen der Untreue

An den Beginn des zweiten Teils dieses Buches möchte ich einige Definitionen stellen:

- *Untreue* in einer Paarbeziehung bedeutet einen Vertrauensbruch in einer Beziehung, besonders durch die Aufnahme einer sexuellen und/oder einer starken emotionalen Beziehung zu einer dritten Person. Was konkret als Untreue bezeichnet wird, hängt sowohl von den Erwartungen der Partner als auch von den jeweiligen gesellschaftlichen Normen ab.
- *Verrat* bezeichnet einen besonders schweren Fall von Untreue, bei dem das Vertrauensverhältnis zwischen den Partnern von Grund auf erschüttet ist.
- Ein *Seitensprung* oder *Fremdgehen* ist die Aufnahme eines sexuellen Verhältnisses zu einer dritten Person vonseiten eines Menschen, der in einer festen Paarbeziehung steht.
- *Ehebruch* bedeutet eine außereheliche sexuelle Beziehung, wobei mindestens einer der Partner verheiratet ist.

Es gibt viele Formen der Untreue. Hier einige der bekanntesten:

- Ein *One-Night-Stand* bedeutet ein flüchtiges sexuelles Abenteuer für nur eine Nacht, bei dem keine tiefere persönliche Beziehung zwischen den Beteiligten entsteht.
- *Sexsüchtig* nennt man solche Menschen, die ständig auf der Suche nach flüchtigen sexuellen Abenteuern (mit vie-

len verschiedenen Partnern) oder Erlebnissen (Bordellbesuch, pornografische Filme) sind. Sie gebrauchen den Sex wie eine Droge, um ein tieferes persönliches Problem, meist eine innere Leere, zu kompensieren. Wie alle Süchtigen schämen sie sich ihrer Sucht und versuchen, diese zu verstecken. Darin unterscheiden sie sich vom »Don Juanismus«:

- *Don Juanismus* nennt man eine besondere Form des Machismo, eines übersteigerten männlichen Überlegenheitsgefühls, bei dem die betreffenden Männer zwanghaft darauf angewiesen sind, möglichst viele Frauen zu erobern. Don Juans schämen sich (im Gegensatz zu Sexsüchtigen) *nicht* ihrer Taten und bereuen nichts. Im Gegenteil, sie prahlen damit und führen nicht selten »Buch« über ihre Eroberungen, wie der Held in Mozarts Oper »Don Giovanni«. Wenn sie leiden, dann über die Sekundärfolgen ihres Verhaltens, etwa wenn ihre Partnerin sie verlässt. Don Juanismus kann als Zeichen einer narzisstischen Persönlichkeitsstörung angesehen werden.

- Eine *Affäre* bedeutet ein länger andauerndes sexuelles und/oder emotionales Verhältnis, bei dem sich eine tiefere persönliche Beziehung zwischen den Beteiligten entwickelt. Eine Affäre hat immer eine Dreieckskonstellation zur Folge: die fremdgehende Person, ihr ursprünglicher Partner und die dritte Partei. Wenn diese dritte Person ebenfalls in einer ständigen Beziehung lebt, überlagern sich zwei Dreiecksbeziehungen.

Es gibt verschiedene Arten von Affären, die sich in ihrer Dynamik unterscheiden:

- Affären zwischen einem verheirateten (oder fest gebundenen) Partner und einem alleinstehenden Partner (wobei Letzterer in den allermeisten Fällen eine Frau ist);

- Affären zwischen zwei verheirateten (oder fest gebundenen) Partnern;
- Affären, die dazu dienen, eine bestehende Ehe oder feste Beziehung zu stabilisieren;
- »Exit-Affären«, die von einem Partner aufgenommen werden, um die beabsichtige Trennung vom bisherigen Partner oder die Scheidung zu erleichtern.

Da Affären die häufigste Form der Untreue darstellen, werde ich später in einem gesonderten Kapitel darauf näher eingehen.

Ursachen für Untreue aus der Kindheit und früheren Beziehungen

Es gibt mannigfache Motive und Ursachen für Untreue. Ich habe versucht, sie in eine systematische Ordnung zu bringen. Dabei sollte man sich stets bewusst sein, dass menschliches Verhalten komplex ist. Daher bitte ich die Leser (besonders wenn sie selbst betroffen sind), sich nicht auf ein Motiv zu beschränken. Vielmehr sollten sie in der Erforschung der Ursachen offen bleiben. Man sollte sich Zeit nehmen, die verschiedenen Aspekte der Treue und Untreue anzuschauen und auf sich wirken zu lassen.

- Wenn ein Partner untreu wird, hat dies in den meisten Fällen viele Gründe. Meistens ist es ein Zusammenwirken verschiedener Kräfte, die ihn dazu bewegen. Häufig liegen die *Wurzeln* des Konfliktes in der Vergangenheit, während eine belastende Situation in der aktuellen Beziehung den *Anlass* zur Untreue gibt.
- Manche Ursachen liegen weit in der Vergangenheit zurück. Sie stammen aus der Kindheit oder der Familiengeschichte eines der Partner oder beider Partner. Wenn diese Motive dominieren, ist es ratsam, sie in einer *Einzeltherapie* zu bearbeiten. Die heutige Beziehung ist häufig überfordert, wenn es um die Lösung alter Konflikte aus der Kindheit geht.
- Wenn wir die Konflikte aus der Kindheit anschauen, geht es nicht darum, den Eltern die Schuld für die Schwierig-

keiten in der heutigen Beziehung zu geben. Wir sollten stattdessen erkennen, weshalb wir bestimmte Einstellungen oder Verhaltensweisen entwickelt haben, die uns heute Probleme in unserer aktuellen Beziehung bereiten.

- Nachdem die Wurzeln eines Partnerschaftskonfliktes ausgelotet worden sind, kann man in der aktuellen Beziehung überprüfen, ob sich hier Konflikte von früher wiederholen.

- Bei manchen Partnerschaftskonflikten liegt die Ursache vorwiegend in der aktuellen Lebenssituation. Dann genügt möglicherweise eine *Paartherapie oder Paarberatung*, um die akuten Belastungen zu beheben und einen neuen Start zu versuchen. Hier können auch Selbsthilfemaßnahmen wie *Zwiegespräche* (siehe Anhang) von Nutzen sein. Falls sich doch tiefere Ursachen ergeben, sollten die Partner nicht zögern, diese in einer *Einzeltherapie* zu bearbeiten.

- Therapeutische Hilfe in Anspruch zu nehmen, ist keine Schande – es ist eher ein Privileg und eine Wohltat für die Seele. Ich vergleiche dies manchmal scherzhaft mit einer Generalüberholung eines Autos – wenn ein Auto schon so lange läuft, wie man selbst alt ist, sollte man sich gelegentlich eine gründliche Überholung gönnen. Wir haben es in dieser Hinsicht sehr viel besser als unsere Eltern, die sich mit ihren Eheproblemen meist allein herumschlagen mussten.

- Bei allen Konflikten um Treue und Untreue sollten wir uns vergegenwärtigen, dass eine Liebes- und Lebensbeziehung etwas sehr Wertvolles ist, für das es sich lohnt, zu arbeiten und zu kämpfen. Der widerspenstigste Gegner ist oft der »innere Schweinehund« in uns selbst, der sich hartnäckig gegen die Stimme des Herzens und der Vernunft sträubt. Seine Ursachen liegen in tief verwurzelten Überzeugungen und Gewohnheiten, wie wir in den folgenden Ausführungen sehen werden.

Ursachen aus der Vergangenheit

Welche Ursachen aus der Vergangenheit können Untreue in der aktuellen Beziehung auslösen? Dazu ein erster Überblick:

- Trennungen und Brüche in der Kindheit ⇒ Verlust des Urvertrauens
- Fehlende, getrennte, alleinerziehende Eltern ⇒ Sehnsucht, Doppelleben, Misstrauen in nahen Beziehungen
- Untreue Eltern ⇒ negative Vorbilder
- Wechselnde Bezugspersonen ⇒ unklare Beziehungen
- Übermächtige Eltern ⇒ Trotz
- Ohnmächtige Eltern ⇒ Beliebigkeit
- Bedürftige Eltern ⇒ Verpflichtungs- und Schuldgefühle den Eltern gegenüber
- Abwertende Eltern ⇒ narzisstische Partnerwahl
- Zu enge Bindung an einen Elternteil ⇒ Angst vor Nähe
- Ödipale Konstellation ⇒ Dreiecksbeziehung
- Sexualisierte Atmosphäre in der Familie, Sexsucht, Inzest ⇒ verletzte/unklare sexuelle Grenzen
- Lustfeindliche Atmosphäre in der Familie ⇒ Prüderie oder Protest
- Familiengeheimnisse und Intrigen ⇒ Betrug und Verrat
- Sucht in der Familie ⇒ Abhängigkeit und Co-Abhängigkeit

Trennungen und Brüche in der Kindheit

Erfahrungen von Trennungen und Brüchen in der Kindheit können eine Ursache für spätere Abbrüche in unseren aktuellen Beziehungen sein. Politische Auseinandersetzungen mit ihren Folgen wie Krieg, Vertreibung, Flucht, Auswanderung können auf Kinder traumatisch wirken. Sie müssen sich abrupt trennen von vielem, was ihnen vertraut ist – von Familienangehörigen, der vertrauten Umgebung, Spielkameraden, manchmal auch ihrer Muttersprache. Heutzutage wandern viele Familie aus wirtschaftlichen Gründen in eine andere Region (zum Beispiel von den neuen Bundesländern in die alten) oder ein anderes Land aus (Migrationsfamilien). Die Kinder erleben dabei einen Riss in ihrem bisherigen Leben, sie erleiden nicht selten einen Kulturschock.

Neben solchen langfristigen und dramatischen Abbrüchen können auch kürzere Trennungen von der vertrauten Umwelt für kleine Kinder traumatisch sein, zum Beispiel Krankenhaus-, Sanatoriumsaufenthalte oder »Ferienverschickungen«, bei denen sie sich plötzlich in der Fremde wiederfinden. Oder eine Hauptbezugsperson verschwindet unerwartet: Die Mutter muss ins Krankenhaus oder in die Kur, die Eltern fahren weg und lassen das Kind in der Obhut der Großeltern zurück, die Eltern trennen sich und ein Elternteil zieht aus.

Bei Kindern reicht manchmal schon ein Umzug, dass ihre ganze Welt aus den Fugen gerät. Erwachsene vergessen leicht, dass der Gesichtskreis eines Kindes ungleich kleiner ist als bei ihnen: Er umfasst in den ersten Jahren nur die eigenen vier Wände und die unmittelbare Umgebung. Diese vertraute Welt eines Kindes kann schon verloren gehen, wenn die Familie nur ein paar Straßen weiterzieht.

Die meisten Kinder überleben solche Brüche in ihrer Biografie scheinbar ohne Probleme. Kinder können sich *äußer-*

lich gut anpassen. Sie nehmen die Sprache und Verhaltensweisen ihrer Umgebung instinktiv auf und integrieren sich oft viel schneller und leichter als ihre Eltern in der gleichen Situation. Aber *innerlich* erleben sie einen Bruch. Sie verstehen die Welt nicht mehr. Das vorher Selbstverständliche ist sang- und klanglos verschwunden. Sie müssen sich schnellstens an die neue Umgebung anpassen. Manche Kinder fallen in eine Depression, ohne dass jemand es je bemerkt.

Eine Folge solcher früh erfahrener Brüche besteht darin, dass das Kind sein *Urvertrauen verliert.* Dieses wurzelt in der Verlässlichkeit seiner Welt. Wenn das Urvertrauen verloren geht, sagt sich das Kind: »Ich kann mich auf nichts und niemanden verlassen, nur auf mich selbst.« Es wird sich davor hüten, sich tiefer zu binden. Scheiden tut weh, das hat es schmerzlich erfahren müssen. Es reagiert durchaus freundlich auf die Menschen in seiner neuen Umgebung, aber sich auf eine enge Beziehung einzulassen fällt ihm schwer, denn es ruft die alte Trennungsangst hervor. Eine tiefere Bindung einzugehen kann sich keiner leisten, der Angst hat, morgen könnte ihm alles wieder weggenommen werden. Solche Trennungsängste müssen behoben werden, bevor sich die Person traut, sich auf tiefere Bindungen einzulassen. Es gibt heute therapeutische Möglichkeiten, solche Störungen zu behandeln.

Fehlende, getrennte, alleinerziehende Eltern

Eine besonders starke Erschütterung des Urvertrauens erlebt ein Kind, wenn die Mutter oder der Vater fehlt oder früh verstirbt. Der Tod eines Elternteils ist fast immer traumatisch für ein Kind, verliert es doch eine seiner engsten Bezugspersonen. Wenn ein Kind Glück hat, springt eine andere Person ein, sei es der verbleibende Elternteil, ein älteres Geschwister, Stief- oder Pflegeeltern. Das tröstet. Aber den Verlust der Mutter oder des Vaters als Person kann niemand ersetzen. Es bleibt ein Loch, eine leere Stelle im Herzen zurück.

Diesen Verlust erlebt ein Kind selbst dann, wenn es den fehlenden Elternteil gar nicht oder nur wenig gekannt hat, etwa wenn die Mutter bei der Geburt gestorben ist oder der Vater sich in den ersten Jahren von der Familie getrennt hat. Andere Bezugspersonen können zwar die Lücke schließen, sodass dem Kind äußerlich an nichts fehlt. Trotzdem kann es, wie eine Betroffene es einmal ausgedrückt hat, gelegentlich das eigentümliche Gefühl überfallen: »Es fehlt jemand in der Familie. Wer, weiß ich nicht.« Es ist, als warte man auf jemanden, der niemals auftaucht.

Es gibt Menschen, die wegen irgendeiner körperlichen Beschwerde oder wegen Partnerschaftsproblemen zur Therapie gehen und erst dort entdecken, dass ihnen ein Elternteil existenziell gefehlt hat. Sie spüren, wie sie ihn als Kind dringend gebraucht hätten – als Vorbild, als Ansprechpartner oder als Alternative zu den vorhandenen Bezugspersonen. Erst jetzt können sie den Verlust betrauern. Erst jetzt verstehen sie die rätselhafte Sehnsucht in sich. Manche erwachsene Kinder machen sich auf den Weg, den Vater oder die Mutter zu suchen, die sie nicht gekannt haben.

Wer diese Sehnsucht in sich trägt – dieses Phänomen habe ich in meinem Buch *Casablanca oder wohin die Sehnsucht dich trägt*[*] beschrieben –, kann sie später nie in einer Liebesbeziehung vollkommen stillen. Selbst wenn er einen liebevollen Partner findet, bleibt dieses »Loch« in seinem Herzen. Der Platz, der für den fehlenden Elternteil reserviert ist, bleibt so

---

[*] Victor Chu: *Casablanca oder wohin die Sehnsucht dich trägt. Unerfüllte und andere Leidenschaften*, München: Kösel, 2. Aufl. 1998

lange leer, bis er ihn endlich findet oder, falls er verstorben ist oder unauffindbar bleibt, zu Ende betrauert wird.

Manchmal vermisst ein Kind seine Eltern oder einen Elternteil, auch wenn dieser gar nicht verstorben war. Ein in seiner Arbeit abgetauchter Vater, eine depressive Mutter kann zwar körperlich anwesend sein, aber er oder sie ist geistig abwesend und kann nicht voll aufs Kind eingehen.

Was passiert mit Menschen, denen ein Elternteil fehlte, in ihren späteren Liebesbeziehungen? Meist sind sie innerlich immer noch auf der Suche. Sie binden sich oft stark an einen Partner und erwarten unbewusst von diesem, dass er das ersetzt, was ihnen gefehlt hat: Elternliebe und Fürsorge. Sie suchen sich oft einen älteren Partner, an den sie sich anlehnen und auf den sie sich verlassen können. Oder sie binden sich früh an einen gleichaltrigen Partner, mit dem sie eine enge geschwisterähnliche Beziehung wie »Hänsel und Gretel« eingehen. Die Sexualität spielt keine große Rolle. Hauptsache, sie finden Trost und Geborgenheit beieinander – die Partner ersetzen sich gegenseitig die fehlende Mutter oder den fehlenden Vater, in einer feindlichen Umwelt, in der man sich sonst verloren fühlen würde. Die Partner leben ähnlich symbiotisch zusammen wie in einer Mutter-Kind-Symbiose.

Dies kann eine ganze Zeit gut gehen. Nur merken irgendwann die Partner, dass Erotik und Sexualität in ihrer Beziehung fehlen. Da sie füreinander sozusagen Mutter und Vater (beziehungsweise Bruder und Schwester) sind, spüren sie keine oder wenig erotische Spannung zum Partner. Es kann sich sogar so etwas wie ein Inzesttabu zwischen beiden einschleichen. Wie einem Elternteil oder einem Geschwister gegenüber fühlen sie sich gehemmt, wenn sie sich körperlich nähern.

In solchen Partnerschaften kann es leicht zu einer Außenbeziehung kommen. Einer der Partner sucht sich irgendwann einen anderen, mit dem er seine Sexualität ausleben kann. Meist ist er auch nicht an einer tieferen Beziehung mit dem neuen Partner interessiert. Denn er will im Grunde seine eigentliche Beziehung nicht gefährden.

In diesem Fall findet eine *Spaltung* im Bewusstsein des fremdgehenden Partners statt. Er unterhält zwei vollkommen verschiedene Beziehungen: hier »die Mama«, dort »die Hure« (beziehungsweise hier »der Vater«, dort »der Liebhaber«). Er pendelt hin und her und hat meistens kein besonders schlechtes Gewissen, weil er im Grunde seines Herzens niemanden betrügt. Er führt zwei voneinander getrennte Leben, in denen er jeweils eine ganz andere Identität besitzt. Nicht selten wuchs er in einer ähnlich gespaltenen Herkunftsfamilie auf: Der Vater war beispielsweise die ganze Woche verreist und war nur am Wochenende anwesend. Oder die Mutter arbeitete als Nachtschwester und war nur tagsüber erreichbar. Wenn jemand ein solches Doppelleben aufgebaut hat, ist es schwer, ihn davon zu überzeugen, dass er eigentlich treu sein müsste. Er hat es auch als Kind nicht anders erlebt: Er kennt nur gespaltene Beziehungen.

Nur wenn er irgendwann tatsächlich der Liebe seines Lebens begegnen sollte, bei der er zum ersten Mal den Wunsch in sich verspürt, sich *ganz* hinzugeben, kommt es zum inneren Konflikt. Er spürt, dass er nur diese *eine* Beziehung leben möchte und stellt möglicherweise seine bisherige Lebensweise infrage.

Untreue Eltern

Ein Kind lernt am stärksten durch Vorbilder, und die Eltern sind seine natürlichen und unmittelbarsten Vorbilder. Es identifiziert sich mit ihnen und ahmt ihnen alles nach, egal ob es sich um positive oder sozial unerwünschte Verhaltensweisen handelt. Ein Kind, dessen Eltern rauchen, kann sich in jungen Jahren vornehmen, niemals eine Zigarette anzurühren. Aber allein durch das Passivrauchen hat es sich schon längst ans Nikotin gewöhnt. Früher oder später wird es vermutlich in die Fußstapfen der Eltern treten.

Das Gleiche gilt für die Treue. Das Kind mag zwar unter den Affären seiner Eltern leiden, es mag sich von ihren wechselnden Partnerschaften abgestoßen und angewidert fühlen, aber ihr Vorbild prägt sich gleichzeitig in seiner Seele ein: Es nimmt die Heimlichkeiten, die Lügen und das Versteckspiel des untreuen Elternteils ebenso auf wie die Kränkung und den Schmerz des betrogenen Elternteils. Mit wessen Rolle es sich mehr identifiziert, zeigt sich erst, wenn es erwachsen wird. Entweder wird es der Betrüger oder der Betrogene. In vielen Fällen wird es sich in beiden Rollen wiederfinden. Meistens geht das erwachsene Kind mit den besten Vorsätzen in seine ersten Beziehungen. Aber durch die unbewusste Partnerwahl (die sich häufig an dem Muster der Eltern orientiert) könnte es passieren, dass es an einen Partner gerät, der es betrügt. Dies könnte einen Kreislauf von Betrug und Gegenbetrug auslösen, sodass es sowohl Opfer als auch Täter wird.

Manchmal waren die Eltern nur *geistig* untreu. Manche Eheleute haben keine außereheliche Beziehung, aber sie hängen einer früheren Liebesbeziehung nach und können sie nicht vergessen. Der »Verflossene« hält lebenslang den zentralen Platz in ihrem Herzen besetzt. Frauen versinken etwa Tag und Nacht in Liebesromanen. Manche Ehemänner leisten sich zwar keinen Seitensprung, besuchen aber regelmäßig die Pornoseiten im Internet. Solche Formen emotionaler Untreue sind für Außenstehende nicht sichtbar, aber sie sind sehr wohl für den Partner und die Kinder fühlbar. Jedes Kind spürt mit einem siebten Sinn, ob seine Eltern sich lieben. An den Gesten und am Klang der Stimme bekommt es mit, ob die Mutter oder der Vater dem anderen Elternteil zugewandt ist oder innerlich von etwas oder jemand anderem besetzt ist.

Untreue Eltern zu haben ist eine große Bürde. Es ist das natürliche Bedürfnis jedes Kindes, dass sich die Eltern lieben oder einander zumindest emotional zugetan sind. Ich habe weiter oben die Beziehung der Eltern als einen horizontalen Balken dargestellt, von dem das Kind wie in einer Schaukel sitzend herunterhängt. Je stärker dieser Balken ist, desto sicherer fühlt sich das Kind. Es kann ganz frei drauflosschaukeln. Ist der Balken aber schwach und dünn oder gar brüchig, wird das Kind ständig in Sorge sein, dass die ganze Familienkonstruktion zusammenbricht. Ein Kind, das spürt, dass zwischen den Eltern etwas nicht stimmt, wird sich ebenfalls sorgen. Es wird versuchen, durch Bravsein die missmutigen Eltern gut zu stimmen. Oder es wird sich schlecht benehmen und die Aufmerksamkeit der Eltern auf sich ziehen, um diese von ihrem Streit abzulenken.

Wenn ein Kind merkt, dass der Vater oder die Mutter den anderen Elternteil betrügt, bricht etwas in ihm – der oben beschriebene »Balken« – zusammen. Seine heile Welt fällt auseinander. Wenn es zufällig den Betrug entdeckt, wird es möglicherweise zum Geheimnisträger. »Sag es bloß nicht deiner Mutter/deinem Vater, sie/er wird sich unnötigerweise Sorgen machen oder sich was antun!« Das Kind wird sich zerrissen fühlen in seiner Loyalität. Mal wird es versuchen, zwischen den Eltern zu vermitteln. Mal wird es Partei für einen Elternteil ergreifen, meist für jenen, der ihm als der Schwächere oder als das Opfer erscheint (zum Beispiel für die Mutter, die geschlagen wird, oder den Vater, der sich verbal nicht wehren kann). Dann versucht es möglicherweise, das Opfer dazu zu bewegen, sich scheiden zu lassen und mit ihm wegzugehen. Wenn all diese Bemühungen fruchtlos bleiben, wird es schließlich resignieren. Es wird zunehmend stumm, reagiert bockig, zieht sich zurück.

Die Situation wird nicht besser, wenn das Kind erwachsen wird und selbst eine Liebesbeziehung aufnimmt. Meist fängt es mit großer Hoffnung an. Es will eine bessere Ehe führen, als die Eltern es vorgelebt haben. Doch unbewusst sucht es sich Partner aus, die entweder von vornherein untreu sind oder so treuherzig sind, dass man sie leicht betrügen kann. Im ersteren Fall wird das erwachsene Kind sich in der Opferrolle wiederfinden wie einst der betrogene Elternteil. Es wird dann über den untreuen Partner schimpfen. Aber es ist eine hilflose Wut. Sie hilft ihm nicht, sich aus der Verstrickung zu lösen.

In den Fällen, in denen das erwachsene Kind selbst untreu wird, wird es von heftigen Schuldgefühlen und Selbstvorwürfen geplagt sein. Wie unter einem Vergrößerungsglas wird es seine eigenen Fehltritte sehen und sich geißeln. Diese Schuldgefühle können es jedoch nicht vor dem Fremdgehen bewahren. Die Traumata aus seiner Kindheit und seine eigenen Verfehlungen haben sich so ineinander verknotet, dass es kein Entrinnen gibt.

In solchen Fällen ist es oft erforderlich, dass die betreffende Person therapeutische Hilfe in Anspruch nimmt. Man kann sonst den Elternteil, mit dem man sich identifiziert hat, und die eigene Person nicht auseinanderhalten. Mithilfe eines Therapeuten, der ihm wie ein Spiegel dient, kann das erwachsene Kind erkennen, dass es *nicht* Vater oder Mutter ist und dessen oder deren Schicksal teilen muss. Es hat zwar einiges von seinen Eltern übernommen, aber es kann das Gelernte auch »entlernen«. Es ist eine Person für sich. Wenn es sich erst einmal seiner verdrängten Gefühle aus der Kindheit und seiner früheren Position zwischen den Eltern bewusst wird, kann es sich leichter von diesen lösen. Dann kann es sich langsam aus der Identifikation mit den Eltern befreien und seine heutige Beziehung endlich frei gestalten.

Wechselnde Bezugspersonen

Manche Menschen haben mehrere Betreuungspersonen in ihrer Kindheit erlebt. Es kann sein, dass die Mutter früh stirbt und der Vater sich eine zweite Frau nimmt. Oder ein Vater bekennt sich nicht zum Kind und die Mutter findet später einen anderen Partner. In anderen Familien wird das Kind zu den Großeltern (oder anderen Verwandten) gegeben und von ihnen aufgezogen. In all diesen Fällen erlebt das Kind mehrere Erziehungspersonen. Mit jeder hat es eine spezifische Beziehung, deren Bedeutung sich aber häufig nicht mit der verwandtschaftlichen Beziehung zum Kind deckt. Ein Kind sieht beispielsweise die Großmutter als seine eigentliche Mutter an, weil sie ihm am nächsten steht. Ein anderes Kind nennt seinen Stiefvater liebevoll »Papa«, weil er gut zu ihm ist, während sich der leibliche Vater nie blicken lässt. Ein drittes Kind hat zwar viele Geschwister, aber einige sind eigentlich Halbgeschwister, andere Stiefgeschwister – sein Vater hat nach dem Tod seiner Mutter eine Frau geheiratet, die selbst Kinder in die Ehe mitbrachte und mit der der Vater weitere Kinder zeugte.

Wenn ein Kind solche verwickelten Familienstrukturen erlebt, prägt sich diese Mehrdeutigkeit in seiner Psyche ein. Wird die betreffende Person erwachsen, kommt es häufiger vor, dass sie sich ebenfalls mehrere Partner nimmt. Eine Frau verliebt sich zum Beispiel in einen Mann, der kein Interesse an einer Liebesbeziehung mit ihr hat. Sie heiratet schließlich seinen besten Freund, unterhält aber weiterhin eine enge Bindung zum ersten Mann. Dieses eigenartige Partnerschaftsverhalten wird aus ihrer Lebensgeschichte verständlich: Sie hatte ein inniges Verhältnis zu ihrem Stiefvater, der gut zu ihr war, während ihr leiblicher Vater kein Interesse an ihr zeigte.

In solchen Fällen unterhalten die betreffenden Menschen zwar zwei oder mehrere Liebesbeziehungen nebeneinander, sie haben aber nicht das Gefühl, dass sie ihre Partner betrügen. Sie sind es von Kindesbeinen an gewohnt, dass in ihrem Leben immer mehrere Bezugspersonen nebeneinander existiert haben. Auch ihre Partner fühlen sich meist in ihrer Position nicht bedroht. Möglicherweise haben sie Ähnliches in ihrer Kindheit erlebt, oder sie sind von vornherein nicht an einer ausschließlichen Beziehung interessiert. Solche Konstellationen, die von außen betrachtet merkwürdig erscheinen, können durchaus lebenslang halten.

Übermächtige Eltern

Jedes Kind bringt bereits bei der Geburt eine eigene Persönlichkeit mit. Auch wenn Kinder Fürsorge und Unterstützung von Erwachsenen brauchen, benötigen sie genügend Freiheit, um ihre Persönlichkeit zu entfalten. Diese Balance zu finden ist keine leichte Aufgabe für Eltern und Pädagogen. Aber es ist notwendig, damit das Kind zu einer selbstständigen Person heranwächst.

Manche Eltern haben aber Angst vor der Autonomie des Kindes. Sie befürchten, das Kind könnte sich zu einem »Revoluzzer« oder »kleinen Tyrannen« entwickeln, wenn man nicht früh genug eingreift. Deshalb versuchen sie das Kind in vorgefasste Rollen und Normen zu pressen. Solche Ansichten stammen aus der Tradition autoritärer Erziehung – heute trifft man sie zum Glück nicht mehr so oft an. Allerdings ist an die Stelle von Kontrolle in der Kindererziehung Manipulation getreten. So wie in der Psychiatrie Zwangsjacken und

Elektroschocks Psychopharmaka gewichen sind, so haben in der Kindererziehung Beruhigungsmittel, Süßigkeiten und Geld (als Belohnung für erwünschtes Verhalten) die harten Zuchtmaßnahmen von früher ersetzt. Das Ziel ist aber das Gleiche: das »freie Kind« auszutreiben beziehungsweise auszutricksen, um ein angepasstes Kind zu fabrizieren.

Kinder aber sind nicht dumm. Wenn sie merken, dass sie von den Erwachsenen zu etwas gezwungen oder manipuliert werden, reagieren sie auf ihre Weise. Manche Kinder rebellieren offen dagegen. Sie überschreiten absichtlich die gesteckten Grenzen und fordern die Eltern und Erwachsenen heraus. Andere geben dem äußeren Druck scheinbar nach, wie beim Judo, um dann ihren Gegner auszuspielen und zu Fall zu bringen. Solche Kinder zeigen ihren Protest durch Sabotage und passiven Widerstand. Wenn die Eltern zum Beispiel Wert auf schulische Leistung legen, entwickeln sich Kinder nicht selten zu schulischen Versagern. Ihr Misserfolg ist die Rache für die überhöhten Erwartungen der Eltern.

Solche Muster können bis ins Erwachsenenalter fortbestehen. Wenn sich Menschen von ihrem Partner zur Treue gezwungen oder erpresst fühlen, reagieren sie entweder mit offensichtlicher Untreue oder mit heimlichen Affären. Erstere pochen auf ihr Recht auf sexuelle Freiheit, egal, was der Partner oder die Umwelt davon hält. Die anderen umgehen die äußere Kontrolle und gehen heimlich fremd. Durch die Heimlichkeiten und Lügen meinen sie ihre Autonomie zu verteidigen und dadurch die Macht und Kontrolle über die Beziehung in der Hand zu behalten. Der Betrug ist Teil eines Machtspiels.

Diese Macht existiert jedoch vorwiegend nur in ihrer Fantasie. Der Untreue meint, er sei unabhängig und frei, in Wahrheit ist er Gefangener der eigenen Lust. Er meint, er kontrolliere seine Beziehungen. In Wirklichkeit kontrollieren sie ihn, indem er gezwungen ist, ständig seine Spuren zu verwischen. Er meint, er sei mutig. Im Grunde ist er feige, da er sich nicht traut, seinem Partner die Wahrheit zu sagen und die Verantwortung für sein Tun zu übernehmen. Er meint, er könne mit Beziehungen jonglieren. In Wahrheit hat er Angst vor Nähe. Sein Problem besteht darin, dass er eigentlich immer nur auf andere reagiert – früher auf die Eltern, heute auf den Partner. Indem er ständig in Opposition zu diesen eingebildeten Feinden steht, ist er nicht wirklich frei, sondern befindet sich immerwährend im Kampf oder auf der Flucht.

Eine wirkliche Lösung fände er erst, wenn er sich seine Abhängigkeit von seinen Beziehungen eingesteht und aufgibt, dagegen anzukämpfen. Wenn er anerkennen könnte, dass auch er auf andere angewiesen ist, wird er innerlich frei. Es ist ein Paradoxon: Bindung und Aufeinander-Angewiesensein stehen keineswegs im Widerspruch zur Autonomie und Selbstbestimmung – sie sind unverzichtbar in jeder Beziehung und ergänzen einander.

Ohnmächtige Eltern

Die heutigen Eltern zeichnen sich meist nicht durch autoritäres Gebaren aus. Sie sind eher tolerant, lassen ihre Kinder in vielem gewähren. Da schlägt das Pendel leicht in die entgegengesetzte Richtung aus: Eltern lassen ihren Kindern oft auch dort freie Hand, wo diese in ihrer Selbstverantwortlichkeit überfordert sind. Nicht selten aus eigener Bequemlichkeit, manchmal auch aus Furcht, als autoritär zu gelten, vermeiden Eltern es, klare Forderungen in Bezug auf Verantwortlichkeit, Pflichterfüllung und Verlässlichkeit zu stellen. Kinderliebe wird mit Verwöhnung verwechselt, Autonomie mit Beliebigkeit. Materielle Versorgung ersetzt häufig persönliche Betreuung. Besonders im Gebrauch der Medien

(PC, Fernsehen, Handys etc.) lassen sie ihre Kinder allein. Damit liefern sie sie den Verführungen der Konsumwelt aus.

Wir sehen heute das paradoxe Phänomen der sozialen Verwahrlosung inmitten materiellen Überflusses. Mit Spielzeugen und Konsumartikeln aller Art übersättigt, hungern Kinder und Jugendliche nach sozialen Leitbildern oder Idealen. Sie vermissen einen tieferen Sinn im Leben. Ihnen fehlt es an menschlicher Geborgenheit. Dadurch werden sie leicht anfällig für pseudoreligiöse Sekten und radikale Ideologien. Oder sie fallen ins andere Extrem und gleiten in die Drogenszene ab.

Dies färbt natürlich auch auf ihre Beziehungen ab. Zwischenmenschliche Bindungen zerfallen, wenn sie wie Konsumartikel behandelt werden. Da Sex heutzutage leicht zugänglich ist, gehen viele junge Menschen Liebschaften ein, die ihren inneren Hunger nach Wärme und Beziehung kaum stillen können. Sobald sich erste Schwierigkeiten einstellen oder eine attraktivere Alternative auftaucht, zerbrechen ihre Beziehungen.

Bedürftige Eltern

Bedürftige Eltern sind eine der Hauptursachen für spätere Beziehungsprobleme. Kinder spüren instinktiv, wenn die Mutter traurig oder der Vater ärgerlich ist, und versuchen alles zu tun, um die Eltern besser zu stimmen.

Ein Beispiel: Eine Mutter hat ihren Vater früh verloren. Er hinterlässt in ihrer Seele eine Lücke, die durch nichts ersetzt werden kann. Ihre Tochter spürt dieses »Vakuum« bei ihrer Mutter und schlüpft – völlig unbewusst – in diese Lücke. Fortan spielt sie die väterlich-fürsorgliche Rolle für die Mutter. Sie berät die Mutter bei ihren Entscheidungen, sie tadelt und weist sie zurecht. Kurz: Sie verhält sich nicht wie ein Kind ihrer Mutter gegenüber. Die Mutter ärgert sich zwar gelegentlich über die vorlaute Tochter, aber im Grunde ist sie dankbar, dass diese ihr eine so große Stütze ist.

Im Laufe der Jahre gewöhnen sich beide an diese Rollenverteilung. Die Mutter meint, nicht mehr auskommen zu können ohne die Tochter. Die Tochter fühlt sich wichtig und gebraucht, auch wenn sie manchmal darüber frustriert ist, dass die Mutter nie da ist, wenn *sie* sie braucht. Dieser Rollentausch (wir nennen sie »Parentifizierung«, das heißt, das Kind schlüpft in die Rolle eines fürsorglichen Elternteils für seine eigenen Eltern) kann lange gut gehen, bis die Tochter erwachsen wird und ihr eigenes Leben leben möchte. Dann fühlt sie sich auf einmal unfrei. Sie hat keinen Platz in ihrem Herzen frei für den Partner, manchmal auch für ihre eigenen Kinder. Die bedürftige Mutter füllt ihr ganzes Herz aus. Wenn sie sich einen Liebespartner nimmt, bekommt sie ein schlechtes Gewissen der Mutter gegenüber. Wenn sie sich ihren Kindern zuwenden möchte, wird die Mutter eifersüchtig.

Bedürftige Eltern neigen auch dazu, sich an ihren Kindern anzuklammern. Diese entwickeln dann eine Angst vor zu großer Nähe. Sie fürchten um ihre Freiheit und Autonomie, sobald eine nahe Beziehung sich etabliert. Die Angst vor einem überwältigenden oder bedürftigen Elternteil, gegen den man sich nicht abgrenzen kann, wird dann auf den Partner übertragen.

Unter den Menschen, die immer wieder fremdgehen, findet man nicht wenige, die Angst vor Nähe haben. Sie flüchten vor einer als einengend erlebten Partnerschaft in die Arme eines weniger fordernden Geliebten. Ein Beispiel:

Ein Mann bleibt lange Single, er findet Mitte 40 eine Frau, die sowohl attraktiv als auch liebevoll ist. Sie möchte heiraten, er zögert. Schließlich willigt er ein. Kurz nach der

Hochzeit merkt sie, wie er immer länger im Büro bleibt und immer später nach Hause kommt. Er entschuldigt sich, er habe so viel zu arbeiten, und gelobt Besserung. Irgendwann entdeckt seine Frau zufällig, dass er mit einer Arbeitskollegin eine Liaison begonnen hat. Von ihr zur Rede gestellt, entschließt er sich zu einer Therapie, da er seine Frau liebt und selbst nicht versteht, weshalb er fremdgegangen ist. Dort berichtet er von seiner alleinerziehenden Mutter, die nach der Scheidung vollkommen auf ihn fixiert war und von der er sich nach dem Erwachsenwerden nur schwer habe lösen können. Deshalb sei er so lange allein geblieben. Er habe seine Freiheit genossen. Er liebe zwar seine Frau, aber wenn sie ihm zu nahe komme, bekomme er wieder Angst, »aufgefressen« zu werden wie einst von seiner Mutter.

Die Bindung an einen bedürftigen Elternteil ist schwer zu lösen. Erstens stellen die Eltern die ersten und primären Bezugspersonen dar. Die Beziehung zu ihnen schlägt tiefe Wurzeln in der Seele des Kindes. Zweitens gehört es zur ersten Kindespflicht, den Eltern zu gehorchen und für sie da zu sein. Drittens lieben Kinder ihre Eltern blind. Diese Liebe begründet eine tiefe Treue zu den Eltern, gegenüber der die Selbstliebe des Kindes, die Liebe zu einem späteren Partner, ja selbst die Liebe zu den eigenen Kindern verblassen. Einen bedürftigen Elternteil im Stich zu lassen, seinen Ruf ungehört zu lassen, bereitet den meisten Kindern erhebliche Schuldgefühle.

Diese können gelindert werden, wenn das Kind erkennt, dass seinen bedürftigen Eltern eigentlich jemand anders fehlt: zum Beispiel ein früherer Partner oder die eigenen Eltern. In einer Familienaufstellung (in der die Familie mithilfe von Gruppenteilnehmern wie in einem Rollenspiel aufgestellt wird) kann die Tochter im Beispiel auf den vorigen Seiten sehen, wie ihre Mutter aufblüht, wenn deren früh verstorbener Vater ihr zur Seite gestellt wird. Die Tochter realisiert, dass sie eigentlich nicht gemeint ist, wenn die Mutter nach Hilfe schreit. Sie kann ihrer Mutter den verlorenen Vater nie ersetzen. Nun kann sie sich besser aus ihrer Überverantwortung für die Mutter lösen und sich ihrem Partner und ihren Kindern zuwenden.

Abwertende Eltern

Das Selbstwertgefühl spielt eine große Rolle bei der Untreue. Ein untreuer Partner sucht in einer Affäre manchmal nicht nur nach sexueller Befriedigung, sondern auch nach Selbstbestätigung. Von einer attraktiven Frau oder einem angesehenen Mann begehrt zu werden, stärkt das Selbstbewusstsein ungemein. Frauen fühlen sich geschmeichelt, wenn sie von einem Mann von Rang und Namen den Hof gemacht bekommen. Sie fühlen sich in ihrem gesellschaftlichen Status aufgewertet. Männer ziehen den Neid ihrer Geschlechtsgenossen auf sich, wenn sie mit einer jungen, attraktiven Frau auftreten. Sie fühlen sich in ihrer männlichen Potenz bestätigt.

Was zunächst als Zeichen eines guten Selbstwertgefühls erscheint, entpuppt sich bei näherem Hinsehen als das Gegenteil. Wenn ein Mann »in den besten Jahren« sich bemüßigt fühlt, seine männliche Attraktivität mit einer deutlich jüngeren Partnerin unter Beweis zu stellen, spricht dies eher für seine Furcht, zum alten Eisen gerechnet zu werden. Wenn eine Frau sich erst an der Seite eines Doktors oder Professors von ihrer Umgebung wahrgenommen fühlt, hegt sie vielleicht insgeheim Minderwertigkeitsgefühle.

Es gibt aber auch viele Beziehungen, in denen die Frau sich ihrem Partner gegenüber (meist unbewusst) überlegen fühlt. Sie braucht einen schwächeren Mann, um ihre eigenen Minderwertigkeitsprobleme zu überdecken – sie projiziert diese auf den Partner, der in ihren Augen ein Versager ist. Sie schämt sich seiner, damit sie nicht mit ihren eigenen Problemen konfrontiert wird. Der Partner bewundert sie einerseits, fühlt sich aber andererseits ihr gegenüber hoffnungslos unterlegen. In dieser Lage kommt es nicht selten vor, dass der Mann eine Affäre beginnt. Dies stärkt ihn erstens in seinem Selbstwertgefühl, zweitens rächt er sich an seiner Frau, drittens findet er in seiner Geliebten womöglich jemanden, der auf gleichem Niveau wie er steht. Ein Beispiel:

Eine attraktive Frau, die mit beiden Beinen auf dem Boden steht, hat einen Mann, der ihr in vielem nachsteht. Beruflich bekommt er kein Bein auf den Boden, während sie einen angesehenen Job hat. Anderen Menschen gegenüber wirkt er gehemmt, während sie viele Freunde hat und äußerst beliebt ist. In der Ehe verschwindet er immer mehr von der Bildfläche, meist werkelt er im Keller. Irgendwann entdeckt sie, dass er eine Nebenbeziehung hat. Was sie besonders kränkt, ist die Tatsache, dass seine Geliebte eine ganz einfache Frau ist.

Weshalb heiratet eine Frau wie die soeben beschriebene einen ihr scheinbar völlig unterlegenen Mann? Warum sucht sie sich nicht einen angemesseneren Partner? »Partner verdienen sich«, hat einmal Jim Simkin, mein Lehrer in Gestalttherapie gesagt. Wenn zwei Menschen sich finden, sind sie auf irgendeiner Ebene gleichwertig. Die betreffende Frau mag vielleicht äußerlich ihrem Mann haushoch überlegen sein, aber innerlich hat sie ein ähnlich schlechtes Selbstbild wie er. Sie braucht ihn als Projektionsfigur für ihre eigenen Minderwertigkeitsgefühle, um sich besser zu fühlen.

Das Selbstwertgefühl eines Menschen wird sehr früh angelegt. Wird ein Kind von seinen Eltern und seiner Umwelt geliebt, so wie es ist, dann entwickelt es ein gesundes Selbstvertrauen. Es braucht sich nicht zu bemühen, um geliebt zu werden. Es kann sich so geben, wie es sich fühlt. Wird jedoch ein Kind gering geschätzt oder gar nicht wahrgenommen, dann entwickelt es ein schlechtes Selbstbild. Denn wir schauen uns mit den gleichen Augen an, wie wir als Kinder gesehen worden sind.

Manche Kinder werden von ihrer Umwelt nur dann wahrgenommen, wenn sie sich auf eine von der Umwelt erwünschte Weise verhalten oder wenn sie eine Eigenschaft aufweisen, die von den Eltern besonders geschätzt wird. Dies hat der amerikanische Psychologe Carl Rogers eine »an Bedingungen gebundene Wertschätzung« genannt. Kinder lernen ganz schnell, dass sie von ihrer Umwelt belohnt werden, wenn sie sich beispielsweise besonders clever geben oder wenn sie sich drollig verhalten. Ihr Selbstbewusstsein ist dann an jene Eigenschaften oder Verhaltensweisen gekoppelt. Wenn sie einmal nicht so sind, fühlen sie sich schlecht oder haben Angst, nicht beachtet zu werden. Sie haben dann, wie wir Psychologen sagen, ein »narzisstisches Defizit«.

Dieses Phänomen finden wir jedoch nicht nur in der Kindheit. Unsere moderne Medienkultur produziert und fördert narzisstische Persönlichkeitsstrukturen. Marilyn Monroe war eine solche Ikone. Sie wurde von jedem Mann begehrt, von jeder Frau beneidet. Ihr Stern stieg auf, als sie ihr ursprünglich rotes Haar blondierte, ihr Kinn ummodeln ließ und sich einen anderen Namen gab (sie hieß ursprünglich Norma Jean Baker). Sie war unehelich geboren, kannte ihren Vater nicht, wurde von der Mutter in Pflegefamilien und ins Kinderheim gesteckt. Schon früh wurde sie sexuell missbraucht.

Wie Marilyn Monroe finden viele Frauen, die in ihrer Kindheit gedemütigt wurden, eine zwiespältige Bestätigung als begehrtes Sexobjekt. Wenn es ihnen gelingt, Männer für sich zu faszinieren, fühlen sie sich in ihrem Selbstwertgefühl bestätigt. Aber dies erkaufen sie mit einem hohen Preis.

Nicht nur Schönheitsoperationen und Hungerkuren nehmen sie auf sich. Sie müssen sich feminin und verführerisch geben, allzeit bereit, dem Manne zu Diensten sein. Das Tragische ist nur: Schönheit verblasst, Jugend altert. Marilyn Monroe zerbrach seelisch, als sie in die Dreißiger kam. Sie konnte sogar den amerikanischen Präsidenten John F. Kennedy und dessen Bruder Robert ihre Liebhaber nennen, aber sie konnte keinen Mann bei sich halten.

In unserer Kultur brauchen narzisstische Männer sich zwar nicht so sehr vor dem Älterwerden fürchten. Sie können ihr Selbstbewusstsein meist einige Jahre länger mit Geld, Macht und Prestige aufrechterhalten. Aber irgendwann kommt auch für sie der Tag, an dem sie merken, dass äußere Attribute allein nicht genügen, um das innere Gefühl von Ungenügen und Leere zu kompensieren.

Bei narzisstischen Paaren dient die Beziehung hauptsächlich der Aufrechterhaltung des brüchigen Selbstwertgefühls. Nach außen soll alles glänzend aussehen. Solange man als Paar bewundert wird, ist die Beziehung in Ordnung. Wenn diese Bilderbuch-Beziehung irgendwann Risse zeigt, bricht das ganze Kartenhaus zusammen. Wenn die Beziehung zerbricht, schmerzt einen narzisstischen Menschen weniger der Verlust seines Partners als die Kränkung seines Selbstwertgefühls: »Wie kann er/sie *mir* nur so etwas antun!«

Narzisstisch Gestörte brauchen lange, um geheilt zu werden. Denn sie sind misstrauisch. Zu oft sind sie getäuscht und betrogen worden, zu oft sind sie zur Bestätigung ihrer Eltern emotional missbraucht worden. Tief drinnen im Grunde ihres Herzens glauben sie nicht, dass sie jemals um ihrer selbst willen geliebt werden. Meist brauchen sie die konkrete Erfahrung, dass ein Mensch, sei es ein Therapeut, ein Freund oder ein Partner, durch alle Zweifel hindurch zu ihnen hält, egal, wie es ihnen geht, und egal, wie sie sich verhalten. Sie brauchen also die Erfahrung einer »nicht an Bedingungen gebundenen Wertschätzung«. Dann können sie lernen, zu sich zu stehen und eine Herzensbeziehung aufzunehmen.

Ödipale Konstellation

Ödipale Bindungen aus der Kindheit sind eine der häufigsten Ursachen für Untreue und Dreiecksbeziehungen. Eine ödipale Bindung nennen wir eine übermäßig starke Bezogenheit auf den gegengeschlechtlichen Elternteil. Auf Familienfotos sieht man den Sohn bei der Mutter, die Tochter nahe beim Vater stehen. Sie haben eine besondere Nähe zu diesem Elternteil, gleichzeitig spüren sie eine Distanz zum gleichgeschlechtlichen Elternteil, die sich bis zur offenen Ablehnung und Verachtung steigern kann. Daraus ergibt sich eine spannungsgeladene Dreiecksbeziehung, in der das Kind mit aller Macht versucht, den gegengeschlechtlichen Elternteil für sich zu gewinnen.

Dieser Konstellation liegt meistens eine Distanz zwischen den Eltern zugrunde. Zwischen den Ehepartnern hat sich, aus welchen Gründen auch immer, eine Kluft gebildet. Manchmal ist der Vater lange abwesend – im Krieg oder auf Geschäftsreisen, vielleicht ist er aber auch »nur« überbeschäftigt oder geistig abwesend –, sodass sich die Mutter in vielen Dingen an den Sohn wendet. Manchmal ist die Mutter länger krank oder sie muss sich um jüngere Kinder oder ihre alten Eltern kümmern, sodass die Tochter sie an der Seite des Vaters vertritt.

Wenn ein Kind einen Elternteil vertritt, fühlt es sich zunächst aufgewertet, während der andere Elternteil Gefallen an dem tüchtigen Sohn oder an der hübschen Tochter findet.

Es entsteht eine starke, manchmal erotisch gefärbte Beziehung zwischen beiden. Dabei können die meisten Eltern, die ihre gegengeschlechtlichen Kinder an sich binden, diese nur sehr begrenzt lieben. Sie sind selbst oft unreif, können keine richtige Beziehung zu einem gleich alten Partner aufrechterhalten. Lieber sonnen sie sich in der Bewunderung ihres Kindes.

Eine solche Bindung ist schwer zu lösen, weil das Kind spürt, der Vater oder die Mutter braucht es, selbst wenn es erwachsen geworden ist. Wenn es einen Liebespartner findet, spürt es die untergründige oder offene Eifersucht des betreffenden Elternteils. Dann versucht das erwachsene Kind, zwischen dem Elternteil und dem eigenen Partner zu vermitteln. Es wagt nicht, den eifersüchtigen Elternteil in seine Schranken zu weisen, aus Angst, ihn zu kränken oder seine Liebe zu verlieren. In seinem Selbstbewusstsein fühlt es sich diesem gegenüber noch immer so unsicher wie einst als Kind. Es hat Angst, sich von den Eltern zu emanzipieren.

Ein ödipal besetztes Kind kann sich auch hinter der Maske eines Don Juans oder eines Flittchens verbergen. Es zeigt sich selbst im fortgeschrittenen Alter als sexuell attraktiver Jüngling oder betörende Femme fatale. Unbewusst reizt es immer noch den alten Elternteil: »Na, Papa, wie findest du mich?« Gleichzeitig flieht es vor dessen Nähe. Ein ödipal besetztes Kind kann seinem Partner auch nie ganz nahe sein, es kann sich nicht ganz hingeben, es geht oft fremd. Denn den zentralen Platz in seinem Herzen nimmt der Vater oder die Mutter ein. Die nach außen zur Schau gestellte sexuelle Hyperaktivität verschleiert die Unfähigkeit zur Hingabe.

Es gibt noch eine zweite Gruppe ödipal gebundener Kinder. Es sind oft Frauen, die sich nach der Nähe des Vaters sehnen, aber von diesem abgelehnt werden. Sie konnten ihn nie für sich gewinnen. Ein derart frustriertes Kind ist sein

Leben lang auf der Suche nach der ersehnten Vaterfigur. Diese Menschen finden sich oft in der Rolle der Geliebten eines älteren, verheirateten Mannes wieder, der im Grunde genauso unerreichbar ist wie der Vater und in ihnen die gleiche bittersüße Sehnsucht hervorruft.

Ödipale Bindungen sind wie gesagt schwer zu lösen. Oft merken die betroffenen erwachsenen Kinder erst zu spät, dass sie ihr Leben vergeudet haben. Um die Liebe des Vaters oder der Mutter zu halten, haben sie versäumt, eine eigene Familie zu gründen. Sie bleiben einsam im Alter. Zu spät erkennen sie, dass sie eigentlich von ihren angebeteten Elternteilen emotional missbraucht worden sind – sie waren gut genug für deren Bestätigung, aber eine richtige Partnerschaft konnte ihnen der Vater oder die Mutter nicht bieten. Manchmal gelingt es ihnen, sich vom Elternteil zu lösen, wenn sie einen Partner finden, der sie wirklich liebt. Dann merken sie, dass sie nicht frei sind und sich nicht voll auf die aktuelle Beziehung einlassen können. Wenn sie jetzt nach einer Therapie suchen, kann es ihnen gelingen, die Fesseln der Kindheit zu durchtrennen. Ohne Therapie ist es schwer, die Verstrickungen, die eine ödipale Familienkonstellation mit sich bringt, zu durchschauen und zu lösen. Dabei geht es nicht darum, den betreffenden Elternteil abzulehnen. Ziel ist es vielmehr, die ungesunde übermäßige Nähe zu lösen, um eine angemessene, natürliche Eltern-Kind-Beziehung in gegenseitiger Liebe und Achtung wiederzuerlangen.

Sexueller Missbrauch

Sexueller Missbrauch ist eine der Hauptursachen sowohl für sexuelle Störungen als auch für Partnerschaftsprobleme. Sexuell missbraucht zu sein, traumatisiert einen Menschen. Denn es trifft ihn körperlich und seelisch am empfindlichsten

Punkt: dort, wo es um Liebe, Sexualität und Intimität, die Grundsäulen einer Liebesbeziehung geht.

Sexueller Missbrauch wird, wie bei allen Traumata, weitergereicht, wenn er nicht verarbeitet wird. Die meisten Täter sind einst Opfer gewesen. Wenn sie ihr eigenes Opfersein nicht verarbeiten, geben sie das Trauma weiter an die nächste Generation. Deswegen ist es besonders wichtig, Traumatisierten zu helfen, ihr Erlebtes zu überwinden. Ein erlebtes Trauma zu überwinden bedeutet, im Beisein und mit Unterstützung erfahrener Therapeuten die Gefühle von damals noch einmal durchzuerleben und hinter sich zu lassen: die Angst, den Schmerz, den Ekel, die Scham, die Schuldgefühle, den Zorn. Es ist ein Reinigungsprozess, ein Gang durchs Feuer, um wiedergeboren zu werden. Auch eine Selbsthilfegruppe mit anderen Betroffenen kann helfen, aus der Isolation und Sprachlosigkeit herauszutreten und Solidarität zu finden. Es gibt gute Selbsthilfebücher, die Opfern beiderlei Geschlechts weiterhelfen.*

Welche Folgen zieht die Erfahrung sexuellen Missbrauchs nach sich? Vor allen ist es die Angst vor Nähe. Das Kind ist einmal von einer Vertrauensperson betrogen und verraten worden. Daher wird es später jedem, der sich ihm nähert, erst einmal mit Misstrauen begegnen. Ihm ist damals niemand zu Hilfe gekommen. Seine Hilfeschreie und -signale verhallten unbeantwortet. So blieb ihm nur der seelische Rückzug. Es verschließt sich in seinem Innersten, auch vor

---

* Ellen Bass und Laura Davis: *Trotz allem. Wege zur Selbstheilung für sexuell missbrauchte Frauen*, Berlin: Orlanda Frauenverlag, 9. Aufl. 1990;
Mike Lew: *Als Junge missbraucht. Wie Männer sexuelle Ausbeutung in der Kindheit verarbeiten können*, München: Kösel, 3. Aufl. 2001

einem späteren Liebespartner. Es bewahrt darin sein Geheimnis. Dieses hält es vor der Welt verborgen, eingehüllt unter dicken Schichten von Scham- und Schuldgefühlen. Denn das innere Kind fühlt sich schuldig, dass es beschmutzt worden ist. Es gibt sich selbst die Schuld, dass es sich eingelassen hat auf den Täter. Es fühlt sich wertlos, der Verachtung des Täters und der übrigen Welt preisgegeben. Es ekelt sich vor sich selbst.

So sehr sich das Kind auch abzuschotten sucht, es kann sich nicht wirklich schützen vor Eingriffen von außen. Seine Grenzen sind achtlos übertreten worden, immer wieder. So ist es den Forderungen, Wünschen und Begierden anderer wehrlos ausgeliefert. Es lächelt, statt sich angewidert abzuwenden. Es nickt, statt Nein zu schreien. Es lässt mit sich machen, statt sich zu wehren.

Die Erfahrung, schutzlos ausgeliefert zu sein, löst im Missbrauchten zwei mögliche Reaktionen aus: Entweder richtet er seinen Grenzposten ganz weit außen auf, so weit, dass dieser schon beim ersten Anzeichen von Gefahr Alarm schlägt, oder er zieht sich ganz weit in sich selbst zurück, lässt die äußeren Grenzen ohne jegliche Gegenwehr vom Feind überrennen, lädt diesen sogar ein, in ihn einzudringen, aber dieser wird keine Freude daran finden, weil er dort nichts finden wird – es ist keine Seele zu Hause.

Erstere essen sich gelegentlich einen dicken Panzer an (oder hungern sich dünn). Sie werden dabei so unattraktiv, dass niemand auf den Gedanken käme, sich ihnen zu nähern. Manche finden einen Partner, der impotent oder frigide ist, sodass sie keine Angst vor Sexualität zu haben brauchen.

Die Menschen aus der zweiten Gruppe, die ihre Grenzen scheinbar ganz aufgegeben haben, neigen zum anderen Extrem. Sie werfen sich sozusagen dem Täter an die Brust. Sie werden sexsüchtig, wechseln ihre Partner wie andere das

Hemd. Solche Menschen (wie Marilyn Monroe) sind äußerst attraktiv – jeder Mann dreht sich nach ihnen um – und sexuell aktiv – keine Frau ist vor ihnen sicher. Manche machen aus der Not eine Tugend: Sie werden Prostituierte (ein Großteil der Sexarbeiterinnen ist als Kind missbraucht worden). Sie drehen quasi den Spieß um und lassen sich für den Liebesdienst bezahlen. Sie kennen die Wünsche der Männer und halten diese damit »unter Kontrolle«. Auch dies kann als Versuch angesehen werden, ein früheres Trauma zu bewältigen.

Bei sexuell missbrauchten Menschen herrscht innerlich oft ein chaotisches Durcheinander, das von der Sehnsucht nach Liebe und Zärtlichkeit bis hin zur sexuellen Triebhaftigkeit reicht. Sie können beides nicht auseinanderhalten, weil in der Kindheit ihr Wunsch nach Zuwendung und Nähe mit erwachsener Sexualität beantwortet wurde. Da sie gelernt haben, die Zuneigung eines Erwachsenen durch Sexualität zu erkaufen, senden sie häufig ungewollt sexuelle Signale aus. Auch später im Erwachsenenalter drücken sie ihren Wunsch nach Liebe und Zärtlichkeit in sexualisierter Form aus, ohne es zu beabsichtigen – und sind dann verletzt und verwirrt, wenn das Gegenüber ihre Signale missdeutet und mit sexuellen Wünschen an sie herantritt. Dieses Missverständnis wird durch die oft anzutreffende Verwechslung von Zärtlichkeit und Sex auf der Seite von Männern verstärkt.

Außerdem leiden viele sexuell missbrauchte Menschen unter ihrer eigenen Triebhaftigkeit. Sie haben diese vom früheren Täter gelernt: In der Missbrauchssituation nimmt das Kind auch die enthemmte Lust und Gewalt des Täters in sich auf. Diese dringen tief ins Unbewusste des Kindes ein und können später, wenn sich das erwachsen gewordene Kind in einer ähnlichen Situation wie damals beim Missbrauch befindet (oder wenn seine Kontrolle durch Alkohol oder Drogen herabgesetzt ist), plötzlich wieder auftauchen und über es hereinbrechen. Dann wird es von ähnlich trieb-haften Impulsen wie einst der Täter überflutet. Ohne es zu wollen, wird es selbst zum Täter. Es findet eine Verwandlung statt, wie sie Robert L. Stevenson in seiner Erzählung *Dr. Je-kyll and Mr. Hyde* beschrieb: Ein Arzt, ein liebenswerter Menschenfreund, verwandelt sich unter dem Einfluss einer von ihm entwickelten Droge zu einem menschenverachten-den, mordenden Monster. Solche abrupten Stimmungsum-schwünge sind typisch für Borderline-Störungen.

Manche sexuell missbrauchte Menschen entwickeln tat-sächlich eine solche Störung, in der sie von einem Augenblick zum nächsten wie ausgetauscht sind und ein destruktives Ver-halten an den Tag legen. Meist offenbart sich diese Störung erst in einer nahen Beziehung, in der die betreffende Person eine ähnliche Intimität mit einem Liebespartner erlebt wie in der früheren traumatischen Situation. Dann kann es zu einer Reinszenierung früherer Gewalt- und Missbrauchsszenen kom-men. Solche Ausbrüche darf man nicht verharmlosen. Sie sind keineswegs »Ausrutscher« oder »Betriebsunfälle«, sondern Zeichen einer tiefen Störung und bedürfen einer intensiven psychotherapeutischen Behandlung. Heilung ist möglich, wenn die früheren Traumata durchgearbeitet, die alten destruktiven Verhaltensmuster entlernt und neue konstruktive Verhaltens-muster erlernt werden. All dies braucht Zeit und Geduld, so-wohl beim Betroffenen als auch bei dessen Partner und Kin-dern, die natürlich in Mitleidenschaft gezogen werden.

Geheimnisse, Tabus und Intrigen in der Familie

Geheimnisse in Ursprungsfamilien sind eine der Hauptwur-zeln für spätere Untreue. In unserer Herkunftsfamilie lernen wir, wie wir uns in nahen Beziehungen verhalten: ob wir of-fen und ehrlich miteinander umgehen oder ob wir Dinge, die uns wichtig sind, verheimlichen sollen. Kinder sind immer offen und ehrlich. Sie sagen, was sie denken und fühlen. Wenn sie von ihren Eltern darin bestärkt werden und von ihnen ehrliche Antworten auch auf schwierige Fragen bekommen, entwickeln sie ein gutes Selbstbewusstsein und eine klare Identität. Sie können ehrlich zu sich und zu anderen sein. Sie sind sicher, auch schwierige Situationen im Leben bewältigen zu können, weil sie sich von ihren Eltern unterstützt fühlen.

Wenn in einer Familie aber Geheimnisse herrschen, dann hat das Kind das Gefühl, es gibt bei den Erwachsenen Dinge, die man nicht wissen darf, Dinge, nach denen man nicht fragen darf und vor denen man die Augen verschließen muss. So entstehen Tabus. (In den Märchen wird dann von Zimmern erzählt, deren Türen verschlossen sind.) Gleichzeitig lernt das Kind, selbst Dinge zu verschweigen, die die Eltern ärgern oder ihnen wehtun könnten.

Geheimnisse haben meist mit der Abwehr von Gefühlen zu tun, mit denen man nicht fertig wird: Angst und Ohnmacht, Wut, Trauer, Scham und Schuld. Das hat zur Folge, dass ein Kind, das in einer solchen Familie aufwächst, nicht lernt, mit diesen Gefühlen umzugehen. In einer geheimnisumwitterten Familie haben alle das Gefühl, von unheimlichen Schatten heimgesucht zu werden, gegen die man sich nicht wehren kann. Es verbreitet sich das Gefühl von Ohnmacht und Angst. Man zieht sich vor schwierigen Situationen zurück, meidet sie, vor allem schweigt man darüber. Immer mehr persönliche Themenbereiche fallen dem Schweigen zum Opfer, bis die Familienmitglieder am Ende nur Banalitäten miteinander austauschen, weil alles andere zu gefährlich erscheint.

Natürlich darf man auch über die gegenseitige Beziehung nicht sprechen. So entsteht ein Labyrinth undurchsichtiger und verwinkelter Beziehungen, in dem jeder gegen jeden intrigiert und Misstrauen und Missverständnis herrschen. In diesem Labyrinth läuft jeder maskiert herum. Das Ganze hat natürlich auch seinen Reiz: Man kann durchaus Gefallen an der Maskerade finden, man kann sich verstellen, mit heimlichen Verbündeten Pläne schmieden, den anderen Fallen stellen usw.

Kinder aus solchen Familien übertragen solche Interaktionsmuster auf ihre späteren Beziehungen. Sie meinen, bestimmte Wahrheiten nicht aussprechen zu dürfen, weil sie zu »heiß« seien, weil sie den Partner verstören oder weil sie Gefühle auslösen könnten, mit denen man nicht umgehen kann. Manchmal scheint es schon zu viel des Guten zu sein, wenn man seinem Partner seine Liebe eingesteht. Die Sprachlosigkeit ist eine der Hauptmerkmale bei Betrug und Untreue. Die Partner haben nicht gelernt, über ihre persönlichen und intimen Belange miteinander zu sprechen. Typisch für Beziehungen, in denen ein oder beide Partner fremdgehen, ist die Unfähigkeit, über sexuelle Wünsche und Abneigungen in der Partnerschaft zu sprechen. Statt ihre Energie in die Pflege der Beziehung zu stecken, investieren die Partner sie in den Aufbau eines geheimen Systems, sodass am Ende ein ähnliches Labyrinth entsteht, wie sie es vom Elternhaus her kennen.

Sucht, Sexsucht

Alle oben beschriebenen Erfahrungen aus der Kindheit stellen eine große seelische Belastung für die Betroffenen dar. Es ist schwer, mit einem solchen Ballast zu leben. Gerade wenn wir eine intime Beziehung aufnehmen und eine eigene Familie gründen, können alte Erinnerungen und Gefühle wieder auftauchen. Wenn wir aber die Schatten der Vergangenheit richtig deuten, können solche Krisen auch eine Chance sein. Wenn wir das, was sich in uns wiederholt, auf unsere Kindheit zurückführen können und wir uns hierfür therapeutische Hilfe suchen, können wir uns von den Fesseln der Vergangenheit lösen und einen neuen Anfang machen.

Gelingt uns dies aber nicht, rutschen wir leicht in die Fußstapfen unserer Eltern und unserer Herkunftsfamilie. Wir wiederholen die leidvollen Erfahrungen, die wir aus unserer eigenen Kindheit kennen. Dies ist eine sehr schmerzliche Erfahrung. Um diesen Schmerz zu betäuben, greifen wir oft zu Suchtmitteln: Essen, Trinken, Zigaretten, Medikamente, Fernsehen, Internet, Autos, Sex. Alles, was uns für den Moment eine kurze Befriedigung verschafft und uns von unseren wirklichen Problemen ablenkt, kann zum Suchtmittel werden. Dies wird unterstützt von unserer Konsumgesellschaft, die uns Suchtmittel in allen Variationen bietet. So lassen sich viele Menschen von der Suchtkultur einfangen, statt an dem zu arbeiten, was wirklich wesentlich im Leben ist.

Gerade der Bereich Liebe und Sexualität bietet sich als riesiger »Markt der Möglichkeiten« an, weil er uns in unseren tiefsten Sehnsüchten anspricht. Wir möchten alle die große Liebe erleben und eine erfüllte Sexualität leben. Dass dieses Glück durchaus erreichbar ist, aber auf die Dauer nur für den, der auch bereit ist, dafür zu arbeiten und seine ganze Energie zu investieren, sagt uns die Werbung nicht. Weil eine Sucht zwei unserer fundamentalen Bedürfnisse stillt – die Ablenkung von unseren wirklichen Problemen und das Versprechen von Glück »instant« –, verfallen wir ihr so leicht. Auch der Seitensprung, der One-Night-Stand, die käufliche Liebe oder die Pornografie aus dem Internet – sie alle machen uns große Versprechungen und erfüllen schließlich doch nichts von alldem.

Unverarbeitete frühere Beziehungen

Bei der Suche nach den Ursachen für Probleme in einer Beziehung stoßen wir nicht selten auf alte Beziehungen eines der Partner oder beider Partner. Wenn eine frühere Beziehung nicht angemessen abgeschlossen werden konnte, kann sie wie eine offene Wunde schmerzen und verhindern, dass man sich voll und ganz der neuen Partnerschaft zuwendet.

Es gibt grundsätzlich zwei Hindernisse, die aus einer alten Liebesbeziehung entwachsen können. Das eine besteht darin, dass man den früheren Partner nicht vergessen kann. Man liebt ihn immer noch, selbst wenn man es sich selbst gegenüber nicht eingesteht. Die Gedanken kreisen immer wieder um die Vergangenheit. Man grübelt über die Gründe, weshalb diese Beziehung gescheitert ist. Es tauchen immer wieder bittersüße Erinnerungen an gemeinsame Erlebnisse auf. Man fragt sich, was aus dem früheren Geliebten geworden ist, ob er noch an einen denkt, ob er eine neue gefunden hat ... Es ist, als würde der ehemalige Partner immer noch den zentralen Platz im Herzen besetzen. Man fühlt sich mit ihm in Treue verbunden und fürchtet, ihn zu »verraten«, wenn man sich auf eine neue Beziehung einlässt.

Dadurch kann man den neuen Partner nicht richtig »nehmen«. Denn wir besitzen im Herzen so etwas wie eine innere Rangliste unserer Beziehungen. Wenn ein alter Liebhaber immer noch den ersten Platz einnimmt, kann sich der neue Partner auch noch so sehr bemühen, er wird nie ganz nahe an die betreffende Person herankommen können – sie ist »besetzt«. Deshalb wird er immer wieder eine innere Distanz spüren, die von ihr ausgeht und die er nicht überbrücken kann. Er wird irgendwann resignieren und depressiv werden, oder er wendet sich seinerseits einer anderen Person oder einer anderen Tätigkeit (etwa seinem Beruf oder einem Hobby) zu.

Eine nicht begrabene alte Liebe kann sich selbst auf die Kinder auswirken. Dies kann so weit gehen, dass manche Menschen sich in der Fantasie ausmalen, ihr Kind möge doch das Kind eines früheren Partners sein. Dadurch wird das Kind ebenfalls »besetzt«. Der betreffende Elternteil projiziert Eigenschaften des vergangenen Partners in das Kind hinein und beginnt, das Kind in diese Richtung zu erziehen oder zu beeinflussen. Eine Mutter, die ihren früheren Geliebten, einen Künstler, nicht vergessen kann, freut sich zum Beispiel darüber, dass ihr Sohn, den sie mit ihrem heutigen Partner bekommen hat, künstlerische Fähigkeiten aufweist. Sie beginnt, ihn in diese Richtung forciert zu fördern und wünscht sich nichts Sehnlicheres, als dass er eine künstlerische Laufbahn einschlägt. Sie sieht in ihm ein Ebenbild des früheren Geliebten. Dies kann beim Kind zu inneren Verwirrungen führen, da es quasi von einem Phantom besessen ist. Es ist sich seiner Identität nicht sicher.

Das zweite Hindernis, das von einer früheren Beziehung herrührt, besteht in alten Verletzungen aus der ehemaligen Partnerschaft. Wenn jemand in einer früheren Beziehung tief verletzt worden ist und diese Wunde noch nicht geheilt ist, wird er sich in der Regel instinktiv vor einer neuen intimen Beziehung schützen, um nicht erneut verletzt zu werden. Es bleibt eine Vorsicht zurück, die besonders im intimen Kontakt für den neuen Partner spürbar ist. Der Verletzte kann sich nicht ganz öffnen, und oft weiß er selbst nicht, warum. Es bedarf manchmal einer Therapie, um solche Traumatisierungen aus früheren Beziehungen bewusst zu machen und zu heilen. Dafür ist auch Geduld und Einfühlung vonseiten des gegenwärtigen Partners notwendig.

Gelegentlich wird eine solche innere Wunde überspielt, indem die verletzte Person sich immer wieder neuen Liebhabern »an den Hals wirft«. Sie geht quasi in die Vorwärtsverteidigung. Um nicht verletzt zu werden, geht sie gleich in den Angriff, indem sie potenzielle Partner verführt und sie dann wieder stehen lässt. Oder sie verletzt diese auf dieselbe Weise, wie sie einst verletzt worden ist – zum Beispiel, indem sie immer wieder fremdgeht. Indem sie zum Täter wird, versucht sie zu vergessen, was sie einst selbst als Opfer erlitten hat.

Ursachen für Untreue aus der aktuellen Beziehung

Liebe ich ihn/sie wirklich?

Bevor zwei Menschen sich für eine lebenslange Beziehung entscheiden, sollten sie sich im Klaren sein, ob der Partner wirklich die Person ist, mit der man sein Leben teilen möchte. Dies mag banal klingen, aber wenn wir über Treue und Untreue nachdenken, hat es keinen Sinn, sich den Kopf zu zerbrechen, ob man einem Partner treu sein soll, wenn man nicht einmal weiß, ob man ihn liebt.

Ein Beispiel: Eine junge Frau berichtet, dass sie kurze Zeit, nachdem sie ihren ersten Freund hatte, sich in einen anderen jungen Mann verliebt hatte. Sie konnte sich nicht entscheiden. Eine Zeit lang ging sie mit beiden, ohne dass der eine vom anderen wusste. Nach einiger Zeit lösten sich beide Beziehungen von allein. Sie fühlte sich erleichtert. Dann lernte sie ihre große Liebe kennen. Seitdem hat sie kein Bedürfnis mehr nach einem Seitensprung.

Sich selbst zu kennen, ist eine der wichtigsten Voraussetzungen für eine gelingende Partnerschaft. Als junger Mensch kennt man ja die eigenen Bedürfnisse bezüglich einer Partnerschaft noch nicht. Man tastet sich an die Sexualität heran, muss erst einmal den eigenen Körper und den des anderen Geschlechts erkunden. Was sind die eigenen Vorlieben, was sind die Bedürfnisse des Partners? Wie viel Zeit will man zusammen verbringen, wie viel Zeit braucht man für sich? Was hat man für gemeinsame Interessen? Wo geht man getrennte Wege? Will man zusammenleben? Welche Zukunftspläne hat man? Will man Kinder, will man keine? Wie geht man mit Geld um? Welches Verhältnis möchte man mit der Verwandtschaft haben? Lassen sich Arbeit und Freizeit beider Partner vereinbaren? Wo möchte man seinen Urlaub verbringen?

Hinter all diesen Einzelfragen steht die Kardinalfrage: »Liebe ich ihn/sie? Bin ich glücklich mit ihm/ihr? Kann ich mir vorstellen, mit ihm/ihr mein ganzes Leben zu verbringen?« Dies ist eine ganz entscheidende Frage. An keinen anderen Lebensbereich knüpfen wir so viel Hoffnung wie an die Liebesbeziehung. Liebe ist für die meisten Menschen ein Synonym für Glück schlechthin.

Wie viele junge (und nicht mehr so junge) Menschen sind auf der Suche nach einer Antwort auf diese Frage! Heutzutage erwartet glücklicherweise keiner mehr, dass man gleich den heiratet, mit dem man zum ersten Mal intim wird. »Drum prüfe, wer sich ewig bindet, ob sich das Herz zum Herzen findet«, steht in Schillers »Lied von der Glocke«. Eine solche Prüfung kann lange dauern, für manche Menschen kann es Jahre, sogar Jahrzehnte dauern, bis sie den Richtigen oder die Richtige finden.

Nun wissen wir alle, von welchen Zufällen und äußeren Umständen eine Partnerwahl abhängen kann. Manche begegnen schon bei ihrem ersten Kontakt mit dem anderen Geschlecht ihrer großen Liebe, andere bekommen gleich ein Kind, obwohl sie nicht zum Partner passen. Banale äußere Umstände wie Wohnort, Urlaub oder Ausbildung können einen jungen Menschen mit einem zukünftigen Lebensgefährten zusammenführen. Andere gravierendere Ereignisse wie Krieg, Flucht oder Migration können die Partnerwahl entscheidend beeinflussen. Die Zugehörigkeit zu einer sozialen, religiösen oder politischen Gruppierung gibt manchmal den Ausschlag dafür, welche Partner in Betracht kommen und welche ausgeschlossen sind.

Jürg Willi hat in einer Untersuchung herausgefunden, dass viele Paare gar nicht so sehr aus Liebe zusammenbleiben. Es sind vielmehr gemeinsame Dinge, Erlebnisse und Beziehungen wie Haus, Urlaub, Kinder und Alltagsgewohnheiten, die Paare zusammenhalten.* Dies ist zwar eine plausible Erklärung für die Zähigkeit oder Festigkeit, mit der viele Paare zusammenbleiben, selbst wenn ihre Zuneigung begrenzt ist. Wo aber Liebe fehlt, ist die Gefahr, dass einer oder beide Partner fremdgehen, groß. Plötzlich taucht ein Mann oder eine Frau auf, mit der man sich richtig gut versteht oder zu dem man sich magisch hingezogen fühlt. Dann realisiert man, dass der eigentliche Partner eigentlich nur eine Funktion erfüllt: Er bewahrt einen vor dem Alleinsein, er versorgt einen materiell, ist ein guter Vater oder eine gute Mutter für die Kinder. All dies gibt Sicherheit, aber es reicht nicht für ein ganzes Leben.

Die alltäglichen Konflikte

Dann kommt noch die Mühle des Alltags hinzu. Auch wenn man anfangs unsterblich ineinander verliebt war und im siebten Himmel schwebte: Irgendwann holt einen doch der graue Alltag ein. Man entdeckt, dass der glühende Liebhaber einen Bauch hat und die wunderschönen Locken der Angebeteten gefärbt sind. Auch der aufregendste Sex wird mit der Zeit zur Routine. Die Partner lernen sich auch in den weniger schönen Seiten kennen. Wenn dann noch Kinder dazukommen, ist das Paar schnell in der Bewältigung des Alltags gefangen. Es bleibt wenig Zeit für die Pflege der Zweierbeziehung und den Genuss der Zweisamkeit.

---

* Jürg Willi: *Was hält Paare zusammen? Der Prozess des Zusammenlebens in psycho-ökologischer Sicht*, Reinbek: Rowohlt-TB, 8. Aufl. 2002

Es ist alles andere als leicht, wenn sich zwei Menschen zusammentun, die beide einen eigenen Lebensrhythmus, einen anderen Geschmack und persönliche Idealvorstellungen haben. Im täglichen Zusammensein gibt es mannigfache Gelegenheiten, an denen sich größere und kleinere Konflikte entzünden können. Man fühlt sich leicht missverstanden, ist von Unaufmerksamkeiten des Partners gekränkt. Meistens steckt man diese kleinen Frustrationen und Ärgernisse weg, weil man sich ja liebt. Auf diese Weise summieren sich kleine Verstimmungen, bis sie sich in ersten Streitigkeiten und Auseinandersetzungen entladen. Wenn man jung ist, will man alles ganz richtig machen. Man möchte auch, dass der Partner alles richtig macht. So prallen Wünsche und Meinungen aufeinander. Man ist leicht verletzt, hat das Gefühl, der andere versteht einen nicht, und zieht sich beleidigt zurück.

Sprachlosigkeit zwischen den Partnern

Wenn man jung ist, hat man noch nicht gelernt, seine eigenen Wünsche konkret zu äußern. Manchmal kennt man die eigenen Bedürfnisse noch nicht mal richtig, man hat nur eine leise Ahnung oder eine vage Vorstellung von dem, was man sich wünscht. Wie soll man so ein nebulöses Gefühl ausdrücken? Man hat auch nicht gelernt, dem anderen zuzuhören. Jeder Partner bringt von seiner Herkunftsfamilie ein ganz anderes Repertoire an Verhaltensmustern und ein ganz anderes Spektrum an Gefühlsäußerungen mit in die Beziehung, das erst vom anderen entziffert werden muss. Gelegentlich ist es so, wie eine neue Sprache zu lernen, wenn man eine Beziehung eingeht.

Außerdem haben viele von uns auch nicht gelernt, dass Streiten verbindet, dass eine gute Beziehung ausgehandelt werden muss. »Beziehung ist Verhandlungssache!«, sagte einmal meine Therapeutin. Was sich profan anhört, ist wahr. Aber welcher Verliebte denkt je daran, mit seiner Angebeteten in Verhandlungen treten zu müssen! Im Gegenteil, mit der rosaroten Brille meint jeder, man verstehe sich ganz ohne Worte, ist doch das Schönste an der Verliebtheit, dass man alle seine Wünsche und Idealvorstellungen in den Geliebten hineinprojizieren kann!

Aber die wenigsten Menschen können Gedanken lesen, auch wenn sie sich noch so lieben. Also müssen wir lernen, unsere Gefühle und Gedanken präzise zu erfassen, um sie dann dem Partner mitzuteilen. Einem Liebespartner zu sagen, was man sich von ihm wünscht, vor allem wenn es um persönliche Vorlieben und Empfindlichkeiten, um sexuelle Wünsche und Fantasien geht, ist eine Aufgabe, an der man lebenslang feilen kann.

In einer engen Beziehung geht es auch um das Neinsagen, das Äußern von Kritik oder Missfallen. Einem geliebten Menschen gegenüber Kritik oder Missfallen zu äußern, fällt vielen schwer, man will ihn ja nicht kränken oder zurückweisen. Gerade weil man die Harmonie so genießt, möchte man keinen dissonanten Ton anschlagen. Man will den symbiotischen Zustand, das Glück des wortlosen Einverständnisses so lange wie möglich erhalten. Jedes Nein bringt einen Missklang ins Liebeslied, und man weiß nicht, wie viel Unstimmigkeit die eben neu begonnene Beziehung aushält. Wird es beim ersten falschen Ton zerspringen – dieses noch so zerbrechliche Glück?

Hier spielt wieder die Erfahrung in der Kindheit eine entscheidende Rolle. Ist man in einer Familie aufgewachsen, in der gegenteilige Meinungen geäußert und respektiert werden? Oder ist man bestraft worden beim leisesten Zeichen eines Widerspruchs? Hatte man als Kind das Recht, einen eigenen Standpunkt zu haben und zu vertreten? Wurde dies geduldet, war es gar erwünscht? Auch hier reagiert man automatisch so, wie man es im Elternhaus gelernt hat.

Geschlechtsstereotypien spielen auch eine Rolle. Während Frauen zumindest in früheren Zeiten dazu erzogen wurden, still zu sein, ihre eigenen Bedürfnisse und Wünsche zurückzustellen und stattdessen indirekt, auch auf manipulativem Wege ihre Ziele zu verfolgen, haben Männer gelernt, sich als Familienoberhaupt durchzusetzen und zu bestimmen. Auf die eigenen Gefühle zu achten oder auf das Gegenüber zu hören, gehörte nicht zu ihrem Repertoire.

So sind die meisten Frauen Expertinnen geworden im Erspüren dessen, was ihr Partner braucht. Wenn es aber um ihre eigenen Bedürfnisse geht, wenn es um ein klares Nein geht, ein »Bis hierher und nicht weiter«, blockiert etwas in ihnen. Umgekehrt können viele Männer zwar wunderbar geschäftliche Verträge aushandeln, aber wenn es um die eigenen Gefühle, vor allem die zarteren geht, sind sie wie Analphabeten. Das einzige Gefühl, das ihnen zugänglich ist, ist Wut. Wenn ein Mann sich verletzt fühlt, Angst hat, sich schämt oder traurig ist, kann er kaum etwas von alldem zeigen. Entweder verlässt er wortlos den Raum oder er fängt an zu poltern, wird laut, manchmal auch gewalttätig. Dies wirkt auf seine Frau und Kinder vielleicht beängstigend und bedrohlich, ist aber im Grunde ein Zeichen emotionaler Hilflosigkeit.

Machtkämpfe in Beziehungen

Zurück zur Paarbeziehung. Wenn ein Paar nicht lernt, die unterschiedlichen Wünsche und Ansichten auszudrücken und Lösungen auszuhandeln, kommt es leicht zu Machtkämpfen. Wie in der Politik gibt es Krieg, wenn Verhandlungen scheitern. Im Ehekrieg kommt es dann zu heftigen Wortgefechten, zu handfesten Streiten bis hin zu Handgreiflichkeiten und Gewalt. Oder man bestraft den Partner mit stummem Rückzug und Liebesentzug. Es kommt zu Drohungen und Erpressungen. Der eine Partner wird depressiv und isst sich dick, der andere fängt an zu trinken oder sitzt abends nur noch vor dem Fernseher oder dem Computer. Kinder werden in die Auseinandersetzung hineingezogen und als Munition oder Bündnispartner benutzt. Geld als Möglichkeit der Zuwendung oder Bestrafung wird ebenfalls als Waffe eingesetzt.

In solchen Machtkämpfen kann das Fremdgehen auch zur Waffe werden. Nicht selten beginnt irgendwann der hilflosere oder schwächere Partner (zum Beispiel ein Mann, der seiner streitbaren Ehefrau verbal unterlegen ist) eine außerhäusliche Affäre. In den Armen einer verständnisvollen Geliebten findet er zum einen Zuflucht und Trost (»Meine Frau versteht mich nicht«), zum anderen rächt er sich heimlich an seiner stärkeren Kontrahentin. In den Heimlichkeiten ihr gegenüber fühlt er sich machtvoll. Sein süßes Geheimnis ist die Burg, in die er sich vor ihr verschanzt.

Seitensprünge und Affären sind in diesem Zusammenhang Mittel der Aggression und der Rache gegen den Partner. Man ist unfähig, ihm die eigene Wut offen zu zeigen. Man kann sie nur ausagieren. In manchen Beziehungen zieht dies eine Spirale der Aggression und Rache nach sich: Wenn der Betrogene das Geheimnis entdeckt, rächt er sich oft dadurch, dass er durch einen noch größeren Verrat den Partner demütigt. Es kommt zu einer Eskalation der Gewalt in physischer und sexualisierter Form (die Partner schlafen möglicherweise immer noch miteinander, aber der intime Kontakt bekommt einen brutalen, oft auch perversen Charakter). Aber die gegenseitige Verletzung liegt auf der psychischen Ebene: Beide fühlen sich gedemütigt, beschämt, besudelt.

Eigentümlicherweise können sich manche Beziehungen in einem solch destruktiven Stadium lange halten. Dies ist manchmal ein Zeichen für seelische Abhängigkeit. Die Partner haben sich in einem sadomasochistischen Clinch ineinander festgebissen. Gleichzeitig scheint das Fremdgehen die Beziehung zu stabilisieren, indem ein »Gleichgewicht des Schreckens« aufrechterhalten wird. Wie alle Psychotherapeuten wissen, gehört Masochismus zu den am schwersten behandelbaren Störungen.

Ein Beispiel: Eine vitale Frau heiratet einen schwächlichen Mann. Er kann seine Unterlegenheit eine Zeit lang durch seine hohe gesellschaftliche Stellung kompensieren (er gehört zu einer angesehenen Familie). Nach der Pensionierung genügt er seiner Frau nicht mehr, weder sexuell noch partnerschaftlich. Sie fängt an, an ihm herumzukritisieren. Er sagt lange nichts, zieht sich zurück. Sie verfolgt ihn mit ihren Beschimpfungen. Irgendwann wird er gewalttätig. Sie zeigt ihn an. Er verspricht Besserung, aber beginnt eine heimliche Affäre mit einer sehr viel jüngeren Frau.

Die alltägliche Langeweile

Bei einem weniger leidenschaftlichen Paar zeigt sich der alltägliche Frust in anderer Gestalt, vor allem in der Langeweile. Die Beziehungsprobleme mögen die gleichen sein, jedoch haben die Partner weder Lust noch Energie, die Konflikte offen anzusprechen. Sie wollen sich nicht streiten – es ist ja alles nicht so schlimm, schließlich hat man ja ein nettes Zuhause geschaffen, die Kinder sind brav, alles ist bestens geregelt. Wenn sich Unstimmigkeiten einstellen, wird das bei einem Gläschen Wein heruntergespült. Abends sitzt man gemütlich nebeneinander vor dem Fernseher, das Gespräch beschränkt sich auf den nächsten Urlaub oder das nächste

Familienfest. Alles ist in Ordnung. Eine scheinbar glückliche Familie ...

Bis plötzlich die ganze Nachbarschaft aufschreckt, weil die Frau mit einem ebenfalls verheirateten Mann »durchgebrannt« ist. Sie hat alles – Haus, Kinder, Ehepartner – von heute auf morgen verlassen. Verständnisloses Kopfschütteln überall. Alle haben Mitleid mit dem verlassenen Ehemann. Irgendwann taucht die Frau reumütig wieder auf. Sie bittet den Mann um Verzeihung. Dieser ist zwar verletzt, aber auch froh, dass sie zurückgekehrt ist. Allein wusste er mit Kindern und Haushalt wirklich nicht weiter. Er will nicht darüber sprechen. Schwamm drüber. Lasst uns weiterleben, als wenn nichts gewesen wäre ...

Was vermissen untreue Frauen bei ihren Partnern?

Sie hat doch alles gehabt, sagen sich die Nachbarn – einen treuen Ehemann, der für sie sorgt, ein schönes Haus, brave Kinder, ein schickes Auto, sogar eine Putzfrau, die mehrmals in der Woche kommt. Was will sie mehr?

Die Frau versucht zwar so weiterzuleben wie bisher. Irgendetwas hat sich aber für sie verändert. Sie möchte, dass sich etwas in ihrer Beziehung bewegt. Schließlich sucht sie eine Therapeutin auf. Dieser erzählt sie:

»Eigentlich liebe ich meinen Mann. Aber mit der Zeit ist alles zur Routine geworden. Mein Mann war am Anfang aufmerksam, brachte mir Rosen, war liebevoll im Bett. Aber irgendwann schlief alles ein. Er hat sich dann mehr für seinen Job, sein Auto, seine Hobbys, die Aktienkurse, den Fußball und seine Kumpels interessiert als für mich. Wenn ich mich für ihn schön machte, fiel es ihm gar nicht auf. Stattdessen schaute er auf andere Frauen, machte ihnen Komplimente, wie er sie mir früher gemacht hat. Ich war nur gut dafür, ihm sein Essen vorzusetzen, wenn er von der Arbeit nach Hause kam, seine Wäsche, seinen Haushalt und seine Kinder in Ordnung zu halten und am Wochenende mal miteinander zu schlafen.

Als ich den anderen Mann kennenlernte, fühlte ich mich plötzlich wieder als Frau gesehen. Er hörte mir zu, machte mir Komplimente, auf einmal fühlte ich mich wieder begehrt und begehrenswert. Ich bin wieder zum Leben erwacht. Es war eine so unglaubliche Leidenschaft, die er in mir entfacht hat, dass ich schier meinen Verstand verlor. Ich wäre mit ihm bis ans Ende der Welt gegangen, wenn er mich darum gebeten hätte.

Wenn er nicht selbst Familie gehabt hätte und wenn ich mich nicht nach meinen Kindern gesehnt hätte, wäre ich zu ihm gezogen. Aber so hat doch die Vernunft bei uns beiden gesiegt. Ich liebe ja auch meinen Mann. Er ist so zuverlässig und gutmütig. Er hat mir auch keine Vorwürfe gemacht. Er tat mir richtig leid, wie er still für sich gelitten hat. Und die Kinder haben sich so gefreut, als ich zurückkam.

Ich habe versucht, nach meiner Rückkehr das alte Leben wieder aufzunehmen. Aber es geht nicht mehr. Es ist nicht der andere Mann, nach dem ich mich sehne. Diese paar Wochen mit ihm werde ich zeitlebens nicht vergessen. Aber es ist vorbei. Ich habe mich für meinen Mann entschieden. Aber ich will nicht das alte Leben fortsetzen. Ich habe erfahren, wie schön es ist, lebendig zu sein, begehrt zu sein, als Frau gesehen zu werden. Ich habe entdeckt, dass ich Träume, Sehnsüchte und Wünsche habe. Ich habe versucht, mit meinem Mann darüber zu sprechen. Er gibt sich Mühe, er ist aufmerksamer als früher. Er will sogar mit mir allein in Urlaub fahren, wo er sonst doch so viel arbeitet. Aber er kann nicht einmal sagen, dass er mich liebt. Wenn ich ihn frage, wie es ihm geht, dann sagt er nur: ›Gut!‹ Das ist mir auf die Dauer zu wenig.«

In einer langen Beziehung kommt es leicht zur Gewöhnung. Man ist sich des Partners zu sicher geworden. Eine Frau sagte einmal, sie fühle sich wie ein Möbelstück, das auf ihn wartet, oder ein Anrufbeantworter, der ihm berichtet, wer alles angerufen hat. Wenn ein Mann weiß, seine Frau ist jeden Tag da, sie erledigt alles, was notwendig ist, sie hält alles tipptopp, dann ist sie nicht viel mehr als eine Haushälterin, Erzieherin seiner Kinder, seine Sekretärin, Köchin, Gesellschafterin und Bettgenossin. Sie sinkt in seiner Wahrnehmung quasi in den Hintergrund – ein vertrautes Möbelstück nimmt man auch nicht mehr bewusst wahr. Nur wenn es nicht mehr da ist, dann »fehlt etwas«.

Es ist bei Frauen in den meisten Fällen weniger die sexuelle Anziehung eines Konkurrenten als vielmehr das Desinteresse und die Vernachlässigung vonseiten ihres Mannes, das sie (meist erst nach einer langen Frustrationszeit) zum Seitensprung bewegt. Es sind eigentlich drei ganz einfache Dinge – *Aufmerksamkeit, Komplimente* und *das Gefühl, als Frau begehrenswert zu sein* –, die sie bei ihren Männern vermissen. Diese Wünsche haben ihre Partner früher, in der Zeit der Werbung, durchaus erfüllt (und sie tun es sofort wieder, wenn sie einer neuen attraktiven Frau begegnen!). Das Nachlassen ihres Interesse an der eigenen Frau setzt einen Kreislauf in Gang: Sie fühlt sich weniger gesehen, fängt ebenfalls an, sich äußerlich und innerlich zu vernachlässigen. Dies macht sie in den Augen des Partners noch unattraktiver. Schließlich knallt es – oder die Frau wird depressiv und krank.

Wie reagieren Männer auf die alltägliche Langeweile?

In Bezug auf Untreue unterscheiden sich Männer in einem Punkt deutlich von Frauen. Dieses Phänomen wird auf Englisch »compartmentalization« genannt. Damit ist die Gewohnheit gemeint, Lebensbereiche und Beziehungen, die eigentlich zusammengehören, voneinander getrennt in verschiedenen Abteilungen (compartments) unterzubringen. Männer neigen dazu, ihre Affären und Seitensprünge von ihrer Beziehung zu Hause abzuspalten. Das heißt, Männer können im Allgemeinen besser mit der Vorstellung leben, eine Ehefrau daheim zu haben und gleichzeitig eine Geliebte zu unterhalten, während viele Frauen, die fremdgehen, diesen Zustand schwer ertragen können. Es drängt sie danach, eine Entscheidung zwischen dem Ehemann und dem Geliebten zu fällen. Es scheint, als könnten Männer ihre Lebensbereiche leichter in unterschiedlichen »Schubladen« unterbringen. In ihren Augen hat ihre Ehe nichts mit der Affäre zu tun, so wenig, wie sie mit ihrer Arbeit oder ihrem Hobby zu tun hätte. Alles scheint fein säuberlich voneinander getrennt.

Dieses eigenartige Phänomen hat mit einer Spaltung im männlichen Bewusstsein zu tun. Liebe und Sexualität haben für viele Männer nicht unbedingt etwas miteinander zu tun: Liebe steht für Heim, Geborgenheit, Zugehörigkeit, während Sex Abenteuer und Eroberung verheißt. Das Frauenbild spaltet sich dann in »Die Mutter« einerseits und »Die Hure« andererseits (davon war schon weiter oben die Rede, als es um die Auswirkung von fehlenden oder getrennten Eltern ging). Dies hat zum einen mit der stringenten Aufteilung des männlichen Lebens zu tun: hier die Familie, dort die Arbeit. Fast jeder Junge erlebt, wie sein Vater morgens zur Arbeit geht und abends nach Hause kommt. Manchmal bleibt der Vater auch für Tage oder Wochen weg. Was dieser bei der Arbeit erlebt, scheint in einer ganz anderen Welt zu existieren als das Zuhause. So lernen Jungen früh, dass der Mann in zwei scheinbar voneinander unabhängigen Welten lebt. Nicht selten sehen sie ihren Vater schick herausgeputzt und gut gelaunt zur Arbeit gehen. Kaum nach Hause zurückgekehrt, fällt er zusammen. Er schlüpft in seine Pantoffeln und wird ein ganz anderer Mensch, missmutig und einsilbig. Auf diese Weise lernen Jungen, die Welt »draußen« und die Welt »drinnen« als zwei abgetrennte Lebensbereiche anzusehen.

Zum anderen hängt die »compartmentalization« mit der männlichen Sozialisation zusammen: Unter Jungen und Männern spielen Liebesgefühle keine besondere Rolle, während sie mit sexuellen Eroberungen Anerkennung von allen Seiten ernten. Sexualität wird mit Leistung und männlicher Potenz assoziiert, während Liebe etwas ist, über das man eigentlich nicht spricht. Unter Sex verstehen die meisten Männer genitale Sexualität. »Rein, raus – fertig ist der kleine Klaus«, singen Jungen bereits im Kindergartenalter. Wenn die Sexualität so sehr auf den Penis konzentriert ist, gibt es auch wenig mit der Partnerin zu kommunizieren. Obwohl Sexualität das männliche Denken wie kein anderes Thema dominiert, können viele Männer kaum persönlich über ihre Sexualität sprechen. Somit bleiben ihre Wünsche, ihre Ängste und Sehnsüchte manchmal auch für sie selbst verborgen. Eine dicke Schicht der Scham und Sprachlosigkeit liegt darüber.

All dies trägt dazu bei, dass sich Männer ausgerechnet in ihrer intimsten Beziehung – nämlich zu ihrer Lebenspartnerin – am schlechtesten über ihre Sexualität austauschen können. Männer leben ihre Sexualität aus, darüber sprechen können sie aber nicht. Potenz ist alles, Zärtlichkeit ist nur Teil des Vorspiels. Männliche Sexualität ist meistens stumm, deshalb kann sie sich auch nur schwer weiterentwickeln – deshalb finden Männer selten wirkliche Erfüllung in der Sexualität. Sie sind ständig auf der Suche nach etwas, das sie nicht benennen können. Dies macht Männer so anfällig für abgespaltene, suchtartige Formen der Lust: außerhäusliche Affären, One-Night-Stands, Pornografie, Online-Romanzen, käufliche Liebe, Sextourismus. All diese Abenteuer berühren den Mann eigentlich nicht in seinem Wesenskern. Die scheinbare Vielfalt der Spielarten männlicher Sexualität ist paradoxerweise ein Beleg für seine Fantasielosigkeit und Hilflosigkeit. Sie macht ihn zum willigen Konsument einer globalen Sexindustrie.

Gelegenheit macht Diebe

Die weltweite Zunahme der Mobilität führt ebenfalls dazu, dass berufstätige Männer und zunehmend auch Frauen einen großen Teil ihres Berufslebens weit weg von ihrem Heim (und von ihrem Partner) verbringen. In anonymen Hotelzimmern untergebracht, führen sie nach Feierabend eigentlich ein Leben wie Singles und suchen nach Zerstreuung, Gesellschaft und menschlicher Wärme bei Kollegen und Kunden. Wenn man viel Zeit hat und sich einsam fühlt, findet sich leicht jemand, mit dem man flirten oder die Nächte verbringen kann. Früher waren es die »Kurschatten«. Heute gibt es auf Auslandsaufenthalten, Kongressen, Betriebsfesten und Urlauben mannigfaltige Gelegenheiten, eine interessante Bekanntschaft zu machen. Den eigentlichen Partner sieht man nur noch selten in der Woche oder erst am Wochenende. Die Zersplitterung des gemeinsamen Lebens trägt ebenfalls zu den oben angedeuteten »Schubladen-Beziehungen« bei.

Ungelöste frühere Beziehungen

Eine frühere Beziehung kann ebenfalls zu einer Bedrohung werden. Dies ist besonders der Fall, wenn ein Partner sich innerlich noch nicht von seiner alten Liebe gelöst hat. Dann schlummert in ihm die Erinnerung an die frühere Liebe wie eine heimliche Sehnsucht, die nur auf eine Gelegenheit wartet, neu belebt zu werden. Die unschönen Erlebnisse aus der ehemaligen Beziehung (die seinerseits zur Trennung geführt haben) haben sich mittlerweile verflüchtigt, man erinnert sich nur noch an die angenehmen Seiten des ehemaligen Partners und fragt sich, weshalb man sich damals überhaupt getrennt hat. Gegenüber einer solchen Illusion verblasst leicht die aktuelle Beziehung. Eine derartig am Leben gehaltene Sehnsucht kann eine unbewusste Distanz zum jetzigen Partner schaffen. Der frühere Partner wird so zum »Traumpartner«.

Wenn dann eine Krise in der aktuellen Beziehung auftritt, kommt der Partner leicht in Versuchung, zur alten Liebe zurückzufliehen. Manchmal taucht, wie durch ein Wunder, an diesem Punkt der oder die »Verflossene« wieder auf. Erleichtert stellt man fest: Hier hat man ja jemand, der einen gut kennt und versteht. Hier kann man sich trösten lassen. Nicht selten wird die alte Liebe an einem solchen Punkt wiederbelebt. Der frühere Partner erscheint wie eine verständnisvolle Mutter oder ein tröstender Vater, bei der oder dem man sich ausweinen kann.

Man hat im Übrigen nicht das Gefühl, dass man untreu ist, wenn man in einer Krise mit seinem aktuellen Partner zu seiner alten Liebe zurückkehrt. Denn die alte Beziehung lag ja *vor* der jetzigen Partnerschaft. Also hat man eher das Gefühl, *heim*zukommen als *fremd*zugehen!

Auf jeden Fall erspart man sich die mühselige Auseinandersetzung in der aktuellen Partnerschaft. Dies entpuppt sich jedoch auf lange Sicht als Trugschluss. Denn wenn man sich tatsächlich entschließen sollte, beim früheren Partner zu bleiben, werden die alten, unerledigten Geschichten unweigerlich wieder auftauchen. Dann sitzt der Untreue zwischen zwei Stühlen: Er hat nun *zwei* Beziehungen, mit denen er nicht fertig wird. Irgendwann kommt man zur Erkenntnis, dass man sich mit sich selbst und seinen Beziehungen ernsthaft auseinandersetzen muss, statt wegzulaufen. Dafür ist es wichtig, dass man die kritischen Punkte im Laufe einer langjährigen Beziehung kennt.

Kritische Punkte im Laufe einer langjährigen Beziehung

Im Laufe einer langjährigen Beziehung kommt es an typischen Stellen zu Krisen. Man stolpert an diesen Stellen wie über eine Schwelle, deshalb kann man sie auch als *Schwellenkrisen* bezeichnen.

Entzauberung: Als erster kritischer Punkt kann das Herausfallen aus der Verliebtheit angesehen werden. Wenn wir verliebt sind, schweben wir im siebten Himmel. Den Partner sehen wir wie durch eine rosarote Brille. Wir idealisieren ihn, projizieren alle unsere Träume in ihn. Er ist unser Märchenprinz, der Traumpartner schlechthin. Früher oder später geht die Verliebtheit aber zu Ende. Wir wachen von seinem Schnarchen auf, sehen plötzlich die Ringe unter seinen Augen und ärgern uns darüber, dass er sein Frühstücksgeschirr nicht abräumt. Die Realität hat uns eingeholt. Die Schattenseiten des Partners, über die wir anfangs gerne hinweggeschaut haben, kommen zum Vorschein. Ernüchterung, ja Enttäuschung stellt sich ein. Es ist ein Herausfallen aus der Täuschung beziehungsweise Selbsttäuschung, der man in der Verliebtheit erlegen ist.

Auch in der Sexualität ist der Reiz des Neuen weg. Sie wird mehr zur Routine. Wenn es sich an diesem Punkt erweisen sollte, dass nicht viel mehr als die Faszination des Neuen die Beziehung getragen hat, kommt es schnell zur Trennung – es sei denn, man hat sich zu früh für den Partner entschieden und ihn geheiratet, oder man hat ein Kind mit ihm bekommen. Dann führt das leicht dazu, dass man, statt sich zu trennen, sich einem Liebhaber oder einer Geliebten zuwendet, um die Enttäuschung zu kompensieren.

Eintritt in eine andere Lebensphase: Eine Schwellenkrise kann auch auftreten, wenn das Paar oder einer der Partner in eine andere Lebensphase tritt: wenn man nach der Schule eine Berufsausbildung beginnt, wenn man berufstätig wird, wenn man beruflich aufsteigt, wenn man Kinder bekommt, wenn man eine Midlife-Crisis hat, dann die Wechseljahre anfangen, wenn die Eltern pflegebedürftig werden, wenn man selbst ins Rentenalter eintritt. Alle diese Übergänge stellen neue Herausforderungen dar – sowohl für den Einzelnen als auch für die Paarbeziehung. Denn oft fällt etwas weg, das einen bisher am Partner fasziniert hat, oder es kommt eine Belastung dazu, mit der man bisher nicht gerechnet hat. Hier einige Beispiele:

- Die Partner haben sich während ihres Studiums kennengelernt und haben viel Zeit miteinander verbringen können. Dann muss der eine Partner ein längeres Auslandspraktikum absolvieren, sodass man sich eine ganze Zeit lang nicht mehr sieht. Oder er muss für sein Examen lernen, sodass er kaum mehr Zeit für die Beziehung hat. Dann bekommt er einen guten Job, der ihn sehr fordert. Da fühlt sich die Partnerin vernachlässigt.
- Die Partnerin wird schwanger. Sie wird unförmiger, hat keine Lust mehr auf Sex.

- Nach der Geburt wendet sich die Partnerin voll dem Baby zu, der Mann fühlt sich vernachlässigt und aus der Mutter-Kind-Symbiose ausgeschlossen. Aus der Zweier- ist eine Dreierbeziehung geworden. (Eine Dreierbeziehung bringt meistens mehr Spannung in die Beziehung, es entsteht leicht Eifersucht.)
- Wenn die Frau zu Hause beim Kind oder bei den Kindern bleibt, ändert sich die Beziehung. Wo vorher zwei gleichberechtigte Partner waren, stehen sich nun zwei gegenüber, die ganz unterschiedliche Aufgaben zu erledigen haben: Der Mann fühlt sich verpflichtet, für die größer werdende Familie materiell zu sorgen, während die Frau mit Kind und Haushalt voll ausgelastet ist. Beide verbringen den Tag in ganz unterschiedlichen Umgebungen, sodass sie nur noch wenig Gemeinsames teilen. Jede Seite fühlt sich überlastet und gestresst.
- Wenn in dieser Situation noch ein Haus gebaut wird, kommen außerdem immense finanzielle, zeitliche und arbeitsmäßige Belastungen auf die Partner zu, aus denen sie nicht ohne Weiteres aussteigen können und die eine bis dahin nie gekannte Zusammenarbeit erfordern. Man erlebt bei sich und beim Partner Stressreaktionen, von denen man vorher nichts geahnt hätte. Entscheidungen müssen manchmal auch gegen den Willen des Partners gefällt, aber gemeinsam getragen werden. Gleichzeitig müssen die Kinder betreut und der Job gemacht werden. Für die Zweierbeziehung bleibt kaum noch Zeit.
- Wenn die Kinder »aus dem Gröbsten heraus« sind, fängt die Frau wieder an zu arbeiten. Ihr Horizont erweitert sich. Sie lernt neue Menschen kennen, möchte vielleicht auch einiges nachholen.
- Wenn ein Kind in die Pubertät kommt, kann es zu heftigen Streitigkeiten zwischen den Eltern und dem Jugend-

lichen kommen. Seine heranreifende Sexualität kann die Beziehungsprobleme der Eltern aktualisieren, etwa wenn ein Vater plötzlich merkt, dass er auf einmal zum alten Eisen gezählt wird, oder wenn eine Mutter sich in den Freund ihrer Tochter verliebt.

- Wenn die Kinder aus dem Haus gehen, wird das Nest auf einmal leer. Was fangen nun die Partner mit sich und miteinander an? Können sie noch gemeinsame Zukunftsperspektiven entwickeln?

- Die sexuelle Orientierung eines der Partner kann sich ändern. Wenn ein Mann in einer heterosexuellen Beziehung entdeckt, dass er homosexuelle Tendenzen hat, oder eine Frau spürt, dass sie sich zu Frauen hingezogen fühlt, kann dies zu schweren Schuldgefühlen auf der Seite des »abtrünnig« gewordenen Partners und zu bedrückendem Selbstzweifel beim anderen Partner führen: Gegen eine Nebenbuhlerin kann eine Frau vielleicht kämpfen, aber gegen andere Männer wohl kaum. Besonders schwer ist es, wenn Kinder da sind, sodass sich das Paar nicht ohne Weiteres trennen kann.

- In der Midlife-Crisis kann es beim Mann und bei der Frau zu einem inneren Bruch kommen. Zum ersten Mal ist man konfrontiert mit der Tatsache, dass das Leben endlich ist und die Jugend nicht ewig währt. Es beginnt eine intensive Sinnsuche. Frühere Entscheidungen werden infrage gestellt, unter anderem auch die Partnerwahl und die Familiengründung. Manche Menschen reagieren auf die Krise durch einen Wechsel im Beruf, manche wenden sich religiösen oder spirituellen Themen zu. Kinderlose Frauen bekommen Torschlusspanik. Männer versuchen, das Altern aufzuhalten, indem sie sich nach einer jüngeren Partnerin umschauen.

- In den Wechseljahren (auch des Mannes) kann es zu heftigen körperlichen Symptomen und psychischen Verstimmungen kommen, die die Partnerschaft belasten können.

- Wenn ein Mann arbeitslos wird und seine Familie nicht mehr ernähren kann, kann dies massive Selbstwertprobleme und Schuldgefühle zur Folge haben. Es kann zu einer Verschiebung im Verhältnis des Paares kommen, wenn die Partnerin zur Haupternährerin wird. Macht- und Statuskämpfe bahnen sich an.

- Ähnliche Konflikte können entstehen, wenn der Mann altersbedingt aus dem Berufsleben ausscheidet und die Frau noch weiterarbeitet.

- Wenn ein Mann sein ganzes Berufsleben unterwegs war, hat sich seine Frau ans Alleinleben gewöhnt. Nach der Pensionierung sehen sich beide plötzlich mit dem engen Zusammenleben konfrontiert. Wenn der Mann die ganze Zeit zu Hause sitzt und sich im Haushalt ungeschickt verhält, kommt es häufiger vor, dass die Frau ständig an ihm herummeckert. Er kann ihr nichts recht machen. In ihren Augen sinkt er auf den Status eines unmündigen Kindes. (Möglicherweise rächt sie sich jetzt dafür, dass er sie früher vom hohen Ross behandelt hat.)

- Wenn die Eltern eines der Partner pflegebedürftig werden, kann dies zu einer erheblichen Bürde für die Paarbeziehung führen, die der Belastung durch Kinder in nichts nachsteht.

- Wenn einer der Partner chronisch krank oder pflegebedürftig wird, ist der andere mit der Pflege und Betreuung oft überfordert.

- Unerwartete Schicksalsschläge können manchmal ins Leben eines Paares einbrechen (eine Fehl- oder Totgeburt, ein behindertes Kind, eine Wirtschaftskrise oder ein schwerer Verkehrsunfall). Wenn die Partner oder einer der Partner dadurch schwer traumatisiert wird und dieses

Trauma nicht gemeinsam bewältigt werden kann, dann kommt es nicht selten zu einer Entfremdung der Partner. Das Trauma schiebt sich quasi zwischen sie und schafft eine Kluft zwischen ihnen.

Ein Beispiel für Untreue in einer Lebenskrise: Das mittlere Lebensalter

Eine Frau Ende 30 hatte lange das Gefühl, sie sei glücklich verheiratet, bis sie einmal im Urlaub einen Mann kennenlernte, der bei ihr ganz andere Gefühle auslöste. Sie war verwirrt, suchte bei ihrem Mann vergeblich nach der Leidenschaft, die der andere in ihr entfacht hatte. Schließlich erkannte sie, dass sie ihren Mann eigentlich deshalb geheiratet hatte, weil er zuverlässig und ein guter Vater ihrer gemeinsamen Kinder war. Sie hatte auf der Flucht vor ihrem gewalttätigen Vater bei ihm einen schützenden Hafen gefunden. Nun genügte ihr diese Beziehung nicht mehr. Sie merkte, dass sie Lust hatte, noch einmal aufzubrechen, um eine leidenschaftliche Liebe zu finden.

Solche Auf- und Ausbrüche von Frauen im mittleren Alter sind nicht selten. Biologisch erreichen Frauen in der zweiten Hälfte der Dreißiger den Höhepunkt ihrer sexuellen Aktivität (während Männer ihn schon mit 20 überschritten haben). In diesem Alter erleben Frauen ihre erotische Blüte, während Männer zum ersten Mal merken, dass sie nicht mehr so viel und so oft können. So kommt es im mittleren Alter bei beiden Geschlechtern leicht zur Aufnahme außerehelicher Beziehungen – und zwar aus ganz unterschiedlichen Motiven: Nachdem die Kinder aus dem Gröbsten raus sind, haben Frauen mehr Zeit, an sich zu denken. In ihnen erwacht die Sehnsucht nach Liebe, Zärtlichkeit und sexueller Erfüllung. Von ihren Partnern, die in dieser Zeit die Karriereleiter hochgeklettert sind, fühlen sie sich oft vernachlässigt. Wenn sie ihre Enttäuschung äußern und für sich mehr Aufmerksamkeit fordern, fühlen sich die meisten Männer von ihren aufblühenden und aufbegehrenden Partnerinnen überfordert. Wenn sie nicht bereit sind, auf die Bedürfnisse ihrer Frauen einzugehen und mehr Energie in die Zweierbeziehung zu investieren, wenden sich die Frauen enttäuscht ab und suchen sich einen aufmerksameren Liebhaber.

Auf der anderen Seite suchen sich Männer im mittleren Alter oft jüngere Frauen, die sie in ihrer Männlichkeit bestätigen und ihnen das Gefühl geben, als Mann immer noch begehrenswert zu sein. Dann braucht ein Mann sich nicht persönlich weiterzuentwickeln, wie seine Ehefrau es von ihm fordert. Die jüngere Partnerin ist weniger anspruchsvoll und »pflegeleicht und entwicklungsfähig«, wie ein Mann seine Geliebte stolz präsentiert. Sie schaut zu dem reifen, überlegenen Mann hoch und bewundert ihn (bis auch sie sich irgendwann emanzipiert – aber dann kann man sich ja wieder nach einer Jüngeren umschauen ...).

Ein Paar kann im Laufe einer langjährigen Beziehung mit solchen und ähnlichen Konflikten konfrontiert werden. Die Partner müssen sich immer wieder auf veränderte Lebensbedingungen einstellen. Eine gute Beziehung kann eine große Stütze bei der Bewältigung dieser Krisen sein. Dazu ist es notwendig, dass die Partner sich beständig austauschen, dass sie sich auseinandersetzen und gemeinsam nach Lösungen suchen. Gelingt dies, wird die Beziehung gestärkt aus den Herausforderungen hervorgehen. Misslingt es, zerbricht sie möglicherweise, oder man flüchtet in andere Beziehungen, um dort Trost und Beistand zu finden.

Affären und ihre Folgen

Während *One-Night-Stands* entgegen landläufiger Meinung recht selten vorkommen (in der auf Seite 7 zitierten Göttinger Untersuchung spielten sie nur bei zwölf Prozent der untreuen Frauen und 15 Prozent der untreuen Männer eine Rolle) und *Sexsucht* und *Don Juanismus* eine psychische Störung darstellen, kommen Affären eine zentrale Bedeutung bei außerehelichen und außerhäuslichen Beziehungen zu: Etwa 60 Prozent der befragten fremdgehenden Partner gaben an, ihre Affäre dauerte länger als einen Monat, von diesen währte etwa die Hälfte länger als ein halbes Jahr.

Da bei einem länger dauernden Verhältnis

- eine tiefere Bindung zwischen dem fremdgehenden Partner und dem Geliebten aufgebaut wird,
- dadurch eine Dreiecksbeziehung entsteht und
- alle drei Beteiligten meist unter erheblichen Konflikten zu leiden haben,

soll hier auf die Dynamik einer längeren Affäre eingegangen werden. Dabei kann man sechs aufeinanderfolgende Entwicklungsstadien beobachten:

1. Vorphase (die Partnerschaft kriselt)
2. Werbungsphase (Beginn der Affäre)
3. Verliebtheitsphase (Intensivierung der Affäre)
4. Destabilisierungsphase (die Affäre konkurriert mit der Partnerschaft)
5. Entscheidungsphase (Trennung oder Zementierung der Dreiecksbeziehung)
6. Neubeginn (Verarbeitung der Affäre und deren Ursachen)

Die Stadien einer Affäre

PHASE	FREMD-GEHENDER PARTNER	BETRO-GENER PARTNER	DER/DIE GELIEBTE
1. Vorphase			
Entfremdung zwischen den Partnern. Schwelende Krise in der Partnerschaft wird nicht angesprochen und bearbeitet. Frühere Konflikte aus der Kindheit wirken sich negativ auf die aktuelle Partnerschaft aus.	Hat Probleme mit sich selbst (aus der eigenen Geschichte) und der aktuellen Partnerschaft, ist sexuell unerfüllt, kann seine Unzufriedenheit aber nicht äußern oder kommt damit beim Partner nicht an. Erlebt zunehmende Unruhe, Resignation oder Ärger. Distanziert sich vom Partner, flüchtet sich in die Arbeit oder andere Aktivitäten.	Blendet die Probleme in der Beziehung aus, beschäftigt sich mit anderen Dingen (Arbeit, Kinder, Haushalt), ist wenig interessiert an der Partnerschaft, nimmt sie für selbstverständlich hin. Ist zu großzügig und verständnisvoll zum Partner, sieht über dessen Fehler hinweg, nimmt sich selbst nicht ernst, hat Selbstwertprobleme.	Ist einsam und allein. Sucht nach einem Partner, kann aber aus äußeren oder inneren Gründen keinen *angemessenen* Partner finden (zum Beispiel wegen Selbstwertproblematik, negativen Kindheitserfahrungen, Enttäuschung in früheren Beziehungen). Fühlt eine Leere im eigenen Leben. Sehnt sich nach dem »Traumpartner«.

2. Werbungsphase			
Der flüchtige Partner und der/die zukünftige Geliebte kommen sich näher.	Begegnet einem attraktiven Menschen in einer vom Alltag abge-spaltenen, romantischen Situation, in der er sich (wie ein Single) frei von ge-wohnter Umgebung und Bin-dungen fühlt. Verliebt sich, fühlt sich wieder jung und lebendig. Kann diese Vitalität gelegentlich auch auf die ursprüngliche Partnerschaft übertragen.	Ist ahnungs-los, vielleicht sogar er-leichtert darüber, dass der Partner sich weniger streitet, besser gelaunt ist, mehr auf sein Äußeres achtet, frischer und aktiver erscheint. Geht weiter-hin der alltäglichen Routine nach.	Fühlt sich geschmeichelt über das ihm/ ihr entgegen-gebrachte Interesse. Verliebt sich in jemanden, der einem normalerweise unerreichbar erscheint. Schiebt Bedenken (der andere ist verheiratet oder gebun-den, Alters- oder sozialer Unterschied) beiseite.
3. Verliebtheitsphase			
Es etabliert sich eine geheime Beziehung	Taucht völlig in die Affäre ein und geht darin auf.	Wird unruhig. Spürt, dass etwas nicht stimmt.	Fühlt sich im siebten Himmel. Fühlt sich

zwischen dem fremdgehenden Partner und dem/der Geliebten. Die beiden begegnen sich meist in Situationen, in denen der familiäre Hintergrund des untreuen Partners ausgeblendet wird.	Werbung um die/den Geliebten. Vernachlässigung der eigentlichen Partnerschaft und der Familie. Genießt die Aufregung des Doppellebens und die Tatsache, zwei Partner zu haben (narzisstische Bestätigung, Potenz- und Machtgefühl).	Fragt den Partner, erhält aber keine Antwort. Wagt nicht, sich der Wahrheit zu stellen. Sucht nach Erklärungen und Entschuldigungen für das Verhalten des Partners. Abnahme des Selbstwertgefühls.	umworben und wichtig genommen (narzisstische Bestätigung). Der Partner liest ihr/ihm jeden Wunsch von den Lippen ab. Freut sich auf jede Begegnung. Lebt nur für das Hier und Jetzt. Die Zukunft wird ausgeblendet.

4. Destabilisierungsphase

Die Nebenbeziehung kommt in die Phase, in der vom/von der Geliebten mehr Verpflichtung vonseiten des fremdgehenden Partners erwartet wird, die er aber nicht eingehen kann/will.	Fühlt sich langsam vom Doppelleben und von der doppelten Beziehung belastet. Die Affäre verliert an Reiz, wird so alltäglich wie die eigentliche Beziehung. Muss die Forderungen der/des Ge-	Wird zunehmend frustriert, depressiv oder ärgerlich wegen des Desinteresses und der Ausflüchte des Partners. Schöpft konkret Verdacht. Geht auf Spurensuche. Schwankt	Desillusionierung: Nach der Verliebtheit möchte er/sie die Beziehung fest etablieren. Stellt Wünsche und Forderungen (nach mehr Zeit, Alltag, Heirat, Kinderwunsch), die unerfüllt

Erste (meist vergebliche) Trennungsversuche in der Affäre.	liebten und des eigenen Partners abwehren. Kommt zunehmend unter Stress. Beginnt, vor dem/der Geliebten zu flüchten (wie schon zuvor vor dem Partner). Angst vor Entdeckung.	zwischen Wut und Angst. Weiß nicht, ob er/sie den Partner konfrontieren soll. Fühlt sich machtlos und abhängig.	bleiben. Merkt allmählich die eigene Ohnmacht und Abhängigkeit vom gebundenen Partner. Wird zunehmend frustriert, depressiv oder wütend, hält dies aber zurück aus Angst, verlassen zu werden. Teufelskreis zwischen Trennungsversuchen und Wiederversöhnung.

5. Entscheidungsphase

Es kommt entweder zu einer Zementierung der Dreiecksbeziehung (zum Beispiel in Form einer Bigamie) oder zur Trennung einer der Beziehungen	Hat zwar zwei Partner, hält den damit verbunden Stress aber nicht mehr aus. Alternativen: Beichtet dem Partner und	Hat nur einen »halben« Partner. Will endlich wissen, was los ist. Engagiert einen Detektiv, verfolgt den Partner, sucht in	Hat nur einen »halben« Partner. Stellt den Partner vor die Entscheidung, setzt ihn unter Druck (wird krank, depressiv,

oder beider Beziehungen.	trennt sich von dem/der Geliebten. Versuch eines Neubeginns in der Partnerschaft.	seinen Taschen, E-Mails, SMS nach Beweisen.	suizidal oder schwanger).
		Konfrontiert den Partner.	Bei einer Schwangerschaft steht der Partner nicht zu ihr. Folge: Abtreibung oder das Kind allein aufziehen.
	Oder: Wird vom Partner zur Rede gestellt und muss sich entscheiden.	*Psychischer Zusammenbruch (Traumatisierung)* beim Erfahren der Wahrheit.	
	Oder: Versucht weiterhin, das labile Gleichgewicht zwischen beiden Beziehungen zu halten. Zementierung des Doppellebens.	Stellt den Partner vor eine Entscheidung.	Geht aus Rache selbst fremd.
		Muss sich selbst entscheiden fürs Weitermachen mit einem untreuen Partner, für eine Trennung oder einen Neubeginn (Abwägung der Konsequenzen).	Verrät die Affäre an den betrogenen Partner in der Hoffnung auf eine Trennung von dieser Seite.
	Oder: Trennt sich von der lästig gewordenen Affäre und sucht sich eine neue.		Muss sich entscheiden, weiterzumachen (als »Mätresse«) oder sich zu trennen.
			Wird mit der eigenen Angst vor dem Alleinsein konfrontiert.

6. Neubeginn

1. Variante: Das Paar verarbeitet die Affäre, klärt die eigentlichen Probleme in ihrer Beziehung, versöhnt sich und macht einen Neubeginn (oft Paarberatung und Therapie nötig).	Bei der 1. Variante: Reue, Sühne, Wiedergutmachung, Neubeginn, nach den eigenen und gemeinsamen Gründen des Fremdgehens suchen, lernen, sich ernst zu nehmen, klare Grenzen zu ziehen, Wünsche zu äußern, den Partner wieder als Liebespartner wahrzunehmen.	Muss auf jeden Fall das erlittene *Trauma* verarbeiten (Therapie ist oft notwendig). Bei der 1. Variante: Für sich eine sichere Distanz gegenüber dem Partner schaffen, Grenzen ziehen, lernen, sich ernst zu nehmen. Gleichzeitig dem Partner zuhören, gemeinsam nach den Gründen fürs Fremdgehen suchen. Langsame Annäherung.	Bei der 1. und 3. Variante: Das erlittene *Trauma* des Verlassen- und Ausgenutztwerdens verarbeiten. Erkennen, weshalb man in die Affäre hineingeschlittert ist (Selbstwertproblem, negative Erfahrungen in der Herkunftsfamilie und in früheren Beziehungen). Therapie ist oft notwendig und hilfreich.
2. Variante: Der untreue Partner trennt sich vom Partner und lebt mit dem/der Geliebten zusammen.			
3. Variante: Beide Beziehungen gehen zu Bruch. Jede/r fängt neu an.	Bei der 2. Variante: Zwar ein Neubeginn, aber die persönlichen Probleme bleiben auch in der neuen Beziehung bestehen. Muss außerdem die	Bei der 2. und 3. Variante: Sich mit der Trennung und deren Folgen (zum Beispiel	Bei der 2. Variante: Ist zunächst glücklich. Aber es ist anders, mit einem Geliebten als mit einem Ehemann zu leben. Wird

Folgen der Trennung beziehungsweise Scheidung tragen (Unterhalt, Kinder). Bei der 3. Variante: Muss mit den Folgen beider Trennungen leben.	mittellos, partnerlos und alleinerziehend zu sein) arrangieren. Für sich einen Neubeginn und neuen Lebenssinn finden.	mit den Defiziten des Partners konfrontiert. Muss lernen, mit der ehemaligen Familie des Partners (Expartner, Kinder) umzugehen (Paartherapie ist oft hilfreich).

Es lohnt sich, diese Tabelle genauer anzuschauen. Sie stellt die Reaktionen und das Innenleben der drei in einer Affäre involvierten Personen nebeneinander dar, sodass man sie mit einem Blick erfassen kann. Normalerweise wissen sie nichts voneinander – der betrogene Partner hat beispielsweise anfangs überhaupt keine Ahnung von der Existenz der dritten Person – oder sie wissen sehr wenig davon, was in den anderen zwei Beteiligten vorgeht. Jeder hat das Gefühl, er erlebe und erleide die Situation ganz allein. Es ist so, als wären dicke Mauern zwischen den fremdgehenden Partnern, betrogenen Partnern und der/dem Geliebten hochgezogen worden. Keiner weiß genau, was auf der anderen Seite der Mauer geschieht.

Es sind Mauern des Schweigens und Verschweigens, an denen alle drei Beteiligten bauen: Der untreue Partner verheimlicht seinem Anvertrauten die Existenz seiner Liebschaft, während er dieser gegenüber nicht die volle Wahrheit über seine Ehe oder Partnerschaft offenlegt. Der betrogene

Partner fragt und forscht nicht nach, wenn er Verdacht schöpft, sondern verschließt lieber die Augen vor unangenehmen Tatsachen. Und die dritte Partei wagt nicht, ihre Wünsche und Forderungen an den Geliebten zu stellen oder Verbindung mit dessen Ehepartner aufzunehmen. So baut jeder künstliche Barrieren auf, bis sie früher oder später zusammenstürzen und einen Scherbenhaufen hinterlassen.

Ausblendung des Hintergrunds

In Wirklichkeit haben sich längst die Fäden ihrer Lebenslinien zu einem für keinen mehr entwirrbaren Knäuel verwoben. Wenn man sich vorstellt, dass in der *Werbungsphase* die ahnungslose Ehefrau sich darüber freut, dass ihr bisher schlecht gelaunter Mann endlich besserer Laune ist und in letzter Zeit sogar mehr Wert auf seine äußere Erscheinung legt, dieser aber seinerseits das nächste Rendezvous mit seiner neuen Flamme kaum noch erwarten kann; dass in der *Verliebtheitsphase* die Geliebte auf dem Weg zur Verabredung sich ausmalt, welch rosige Zukunft mit ihrem neu gewonnenen Liebhaber ihr bevorsteht, während seine größte Sorge darin besteht, ein Lokal zu finden, wo sie keinem Bekannten über den Weg laufen; oder dass in der *Destabilisierungsphase* die Geliebte händeringend um ein paar freie gemeinsame Tage bettelt, ihr Angebeteter aber weder Lust auf Familie noch auf Flitterwochen verspürt, während die Ehefrau sich darüber ärgert, dass er wieder einmal wegen eines angeblichen beruflichen Termins den Familienurlaub unterbricht – dann hat man eine Vorstellung von dem Gespinst aus Ahnungen, Verdächtigungen, Missverständnissen und Halbwahrheiten, das durch das Lügengebäude entsteht.

Gerade dieses voneinander Abgeschnittensein macht das Leben für den betrogenen Partner und für die/den Geliebte/n so furchtbar, während der fremdgehende Partner es zumindest am Anfang genießt. Denn es bringt ihm große Vorteile:

- Er hat zwei Partner, während die anderen beiden sich mit einem »halben« begnügen müssen.
- Er kann die angenehmen Seiten der beiden Beziehungen genießen und braucht sich nicht mit deren Schattenseiten zu befassen (zum Beispiel den Alltag mit der/dem Geliebten zu verbringen).
- Durch das Geheimnis hat er das Gefühl, Macht und Kontrolle über die anderen zu haben. Nur er weiß die ganze Wahrheit. Die beiden anderen können das, was er behauptet, nicht überprüfen. Er sitzt an der Schaltstelle der Kommunikation und hat damit die Macht.
- Den Stress, den das Doppelleben mit sich bringt, nimmt er zumindest in den ersten Phasen der Affäre gern in Kauf. Gerade das Geheimhalten und das Gefühl, etwas Verbotenes zu tun, erhöhen den Reiz.

Anhand dieser Liste kann man ablesen, wer Nutznießer einer Affäre ist und wer den Schaden davonträgt. Selbst wenn es für den untreuen Partner am Ende unangenehm wird, wenn der/die Geliebte Forderungen stellt oder der betrogene Partner auf die Wahrheit stößt, sind es diese beiden, die am Ende mit einem Schock, wenn nicht gar einem psychischen Trauma dastehen – nicht zu vergessen die beteiligten Kinder.

Zeitdauer einer Affäre

Wenn wir uns die obige Tabelle anschauen, wird uns eine weitere Tatsache klar: Eine Affäre währt nicht ewig. Ihre eigentliche »Hochphase«, die *Verliebtheitsphase*, dauert im Grunde nicht länger als in jeder anderen Beziehung, in der man anfangs auf einer rosaroten Wolke schwebt. Normalerweise landet man innerhalb eines Zeitraums zwischen einigen Wochen und einem bis zwei Jahren wieder auf dem Boden der Realität. In einer Affäre kommt man irgendwann aus der Verliebtheits- in die *Destabilisierungsphase*, dann nämlich, wenn der/die Geliebte konkrete Wünsche und Forderungen nach mehr Zeit, mehr Engagement oder einer Scheidung stellt. Wenn die Nagelprobe nicht hält, kommt die Affäre zu einem natürlichen Ende.

Mit zwei Ausnahmen – die erste lautet: Gerade durch den Umstand, dass es sich um eine geheime Beziehung handelt, kann eine Affäre länger im Stadium der Verliebtheit gehalten werden.

Einer Frau gelingt es zum Beispiel, ihre Nebenbeziehung für längere Zeit aufregend zu halten, weil sie sich mit ihrem Lover jeden Monat in einer anderen Stadt trifft, sodass sie jedes Mal wie zwei Verliebte auf Entdeckungsreise gehen ... bis auch dieses Erlebnis irgendwann zur Routine wird. Dadurch, dass sie sich nicht der Realitätsprobe stellen muss (etwa indem man den frisch erkorenen Partner seinen Freunden und seiner Familie vorstellt), wird sie nicht der Bewertung der realen Umwelt unterworfen.

Dazu kommt, dass der Reiz einer außerhäuslichen Affäre gerade darin besteht, dass sie als Kontrastprogramm zum langweiligeren Alltag dient. Außerdem stellt das Konspiratorische an einer geheim gehaltenen Beziehung einen besonderen Nervenkitzel dar. Man fühlt sich ein wenig wie James Bond.

Die zweite Ausnahme: Eine Affäre kann länger, ja lebenslang dauern, wenn sich das außerhäusliche Paar in der *Entscheidungsphase* für eine Etablierung als »Zweitbeziehung« entscheidet. Dies ist etwa der Fall, wenn sich der fremdgehende Partner eine »Zweitfrau« leisten kann (indem er ihr zum Beispiel eine eigene Wohnung zur Verfügung stellt und sie finanziell aushält); oder wenn der/die Geliebte ebenfalls gebunden ist und deshalb keine Ansprüche auf eine exklusive Beziehung stellt (dann stellt sich sozusagen eine Balance zwischen zwei Dreiecken ein); oder wenn der eigentliche Partner chronisch krank, behindert oder ständig abwesend ist, sodass die dritte Partei seinen Platz stillschweigend einnimmt. In einigen Fällen resigniert der/die Geliebte, weil er oder sie keine andere Alternative für sich sieht, etwa wenn er oder sie meint, zu alt zu sein, um einen ebenbürtigen Partner zu finden: »Lieber ein halber Partner als gar keiner.« Alternativlosigkeit macht aber ohnmächtig und depressiv. Dann sitzt der/die Geliebte in einem ähnlichen Gefängnis wie der betrogene Partner, der meint, sich eine Scheidung nicht leisten zu können. (Im nächsten Kapitel werden wir uns einige Alternativen hierzu anschauen.)

Wiederholung früherer Familienkonstellationen

Aus der Tabelle können wir ablesen, welche Rolle die Beteiligten in diesem Beziehungsdrama spielen. Meistens ahnen sie nicht, dass sie dabei unbewusst alte Positionen aus ihren Herkunftsfamilien wiederholen. Die *Geliebte* hat in ihrer Herkunftsfamilie oft die Stelle des »Dritten im Bunde« eingenommen – gegenüber den beiden Eltern oder gegenüber älteren Geschwistern – und stand daher in der ohnmächtigsten Position. Außerdem war sie möglicherweise ein von einem Elternteil emotional oder sexuell missbrauchtes Kind. Ein missbrauchtes Kind steckt nämlich in der Falle: Es wird in eine Beziehung verführt oder gezwungen, über die es nicht bestimmen kann. Außerdem wird sie vom Täter unter Druck gesetzt, Stillschweigen über ihr Verhältnis zu bewahren. In der Affäre findet sie sich wieder in einer ähnlichen Rolle.

Der *untreue Partner* ist häufig mit einem Elternteil in der Familie identifiziert, das heißt, er wiederholt unbewusst dessen Verhaltensweisen in seiner aktuellen Beziehung. Entweder hatte dieser Elternteil die Machtposition in der Familie inne und hat die anderen beherrscht und tyrannisiert oder er hatte umgekehrt den ohnmächtigeren Part und hat versucht, heimlich seine Schäfchen ins Trockne zu bringen. Manchmal wiederholt der untreue Partner auch seine eigene Kindrolle in der Familie, in der er vor übermächtigen, kontrollierenden Eltern irgendwo im Verborgenen ein heimliches Plätzchen für sich gesucht hat.

Der *betrogene Partner* identifiziert sich oft unbewusst mit einem treusorgenden, aber naiven Elternteil. Er verkörpert den »Helfertyp«, die »große Mutter« oder den »großzügigen Vater«, der die Familie zusammenhält und für alle die Last trägt. In seiner grenzenlosen Großzügigkeit achtet er nicht auf sich und erlaubt es dem Partner, seine eigenen Grenzen zu missachten.

In Partnerschaftskonflikten inszenieren die Beteiligten ihre alten Familiendramen – daher wird man oft von heftigsten, archaisch anmutenden Gefühlen überschwemmt. Wenn dies der Fall ist, ist es wichtig, auch die ungelösten Konflikte aus der Herkunftsfamilie anzuschauen. Wenn man sich ausschließlich auf die gegenwärtigen Partnerschaftsprobleme konzentriert, ist es so, als würde man ein Unkraut nur über der Erde abschneiden. Seine Wurzeln könnten neu austreiben.

Emotionale Untreue

Es gibt noch eine besondere Art von Untreue: eine ohne sexuellen Kontakt, aber mit einer starken emotionalen Bindung an eine dritte Person. Diese ist häufig jemand, den man von der Arbeit kennt, ein Nachbar oder eine Nachbarin oder jemand, den man zufällig beim Chatten im Internet kennengelernt hat. Man hat das Gefühl, auf der gleichen Wellenlänge mit dem anderen zu sein. Weil man so viele Gemeinsamkeiten teilt, kommt man sich in kurzer Zeit schnell näher. Man kann stundenlang miteinander erzählen, telefonieren, korrespondieren oder mailen. Dies alles könnte zwar auch für eine nahe Freundschaft gelten. Und als solche gilt ein solcher Kontakt auch meistens – nach außen. Nach innen gibt es jedoch einen entscheidenden Unterschied. Erstens: Das Verhältnis hat einen eindeutigen *erotischen Touch*. Zweitens: Man verheimlicht seinem Partner die betreffende Beziehung beziehungsweise die Intensität der Beziehung. Der Partner weiß nicht (und soll auch nicht wissen), wie intensiv man in der anderen Beziehung emotional engagiert ist.

Emotionale Affären sind manchmal nur die Vorstufe zu einer sexuellen Affäre, sie können aber auch lange als solche weiterexistieren. Das Problematische an ihnen ist die Tatsache, dass sie die Energie aus der eigentlichen Beziehung herausziehen und dass sie hinter dem Rücken des nichts ahnenden Partners stattfinden. Hier liegt auch der Lösungsansatz: Wenn man das Versteckspiel aufgibt und den besonderen Freund oder die besondere Freundin seinem Partner vorstellt (oder umgekehrt dessen/deren Partner/in kennenlernt), verliert die Beziehung die Aura des Exklusiven und Geheimen und man kann die Freundschaft als solche schätzen und genießen.

Zwei grundlegende Irrtümer
in Bezug auf die Liebe

Wie soll man den Widerspruch verstehen, dass 80 Prozent der Männer und Frauen, die untreu geworden sind, sagen, dass sie ihren Partner nach wie vor lieben? Es kann doch nicht sein, dass sie alle Lügner sind!

Der Erklärungen gibt es viele. Ich habe oben bei den Ursachen der Untreue bereits auf einige hingewiesen. Hier möchte ich auf zwei Gesichtspunkte eingehen, die mit einer weitverbreiteten falschen Vorstellung von Liebe zu tun haben.

Die Verwechslung von Liebe und Verliebtheit

Die meisten Menschen verwechseln leicht Liebe mit Verliebtheit. Man verliebt sich, heiratet (oder geht eine feste Beziehung ein) und erwartet, dass die Liebe ewig währen würde. Und wenn die Verliebtheit mit der Zeit verschwindet, meint man, man liebe den Partner nicht mehr. Man erschrickt und versucht, das romantische Gefühl von einst wieder herbeizuholen. Und wenn dies nicht gelingt, meint man, man liebe den Partner nicht wirklich (oder wir projizieren dies in den Partner und meinen, er liebe uns nicht mehr). Dann ist es nur konsequent, dass man nach einem anderen sucht, den man *wirklich* liebt. Das setzt einen endlosen Teufelskreis in Gang. Das ist der Grund, weshalb so viele Ehen schon in den ersten Jahren geschieden werden.

Die Wirklichkeit sieht anders aus. Die Verliebtheit ist nur das erste Stadium einer Liebesbeziehung. Es ist ein wichtiges Stadium, weil wir durch die Stärke unserer Liebesgefühle bereit sind, alles auf eine Karte zu setzen und ein ganz neues Leben mit dem Partner zu beginnen. Die Verbindung von Faszination, emotionaler Resonanz, erotischer Anziehung und sexuellem Begehren lässt uns buchstäblich in die Beziehung hineinfallen (im Englischen heißt »sich verlieben« bezeichnenderweise »falling in love«).

Dieses ungeheure Potenzial haben wir im Sinn, wenn wir von »Liebe« sprechen. Aber eine Liebesbeziehung hört nicht mit dem Finden des Partners auf – sie beginnt erst dort. Der Spruch »Und sie lebten fortan glücklich immerdar« im Märchen ist eine missverständliche Verkürzung. In den wirklich vollständigen Märchen werden die Prüfungen, die zwei Liebende zu absolvieren haben, sehr genau dargestellt. (Siehe »Der Eisenofen« auf Seite 249 ff.) Wie wir im letzten Kapitel gesehen haben, bringt eine lange Beziehung, vor allem wenn Kinder aus der Verbindung hervorgehen, viele Belastungen und Probleme mit sich, mit denen die Partner zu kämpfen haben.

Gerade die Auseinandersetzung mit diesen Problemen macht das Wesentliche an einer Liebesbeziehung aus. Sie lässt die Partner wachsen. Sie lernen an der Beziehung, was Leben und Liebe wirklich bedeuten.

Wenn also jemand sich vom Partner abwendet, weil er soeben aus der Verliebtheit herausgefallen ist, dann unterbricht er gerade die Weiterentwicklung seiner Beziehung. Um diese fortzusetzen, müsste er lernen, mit seinem Partner über seine Enttäuschung oder seine Erwartungen zu sprechen. Dies erfordert Arbeit, womöglich braucht das Paar auch die Hilfe eines Therapeuten oder Beraters. Aber infolge der Verwechslung von Liebe und Verliebtheit gibt man auf und wendet sich einer neuen Liebschaft zu.

Aber auch hier begeht man leicht den gleichen Fehler: Solange die Affäre sich in der Verliebtheitsphase befindet, meint der fremdgehende Partner, jetzt habe er die oder den Richtigen gefunden, er fühlt sich ja so verliebt! Indem er seine Liebschaft geheim hält, hält er seine romantischen Gefühle länger am Leben. Sie braucht nicht auf die Realitätsprobe gestellt werden. Es ist so, als würde man die Geliebte oder den Geliebten immer nur bei Kerzenlicht sehen, aber nie bei Tageslicht.

Aber auch diese Beziehung wird irgendwann realer: Die oder der Geliebte bekommt den verständlichen Wunsch, ein gemeinsames Leben aufzubauen. Nun findet sich der fremdgehende Partner an der gleichen Stelle wie zuvor, als er aus seiner Partnerschaft floh. Hat er wieder die Falsche erwischt? Sind »die Frauen« dran schuld? Oder seine Mutter? Wer so denkt, hat nicht realisiert, dass der Kick einer außerhäuslichen Beziehung just im Versteckspiel besteht. Sobald sie auffliegt oder sobald sie legalisiert wird, verliert sie ihren Reiz und wird zu einer ganz normalen Beziehung. Es war das Spiel, in das man verliebt ist, nicht die Person.

»Ab irgendeinem Punkt werden die Frauen alle Kletten!«, beschwert sich ein Mann, der notorisch fremdgeht. So trennt er sich wieder. Früher nannte man so jemanden »beziehungsunfähig«. Er hat aber vielleicht nur ein falsches Verständnis von Liebe und Beziehung. Er weiß nichts von Beziehungsarbeit. So stolpert er von Affäre zu Affäre, ohne je in den wirklichen Genuss einer lebenslangen intimen Beziehung zu kommen. Es ist fast so, als höre man in der Sexualität schon beim Vorspiel auf. Man kommt nie zur Erfüllung.

Ebenso wichtig ist es zu wissen, dass eine lebenslange Partnerschaft vielen Veränderungen unterworfen ist. Ja, es kann Zeiten geben, in denen man das Gefühl hat, ein Abschnitt in der Partnerschaft geht zu Ende, zum Beispiel, wenn ein Paar ein Kind bekommt oder wenn das Kind aus dem Haus geht. Dann muss man Abschied nehmen von dem Vergangenen, trauern und sich dem Neuen zuwenden. Es ist hilfreich zu wissen, dass es in einer lebenslangen Beziehung immer wieder innere Brüche, innere Abschiede, ja sogar innere Scheidungen geben kann, ohne dass man gleich die Beziehung beenden muss. Wenn man ein Kapitel in einem Buch beendet hat, macht man eine Pause und schlägt dann die nächste Seite auf. Man braucht nicht das ganze Buch zuzuklappen – sonst bekommt man das Ende der Geschichte nicht mit.

Die Illusion von der beliebigen Teilbarkeit von Liebe

Das zweite Missverständnis über die Liebe besteht in der irrtümlichen Annahme, sie sei teilbar. Seine Zeit kann man aufteilen, etwa zwischen einem Ehepartner und einem Liebhaber. Sein Geld kann man aufteilen, wenn man genug davon hat, um den Unterhalt für die eine und für die andere Frau zu zahlen. Aber Liebe? Um die Liebe zu einer Person wirklich in ihrer ganzen Tiefe zu spüren, braucht man Zeit und Muße und viel, viel Geduld. Man muss lange bei einem Partner verweilen, um ihn in seinen kleinsten Gesten und Regungen kennenzulernen. Man muss sich oft und heftig mit ihm auseinandergesetzt haben, um Vertrauen in seine Beständigkeit zu entwickeln. Man muss mit ihm alt werden, um sowohl die feinen Veränderungen in der Zeit zu registrieren als auch die Konstante in seinem Wesen schätzen zu lernen.

Der Liebhaber, der zwischen Ehefrau und seiner Geliebten hin- und hereilt, erhascht nur einen flüchtigen Blick auf beide. Im Vorbeigehen kann man nur die Oberfläche streifen. In die Tiefe, zum Wesenskern gelangt man so nicht. Wer beim Rendezvous ständig auf die Uhr schaut oder bei jedem Klingeln des Handys aufschreckt, kann sich nicht richtig auf die Begegnung einlassen. Selbst wenn man vom anderen geliebt wird, kann man seine Liebe nicht erwidern. Treue hat ihren Preis. Untreue auch.

Wie verändert Untreue eine Beziehung?

- Die Beziehung stagniert, sie verflacht.
- Auseinandersetzungen werden vermieden.
- Misstrauen tritt an die Stelle des Vertrauens.
- Missverständnisse häufen sich.
- Das Selbstbewusstsein und die Selbstachtung sinken.
- Die Achtung des Partners sinkt.
- Scham- und Schuldgefühle stellen sich ein (bei allen Beteiligten).
- Die Beziehung wird brüchiger und weniger belastbar.
- An Kleinigkeiten kann die Beziehung plötzlich zerbrechen.

Was geschieht, wenn eine Affäre geheim gehalten wird?

- Man führt ein Doppelleben.
- Geheimnisse, Lügen und Halbwahrheiten durchziehen die Beziehungen (sowohl zum eigentlichen Partner wie auch zum Geliebten).
- Eine Lüge zieht die nächste nach sich. Es entsteht ein immer komplizierteres Lügengebäude.
- Das Zusammenleben wird »verschlüsselt« – mit Geheimcodes, Geheimfächern, Maskeraden.
- Der untreue Partner wird unzuverlässig, er ist nicht mehr greifbar.
- Gegenseitige Verdächtigungen, Nachspionieren, Stalking können folgen.

Welche negativen Folgen hat eine offen gelebte Affäre (»offene Ehe«)?

- Desillusionierung, Resignation
- Absinken des Anspruchs an sich selbst, an den Partner und die Beziehung
- Beliebigkeit: »Es ist alles egal.«
- Zersetzung der inneren Moral und des Gewissens
- Unfähigkeit, eigene Schuld zu erkennen
- Verlust des natürlichen Schamgefühls
- Verwischung individueller und zwischenmenschlicher Schamgrenzen
- Innere Verwahrlosung, Erosion der Persönlichkeit
- Latente Selbstzerstörung

Wenn wir nun die Folgen einer Affäre in ihrer Gesamtheit anschauen, kann man sich fragen, ob es sich lohnt, fremdzugehen. Was als »lustiges« oder lustvolles Abenteuer begann, endet oft als Tragödie. Etwas geht in jedem Fall zu Bruch, sei es Vertrauen, sei es eine oder beide Liebesbeziehungen. Man fügte mit seiner Untreue dem Lebenspartner, möglicherweise auch seinen Kindern, ungeheures Leid zu, ohne dass man es ursprünglich wollte. Man enttäuschte die Geliebte/den Geliebten, die oder der es ernst mit einem gemeint hat. Und was hatte man selbst davon? Zugegeben: Der Anfang, die Romanze, das Abenteuer waren wunderbar. Aber was danach folgte – die Angst, das Versteckspiel, das Hin- und Herlavieren, die Schuldgefühle, die Beschämung –, ist alles andere als schön. Aber manchmal muss man Fehler begehen, bis man erkennt, dass sie zu nichts führen.

Untreue überwinden

Irren ist menschlich. Ich glaube den im Vorwort zitierten 80 Prozent der Menschen, die in ihrer Partnerschaft untreu geworden sind, wenn sie sagen, dass sie ihren Partner lieben. In den vorherigen Kapiteln haben wir gesehen, dass die häufigste Ursache zum Seitensprung darin liegt, dass schwelende Konflikte in der Beziehung nicht ausgesprochen werden, was zu einer Entfremdung beider Partner führt. In vielen Fällen genügt dann ein kleiner Funke, dass einer von ihnen die Treue bricht. Die wenigsten wollen dabei ihren Partner verletzen. Die meisten Menschen, die untreu geworden sind, sind bestürzt darüber, wie viel Schmerz und Verzweiflung sie bei ihrem Partner auslösen, wenn die Wahrheit ans Tageslicht kommt.

Trauma und posttraumatisches Belastungssyndrom beim betrogenen Partner

Dabei wissen wir, dass Treue die Grundlage jeder nahen Beziehung bildet. Treue ist die wichtigste Eigenschaft, die Menschen von ihrem Liebsten erwarten. Daher ist es nicht verwunderlich, dass für den betrogenen Partner eine Welt zusammenbricht, wenn er die Wahrheit erfährt. Ihm wird buchstäblich der Boden unter den Füßen weggezogen, auf dem er bis dahin sicher zu stehen glaubte. Dieser Zusammenbruch wird von vielen als *Trauma* (eine überwältigende seelische Erschütterung, Verwundung, Schock) erlebt, wie man es sonst von schweren Verlusten, Misshandlung oder Kriegserlebnissen her kennt. Dies kann zu folgenden überschießenden Reaktionen führen:

- Schmerz
- Verzweiflung
- Wutausbrüche
- Selbstanklagen und Schuldgefühle
- Angstzustände
- Unruhe, Schlafstörung
- depressive Einbrüche
- Betäubtheit, Reaktionslosigkeit, innerer Rückzug
- Dissoziation (innerer Rückzug aus der traumatischen Situation in einen traumartigen Zustand)
- Kontaktabbruch
- Drohung von Trennung oder Scheidung
- Selbstmorddrohungen, Selbstschädigung

Wenn es dem betrogenen Partner nicht gelingt, das Trauma zu verarbeiten, kann sich das akute Trauma mit der Zeit zu einem *posttraumatischen Belastungssyndrom* entwickeln. Dieses besteht aus Symptomen, die monate- oder jahrelang weiterbestehen können, darunter

- immer wiederkehrende Bilder, Erinnerungen und Träume vom Seitensprung des Partners (man malt sich zum Beispiel den Seitensprung des Partners in allen Einzelheiten aus),
- Erwartung eines neuen Betruges, die sich in ständiger Wachsamkeit, in Misstrauen und Kontrollbedürfnis äußert (etwa indem man zwanghaft nach Spuren der Untreue sucht),
- Gefühlsausbrüche (Wut, Angst, Verzweiflung),
- depressive Verstimmungen (Ohnmachtsgefühl, Interesse- und Hoffnungslosigkeit),
- Selbstvorwürfe und Schuldgefühle.

Hilfe und Selbsthilfe für den untreuen Partner

Was kann der Partner, der fremdgegangen ist, tun, wenn die Wahrheit ans Licht kommt?*

- Ehrlich sein: sich zum Seitensprung bekennen und es bedauern
- Sich entscheiden: die Beziehung zur dritten Partei beenden oder eine andere Entscheidung fällen
- Sich Zeit für sich nehmen
- Geduld haben: wissen, dass der betrogene Partner viel Zeit braucht, um wieder Vertrauen zu fassen
- Die Fragen des betrogenen Partners ehrlich beantworten
- Zuhören: die verletzten Emotionen des Partners annehmen und verstehen
- Sprechen: die eigenen Gedanken und Gefühle äußern
- Gemeinsam die Geschichte der Paarbeziehung durchgehen: Wo war es schön miteinander? Wo sind wir auseinandergedriftet?
- Nach Ursachen und Parallelen aus der eigenen Lebensgeschichte suchen
- Möglichkeiten der Selbsthilfe und therapeutischen Hilfe in Anspruch nehmen (siehe Anhang)

---

* Für die folgenden Ausführungen waren die Empfehlungen von Don-David Lusterman (*Infidelity: A Survival Guide*, Oakland: New Harbinger 1998) und Peggy Vaughan (*The Monogamy Myth: A Personal Handbook für Recovering from Affairs*, New York: Newmarket Press 1998) besonders hilfreich.

Bekenntnis und Reue

Es ist für den entdeckten Partner wichtig zu wissen, dass sein Partner bei der Aufdeckung der Wahrheit in der oben beschriebenen Weise reagieren kann. Er wird möglicherweise mit heftigen bis heftigsten Ausbrüchen und Beschimpfungen konfrontiert werden. Als Reaktion darauf wird er entweder versuchen, den anderen zu beschwichtigen (»Es ist nicht so schlimm, wie du glaubst! Reg dich doch nicht so auf!«), die Schuld zurückzugeben (»Wenn du doch etwas netter zu mir gewesen wärest ...«) oder sich zu entschuldigen (»Ich habe in jener Nacht etwas zu viel getrunken!«). All dies wird aber die Wut des betrogenen Partners noch mehr schüren. Der Ausbruch ist berechtigt, denn der Schock sitzt tief. Das Beste, was der Beschuldigte tun kann, ist,

- sich zu seiner Tat zu bekennen (»Ja, ich habe/hatte ein Verhältnis.«) und
- seine Reue zu äußern (»Es tut mir leid, dass ich dich belogen und verletzt habe.«).

Das *Bekenntnis* zum Seitensprung ist wichtig. Denn viele betrogenen Partner haben schon lange Verdacht gehegt, konnten sich aber nie sicher sein. Diese Unsicherheit kann sie so verunsichern, dass manche gelegentlich meinten, sie seien verrückt oder sie litten unter Eifersuchtswahn. Wenn die Wahrheit ans Licht kommt, merken sie, dass sie nicht verrückt oder paranoid gewesen sind. Nun können sie endlich auf etwas Reales reagieren.

Reue zu zeigen (das heißt zu sagen, dass es einem leid tut, den Partner hinters Licht geführt zu haben), bestätigt dem betrogenen Partner, dass man jetzt merkt, wie sehr man ihn verletzt hat. Außerdem zeigt es ihm, dass er einem nicht gleichgültig ist. Gleichzeitig hat die Reue eine positive Rückwirkung auf den untreu gewordenen Partner selbst: Wenn er sein Verhalten wirklich von Herzen bereut, wird er in sich den Wunsch verspüren und den Willen aufbringen, den Fehler nicht wieder zu begehen. Sich zur eigenen Schuld zu bekennen, ist der erste Schritt zu einem verantwortlichen Umgang mit dem Partner.

Die Beziehung zur dritten Partei beenden

Wenn man es genau nimmt, ist jede Affäre nach ihrer Aufdeckung vorbei: Das Versteckspiel hat nun ein Ende. Der geheime Zauber verliert sich mit einem Schlag. Mit der Offenlegung des Seitensprungs landet der untreu gewordene Partner auf dem harten Boden der Realität – und muss sich stellen. Er muss sich entscheiden, was er mit beiden Beziehungen anfängt. Selbst wenn sein Partner ihn nicht vor die Entscheidung stellt, muss er sich darüber klar werden, was er eigentlich will. Er befindet sich im Zustand eines Menschen, der unsanft aus seinen Träumen gerissen wurde. Er wird Zeit brauchen, um aufzuwachen und zu realisieren, was er für einen Scherbenhaufen angerichtet hat.

Die Trauer des untreu gewordenen Partners

Auch für den untreu gewordenen Partner kann die neue Situation wie ein Schock wirken. Es ist nicht nur seine Affäre mit einem Schlag zu Ende, er hat auch – in den meisten Fällen, ohne es zu wollen – seiner eigentlichen Beziehung einen schweren Schlag versetzt, von dem diese sich möglicherweise nie mehr erholt. Wenn die Partnerschaft bereits vor der Affäre auf wackligen Füßen stand, war sein Seitensprung vielleicht der endgültige Todesstoß für die Beziehung. Er hat bisher vielleicht gedacht, die Beziehung zu Hause könne er weiterlaufen lassen, er geht nur draußen »ein bisschen spielen«. Jetzt merkt er, dass er damit seine Partnerschaft aufs Spiel gesetzt hat.

Um was trauert aber der untreu gewordene Partner? Es ist die Trauer über den Verlust des Gefühls der *Einheit*, die ihm die Zweierbeziehung früher gegeben hat. Es ist die Trauer um das *Paar*, das sie nicht mehr sind. Als er eine Liebesbeziehung mit einer dritten Person aufnahm, dachte er sich vielleicht, er tue es nur für sich, als Einzelperson, das Ganze habe mit dem Partner nichts zu tun. Aber er hat sich geirrt: Seit er eine Partnerschaft eingegangen ist, ist er in seiner emotionalen und sexuellen Existenz kein abgetrenntes Individuum mehr. Er ist Teil einer Zweierbeziehung, einer Beziehung, die sich nicht wie ein Ehering abstreifen lässt. Indem er fremdgegangen ist, hat er die Einheit, die er bis dahin mit seinem Partner gebildet hat, verlassen. Hierin liegt der Grund für die Trauer des untreu gewordenen Partners.

Diese Erschütterung kann heilsam sein. Nicht selten realisiert der untreu Gewordene, wie sehr er seinen eigentlichen Partner liebt, wie viel er ihm bedeutet. Wenn dies der Fall ist, wird er die Affäre beenden. Das ist eine klare Herzensentscheidung. Dann geht es vor allem darum, den Schaden, den er in der Partnerschaft angerichtet hat, zu reparieren, mit dem Partner gemeinsam nach den Ursachen der Entfremdung zu suchen und einen neuen Anfang zu wagen. Gleichzeitig ist es wichtig, die Beziehung zum Geliebten respektvoll und fair zu Ende zu bringen. Er war immerhin jemand, den man geliebt hat oder dem man zumindest nahe gewesen ist.

Es kann auch sein, dass der fremdgehende Partner merkt, was er alles zu verlieren hat: die Kinder, das Haus, die vertraute Nachbarschaft, die gemeinsamen Freunde, die Schwiegerfamilie, die gemeinsamen Zukunftspläne. Ihm wird der Preis einer Trennung klar: die materiellen, sozialen und emotionalen Kosten. Dann könnte er sich entscheiden zu bleiben, auch wenn er den Partner nicht oder nicht mehr liebt. In diesem Fall ist die Chance jedoch groß, dass er irgendwann wieder fremdgeht.

Vielleicht merkt er auch, dass ihm eigentlich beide Beziehungen nicht mehr passen. Dann war der Seitensprung vielleicht eine sogenannte Exit-Affäre, in der ihm klar wird, dass ihm der Partner nicht mehr viel bedeutet. In der Affäre hat er herauszufinden versucht, ob er fürs andere Geschlecht noch attraktiv ist. Oder er hat den Partner unbewusst zu einer Trennung provozieren wollen. In diesem Fall wird er sich wahrscheinlich von beiden Partnern verabschieden.

Es kommt recht selten vor, dass ein untreu gewordener Partner sich scheiden lässt und die Geliebte/den Geliebten heiratet. (Schätzungen gehen von zwei bis sechs Prozent aller Fälle aus.)* Selbst dann muss er aber schauen, wie er die alte Beziehung im Guten beendet. Wenn Kinder im Spiel sind, müssen die Familienverhältnisse neu geordnet werden. Man muss sich dann im Klaren sein, dass man auch nach einer Scheidung noch sehr lange den Kontakt mit seinem ehemaligen Partner aufrechterhalten und pflegen muss, weil viele Entscheidungen gemeinsam gefällt werden müssen und Feste wie Kommunion/Konfirmation, Schulabschlüsse und Hochzeiten zu feiern sind. Eltern ist man ein Leben lang.

---

* Nach Rona B. Subotnik: *Will He Really Leave Her for Me? Understanding Your Situation, Making Decisions for Your Happiness*, Avon: Adams Media Corporation 2005

Zeit für sich nehmen

Um all dies zu bedenken, braucht der Partner, der fremdgegangen ist, Zeit für sich. Darüber wird er zwar gerade nach der Aufdeckung der Wahrheit kaum verfügen: Er muss auf den enttäuschten Partner eingehen, er muss seine Nebenbeziehung bereinigen, vielleicht auch die aufgeschreckten Kinder beruhigen. Dennoch ist es wesentlich, dass er sich Zeit für sich nimmt.

Man sollte im Auge behalten, dass auch er durch die sich überstürzenden Ereignisse aus der Fassung gebracht, manchmal ebenfalls traumatisiert ist. Er war nicht darauf gefasst, dass seine Beziehungen zusammengebrochen sind und damit die Grundlage seines bisherigen Lebens infrage gestellt ist. Jetzt ist eine gute Zeit gekommen, Hilfe von therapeutischer Seite oder von einer Eheberatungsstelle in Anspruch zu nehmen. Jedenfalls sollte er in Ruhe nachdenken und in sich gehen. Ein Tagebuch könnte hilfreich sein, Bücher oder Internetseiten über das Thema sind es ebenfalls. Gespräche mit einem vertrauten Menschen, der nicht bewertet, nicht einseitig Partei nimmt, sondern der nur gut zuhört und Verständnis zeigt, können ebenfalls sehr unterstützend sein.

Einfühlsam und geduldig auf den verletzten Partner eingehen

Das Heilen eines Traumas braucht Zeit. Es kann immer wieder vorkommen, dass der betrogene Partner in Wut und Verzweiflung ausbricht, Anschuldigungen und Verdächtigungen ausstößt oder sich zurückzieht. Auf jeden Fall wird eine Distanz entstehen, die den Verletzten erst einmal vor dem untreu gewordenen Partner schützt. Dies ist zu respektieren. Jede vorschnell hergestellte Nähe, jeder sexueller Kontakt kann die Wunde wieder aufbrechen lassen. Daher ist von dem Partner große Achtsamkeit und Geduld gefordert.

Ehrlich auf alle Fragen antworten

Das verloren gegangene Vertrauen wiederzugewinnen erfordert Zeit und Ehrlichkeit. Der Familientherapeut Lusterman hat drei Schritte zur Wiederherstellung einer zusammengebrochenen Beziehung genannt:

1. Ehrlichkeit
2. Vertrauen
3. Intimität

In dieser Reihenfolge schreitet der Heilungsprozess voran: Wenn der untreu gewordene Partner ehrlich ist, stellt sich allmählich wieder Vertrauen ein. Wenn Vertrauen wiederhergestellt ist, dann kann – wenn es beide Partner wollen – wieder Intimität entstehen.

Daher ist als Erstes wichtig, auf alle Fragen ehrlich zu antworten, die der Betrogene stellt, vor allem, was Ausmaß und Dauer der Nebenbeziehung betrifft. Wenn nichts dagegen spricht, sollte auch die Identität der dritten Person offengelegt werden. Gegen einen Namenlosen und Gesichtslosen zu konkurrieren, fördert nur neue Fantasien und Befürchtungen. Sexuelle Details müssen nicht beschrieben werden – dies kann den Partner nur noch mehr verletzen. Aus demselben Grund sollen Vergleiche zwischen dem/der Geliebten und dem Partner vermieden werden. Eher sollten die Partner den Fokus auf die eigene Beziehung richten: Was hat ihnen bisher in ihrer Beziehung, auch in der Sexualität, gefehlt? Welche Wünsche, welche Empfindlichkeiten und Verletzungen haben sie für sich behalten?

Zwiegespräche

In Ergänzung zur Einkehr in sich selbst gibt es ein wirksames Instrument, um eine zusammengebrochene Beziehung wieder aufzubauen: das Gespräch. Durch den ehrlichen Austausch der beiderseitigen Gefühle und Gedanken können die Partner wieder Zugang zu sich selbst und zum anderen finden. Dabei sollte man Folgendes beachten:

- Die Partner sollten klare, regelmäßige Zeiten vereinbaren, in denen sie ungestört von Telefon und Kindern, am besten in einem ruhigen, neutralen Raum sprechen können.
- Beide sollen sich auf die Gespräche vorbereiten – ein Tagebuch oder eine Liste mit Stichpunkten können hilfreich sein.
- Das Ritual des »Zwiegesprächs« nach Michael Lukas Moeller kann hilfreich sein:* Dabei nehmen sich die Partner eineinhalb Stunden Zeit. Sie setzen sich einander gegenüber (nicht nebeneinander), damit sie sich in die Augen schauen können. Jeder bekommt dreimal die Gelegenheit, für je eine viertel Stunde zu sprechen, ohne vom Partner unterbrochen zu werden. Wer beginnt, wird am Anfang festgelegt. Wenn A anfängt, geht es in der Reihenfolge A-B-A-B-A-B. Danach wird nicht mehr diskutiert, sondern man geht nach dem Zwiegespräch erst einmal seiner Wege.

Folgende Empfehlungen können für das Zwiegespräch nützlich sein:**

---

* Michael Lukas Moeller: *Die Wahrheit beginnt zu zweit. Das Paar im Gespräch*, Reinbek: Rowohlt-TB 2005
** Vgl. Don-David Lusterman: *Infidelity: A Survival Guide,* Oakland: New Harbinger 1998

Regeln für den Sprecher:

- Sprechen Sie von »Ich« statt von »Du« (zum Beispiel: »Ich fühle mich verletzt«, statt: »Du hast mich verletzt.«)
- Sprechen Sie über Ihre Gefühle, statt sie auszuagieren (zum Beispiel: »Ich bin so wütend auf dich«, statt den anderen anzuschreien).

Regeln für den Zuhörer:

- Schauen Sie Ihren Partner beim Zuhören zu.
- Achten Sie auf Ihre Körpersprache (wenn Sie zum Beispiel zu dem, was Ihr Partner gerade erzählt, den Kopf schütteln, könnte er sich abgelehnt fühlen).
- Hören Sie aufmerksam auf den Inhalt dessen, was Ihr Partner sagt.
- Hören Sie aufmerksam auf die Gefühle, die sich hinter den Worten verbergen (zum Beispiel, ob Ihr Partner sich traurig oder enttäuscht fühlt, auch wenn er sich wütend zeigt).
- Widerstehen Sie der Versuchung, auf das Gehörte direkt zu reagieren oder zu antworten.
- Versuchen Sie stattdessen, in die Haut Ihres Partners zu schlüpfen und die Situation mit seinen Augen zu sehen.
- Vermeiden Sie, Vergleiche zu ziehen zwischen Ihrem Partner und Ihnen (zum Beispiel: »Ich habe es schwerer als du gehabt.«).

Wenn man diesen Regeln folgt, entwickelt man langsam *Empathie*, das heißt Mitgefühl für den anderen. Wirkliches Verständnis kommt vom Einfühlen in das, was der Partner empfindet. Man hört auf, vor dessen Vorwürfen zu flüchten und sich zu verteidigen – dies bringt nur einen endlosen Schlagabtausch, weil sich keiner verstanden fühlt. Wenn man stattdessen bei sich nachspürt, wie enttäuscht und verletzt der

Partner sich fühlt, und dies ihm zurückspiegelt (»Du musst ziemlich enttäuscht und verletzt sein«), fühlt er sich verstanden und kann emotional loslassen. Denn wenn wir mit jemandem kommunizieren, möchten wir, dass er uns versteht. Dann kommt wieder Bewegung ins Gespräch – es gewinnt an Tiefe und Bedeutung, statt dass es sich in endlosen Vorwürfen und Rechtfertigungen erschöpft.

In der Paargeschichte zurückgehen

Wenn der erste Ansturm der Gefühle überstanden ist, ist es an der Zeit, dass das Paar einen Blick zurückwirft und nachschaut, was alles in der Beziehung passiert ist, dass es überhaupt zum Eklat kommen konnte. Der Paartherapeut Lusterman schlägt vor, dass jeder der beiden Partner für sich ein Zeitdiagramm erstellt, von Anfang der Beziehung an bis heute, mit entsprechenden Jahresangaben auf der horizontalen Zeitachse, und Höhen und Tiefen, die er oder sie in dieser Zeit erlebt hat, auf der vertikalen Achse. So entsteht so etwas wie eine »Temperaturkurve« der Partnerschaft. Wenn beide Diagramme fertig sind, können sie miteinander verglichen – es zeigen sich dabei oft parallele Entwicklungen – und besprochen werden.

Auf diese Weise erinnern sich die Partner an die schöne, vielleicht in Vergessenheit geratene Anfangszeit ihrer Liebe. Diese glücklichen Erinnerungen geben eine gute Basis für die Besprechung späterer Belastungen. Schließlich erkennt man die kritischen Punkte, an denen man innerlich auseinandergedriftet ist – zum Beispiel der Tod eines Elternteils, die Auseinandersetzung darüber, ob man Kinder wollte, ungewollte Kinderlosigkeit, eine Fehl- oder Totgeburt, ein Berufs- und Ortswechsel, die Midlife-Crisis usw. Wenn man sich darüber austauscht, was man an diesen kritischen Stellen empfunden hat, und empathisch zuhört, wie der Partner diese Krisen erlebt hat, kommt man sich im gegenseitigen Verständnis näher. Aus zwei getrennt gezeichneten Lebenslinien entsteht dann *eine gemeinsame Geschichte.*

Nach Ursachen und Parallelen aus der eigenen Lebensgeschichte suchen

Beim Durchleuchten der gemeinsamen Erlebnisse kommt man gelegentlich an Punkte, die die Partner an die eigene Lebensgeschichte in der jeweiligen Herkunftsfamilie erinnern. Wir haben oben im Kapitel »Ursachen für Untreue« einige Hinweise für alte Kindheitserfahrungen genannt, die in die aktuelle Beziehung hineinwirken können. Hier einige konkrete Beispiele:

Ein Mann, der fremdgegangen ist, erinnerte sich daran, dass er nie so werden wollte wie sein Vater, weil dieser die Mutter betrogen hatte. Er war bestürzt darüber, dass er in dessen Fußstapfen getreten ist, ohne es zu wollen.

Ein Mann reagierte unwillig, als seine Frau zum ersten Mal ein Kind erwartete. Er meinte, sie könnten ihren Lebensstandard nicht halten, wenn sie ihren guten Job aufgäbe. Deshalb ging seine Frau bald nach der Geburt wieder arbeiten. Als sie wieder schwanger wurde und es klar wurde, dass sie für längere Zeit zu Hause bleiben müsste, zog er sich noch mehr zurück. Bei der Nachforschung über die Gründe seiner negativen Reaktion fand der Mann heraus, dass dieses weniger mit dem Geld zu tun hatte als mehr mit seiner frühen Erfahrung, als Kind bei seinen Eltern nicht willkommen gewesen zu sein.

Eine Frau heiratete einen Mann in jungen Jahren. Er war älter als sie. Anfangs hatte sie ihn bewundert. Mit der Zeit störte sie sich zunehmend an seinen Fehlern und fing an, an ihm herumzunörgeln. Irgendwann traf sie einen attraktiven, älteren Akademiker, der sich für sie interessierte. Sie fühlte sich geschmeichelt und ließ sich auf eine Nebenbeziehung ein. Nach Beendigung der Affäre erinnerte sie sich, dass sie als Mädchen immer ihren Vater bewundert hatte. Sie hatte sich in dem Gedanken gesonnt, dass er sie viel lieber mochte als ihre Mutter, die emotional kalt war und an ihrem Mann immer etwas auszusetzen hatte. Nun entdeckte sie, dass sie einerseits ihrer Mutter im Kritisieren des Ehemannes ähnelt, dass sie sich andererseits in ihren Männerbeziehungen immer noch so verhielt, als wolle sie die Gunst ihres Vaters erheischen.

Wenn solche oder ähnliche Zusammenhänge zwischen der aktuellen Partnerschaft und der Kindheit auftauchen, ist es ratsam, die alten Erfahrungen aus der Vergangenheit in einer Therapie zu bearbeiten, damit sie nicht unbewusst in die heutige Beziehung hineinwirken. Solche tief verwurzelten persönlichen Probleme des einen Partners können nicht vom anderen Parter gelöst werden, sondern nur in einer Therapie.

Hilfe und Selbsthilfe für den betrogenen Partner

Was kann der hintergangene Partner tun, wenn die Wahrheit ans Licht kommt?

- Keine Kurzschlusshandlungen (Gewalt, Selbstschädigung, sofortige Trennung)
- Sich Zeit lassen, das Trauma zu verarbeiten – wenn nötig, therapeutische Hilfe in Anspruch nehmen
- Die eigenen heftigen und widersprüchlichen Gefühle annehmen

- Sich um Klarheit bemühen, die eigenen Gedanken sortieren
- Fragen an den Partner stellen, um Gewissheit zu erhalten (zum Beispiel nach Ausmaß und Dauer der Nebenbeziehung)
- Klare Forderungen an den Partner stellen
- Klare Grenzen zum Partner ziehen
- Sich auf die eigene Beziehung konzentrieren (statt auf die/den Geliebte/n)
- Die eigene Rolle in der bisherigen Partnerschaft beleuchten
- Statt Anklage und Selbstanklage gemeinsam mit dem Partner nach den Konflikten suchen, die zum Seitensprung geführt haben
- Verantwortung für den eigenen Anteil an der Entfremdung in der Partnerschaft annehmen und Konsequenzen daraus ziehen
- Die eigenen Gedanken und Gefühle (Wut, Enttäuschung, Ängste) aussprechen, statt sie auszuagieren
- Dem Partner zuhören: seine Gefühle und Gedanken ernst nehmen und verstehen (ohne sich mit ihm zu identifizieren)
- Die eigenen Gefühle und die Gefühle des Partners auseinanderhalten (statt alles in einen Topf zu werfen)
- Gemeinsam mit dem Partner die Geschichte der Paarbeziehung durchgehen: Wo war es schön? Wo haben wir uns voneinander entfernt?
- Nach Ursachen und Parallelen aus der eigenen Lebensgeschichte suchen
- Möglichkeiten der Selbsthilfe und therapeutischen Hilfe in Anspruch nehmen (siehe Anhang)

Das Trauma verstehen

Eine betrogene Ehefrau berichtet: »Am Anfang konnte ich das Ganze gar nicht glauben, ich wünschte, es wäre nur ein böser Traum, aus dem ich gleich aufwachen würde, und alles wäre so geblieben, wie es früher war. Aber irgendwann konnte ich die Augen nicht mehr vor der Realität verschließen. Dann kamen die Gefühle: Verzweiflung, Wut und Fassungslosigkeit. Ich hätte alles zusammenschlagen können.«

Vom eigenen Partner betrogen zu werden, ist mit das Schlimmste, das einem Menschen zustoßen kann. Eine Welt bricht zusammen. Denn die Liebesbeziehung war die Grundlage, auf der man sein ganzes Leben aufgebaut hat. Wenn diese infrage gestellt wird, ist es so, als würde einem der Boden unter den Füßen weggezogen. Man fällt ins Bodenlose. Ein Feuer, das das ganze Hab und Gut zerstört, könnte nicht schlimmer sein. Man steht vor den Trümmern dessen, was man in Jahren, manchmal auch in Jahrzehnten aufgebaut hat. Darum ist es kein Wunder, dass viele Menschen die Erfahrung, vom eigenen Partner hintergangen worden zu sein, als Trauma erleben.

Am Anfang dieses Kapitels habe ich beschrieben, was man unter einem *Trauma* versteht und wie es wirkt. Für den Betroffenen ist es wichtig zu wissen, dass alle seine Reaktionen – Wutanfälle, Verzweiflung, rasende Gedanken, depressive Einbrüche, Angstzustände, Schlaflosigkeit, Apathie, emotionale Betäubtheit usw. – ganz normal sind. Man befindet sich in einem Ausnahmezustand. Man ist im Schock. Wichtig ist auch zu wissen, dass es notwendig ist, ein solches Trauma psychotherapeutisch behandeln zu lassen. Unbehandelt können manche Symptome über Monate, ja Jahre bestehen bleiben. Es entwickelt sich ein sogenanntes *posttraumatisches Belastungssyndrom*, das sich so manifestiert, dass man immer wieder unversehens von schrecklichen Bildern, Träumen, Erinnerungsfetzen aus der Zeit des Betrogenseins heimgesucht wird. Man erlebt Zustände innerer Betäubung und Leere, die sich mit Perioden heftiger Erregung, Gereiztheit und Wutanfällen abwechseln. Man wird schreckhaft, misstrauisch dem Partner gegenüber und möchte jeden Schritt von ihm kontrollieren. In der im Vorwort zitierten Göttinger Untersuchung von über 3 000 Menschen, die von ihren Partnern betrogen worden sind, konnte man solche Symptome auch sechs Monate nach Bekanntwerden des Seitensprungs feststellen.

Hilfe suchen

Damit dies nicht geschieht, ist es empfehlenswert, gleich nach der Entdeckung eines Treuebruchs einen Therapeuten, eine Therapeutin oder eine Eheberatungsstelle aufzusuchen. Heutzutage kann man therapeutische Hilfe auf Krankenschein in Anspruch nehmen. Mit dieser Unterstützung kann man wieder Boden unter die Füße bekommen, seine Gefühle und Gedanken sortieren, den Ursachen für die Krise auf die Spur kommen und die nächsten Schritte besprechen. Da Therapeuten und Berater an die Schweigepflicht gebunden sind, kann man alles sagen, was einem auf dem Herzen liegt, ohne sich schämen oder Angst vor den Folgen haben zu müssen.

Freundinnen und Freunde sind in dieser Phase ebenfalls wichtig. Hilfe und Beistand sind in Zeiten, in denen man sich von seinem Liebsten im Stich gelassen fühlt, eine besonders wertvolle Stütze. Es tut gut, sich aussprechen zu können. Es ist wohltuend, auch andere Meinungen und Ansichten zu hören, statt in den eigenen Ängsten zu schmoren. Wichtig ist nur, dass man jemanden findet, der einem geduldig zuhört, der nicht voreilig bewertet und verurteilt, der einen auch in seiner Ambivalenz und Unentschlossenheit versteht. Es kommt leider oft vor, dass Freundinnen und Freunde (in bester Absicht) vorschnell Partei für die eine oder die andere Seite ergreifen oder ihre eigene Geschichte hineinprojizieren. Auch mit Verwandten und engen Familienangehörigen sollte man vorsichtig sein, wenn sie einseitig parteiisch werden oder den betrogenen Partner vorschnell zu einem Entschluss drängen. Beistand und Unterstützung sind wertvoll, aber am besten gut dosiert.

Selbstzweifel, Selbstvorwürfe, Scham- und Schuldgefühle

Unsere Partnerschaft ist eine Hauptquelle unseres Selbstwertgefühls. Wenn man vom Partner verraten wird, sinkt das Selbstwertgefühl manchmal bis ins Bodenlose. Alles, was man je geschafft hat, ist auf einmal nichts mehr wert angesichts der Tatsache, dass man das Wichtigste im Leben verloren hat.

Außerdem schämt man sich grenzenlos. »Wenn mein Liebster mich so im Stich lässt, hat er vielleicht Gründe dafür. Vielleicht war ich nicht attraktiv, nicht aufmerksam, nicht liebevoll genug. Vielleicht hat er mich nur meines Geldes oder meines Aussehens wegen geheiratet. Er hätte bestimmt einen besseren Partner verdient, der ihm mehr bieten kann als ich.« Man macht sich selbst verantwortlich für sein Unglück. Man beschuldigt sich selbst, nicht gut genug für den Partner gesorgt zu haben, nicht auf das eigene Aussehen geachtet zu haben usw. – es ist einfacher, die Schuld am Scheitern der Beziehung bei sich selbst zu suchen, als zu ertragen, dass man nichts hätte tun können, um den Partner zu halten.

Mit solchen Selbstvorwürfen und Selbstanklagen kommt man aber nicht weiter. Man bohrt sich immer tiefer in die Depression und Verzweiflung. Wichtiger ist jetzt die Konfrontation mit dem Partner.

Die Auseinandersetzung mit dem Partner

Am Anfang fällt es den meisten betrogenen Partnern schwer, die Fassung zu bewahren. Man tobt, schreit, beschimpft den untreuen Partner, wirft ihm die Geschenke, die man einst von ihm erhalten hat, vor die Füße. Es ist zwar wichtig, dass man seine Gefühle nicht hinunterschluckt. Unterdrückte Gefühle können uns krank machen. Man kann dem Partner durchaus zeigen, wie verletzt man sich fühlt. Aber Wutausbrüche lösen trotzdem keine Beziehungsprobleme. Vor Kurzschlusshandlungen sollte man sich auf jeden Fall hüten: Gewalt gegen den Partner verursacht noch mehr Schuldgefühle, als man sie ohnehin schon hat. Rache bringt zwar eine momentane Befriedigung, macht aber das Opfer selbst zum Täter und bringt damit möglicherweise einen Teufelskreis von Aggression und Vergeltung in Gang. Selbstschädigendes Verhalten (sich betrinken, sich körperliche Verletzungen zufügen, einen Unfall verursachen) tut nur einem selbst weh. Den Partner in Wut hinauszuwerfen bringt auch nichts, weil man sich damit die Möglichkeit nimmt, sich aktiv mit ihm auseinanderzusetzen. Seine Wut und Verzweiflung kann man in einer Therapie gefahrlos ausdrücken. Was den Partner angeht, ist Kommunikation, so schmerzlich es anfangs auch sein mag, der einzige Weg, die Beziehung zu klären.

Auf welche Themen sollte man sich bei den ersten Gesprächen mit den Partner konzentrieren? Man kann

- dem Partner die eigenen Gefühle mitteilen,
- den Partner fragen, was passiert ist,
- dem Partner klare Forderungen stellen und Grenzen ziehen.

Die eigenen Gefühle mitteilen: Nach dem ersten Ansturm der Gefühle sollte man versuchen, sich wieder zu sammeln. Man sollte die eigenen Gefühle erst mal für sich selbst sortieren: Was fühlte ich? Bin ich gekränkt? Fühle ich mich gedemütigt? Habe ich Angst, dass er/sie mich verlässt? Was hat mich am meisten verletzt? Sind es seine/ihre Lügen, ist es sein/ihr Schweigen? Oder ist es die Tatsache, dass er/sie mich mit einer Freundin oder einem Freund betrogen hat? Bin ich zornig auf mich selbst, dass ich nichts geahnt habe und ihm/ihr alles geglaubt habe? Manchmal hilft es, dies alles aufzuschreiben.

Danach ist es wichtig, dem Partner die eigenen Gefühle mitzuteilen, damit er merkt, was sein Seitensprung in einem ausgelöst hat. Aber man sollte es ihm so übermitteln, dass er diese Gefühle verstehen und annehmen kann, statt sich vor den wütenden Angriffen abzuschotten und sich zu verschanzen. Die auf Seite 186 ff. beschriebenen Regeln des Zwiegesprächs können helfen, sich dem Partner verständlich zu machen, etwa, dass man von »ich« statt von »du« spricht (»Ich fühle mich so beschmutzt!« statt »Was hast du nur mit mir gemacht!«), dass man über seine Gefühle spricht, statt sie blind auszuagieren (»Ich hätte Lust, dich an die Luft zu setzen!«, statt ihm tatsächlich die Koffer vor die Tür zu stellen).

Fragen stellen: Menschen, die untreu geworden sind und von ihrem Partner zur Rede gestellt werden, versuchen oft sich herauszureden. Vage Andeutungen oder Anspielungen verwirren aber nur. Im schlimmsten Fall können sie den anderen »verrückt« machen. Für den betrogenen Partner ist es wichtig zu erfahren, was wirklich passiert ist. Er muss sich ein Bild über das Ausmaß des Fremdgehens machen können: Mit wem hat der Partner intimen Kontakt gehabt? Seit wann? Wie oft? Wo? Wer war eingeweiht?

Manchmal malt sich der Betrogene aus, welche Zärtlichkeiten der Partner mit dem/der Geliebten ausgetauscht hat. Diese Fantasien können sehr quälen. Bevor man den Partner nach solchen intimen Details fragt, sollte man sich überlegen, ob man nicht damit sich selbst noch mehr Schmerzen zufügt. Man sollte sich nicht zu sehr mit Vorstellungen darüber quälen, wie es gewesen ist. Es genügt zu wissen, dass der Partner untreu gewesen ist.

Auch Fragen, die darauf zielen, sich mit dem/der Geliebten zu vergleichen, schmerzen nur. (»Was hat dir denn an ihr gefallen? Was hat sie, was ich nicht habe? Ist der andere attraktiver/potenter/tüchtiger als ich?«) Sie verstärken die selbstabwertenden Gedanken, die den betrogenen Partner ohnehin befallen.

Forderungen stellen und Grenzen ziehen: Menschen, die entdecken, dass sie von ihrem Partner hintergangen worden sind, sind in der Vergangenheit oft zu gutgläubig gewesen. Sie haben keine klaren Forderungen an den Partner gestellt oder sind nicht konsequent gewesen, wenn der Partner sie belog oder kränkte. Wenn die Wahrheit ans Licht gekommen ist, ist es ein guter Zeitpunkt, die Regeln in der Beziehung neu festzulegen. Es geht darum, klare Forderungen zu stellen und auf ihre Einhaltung zu bestehen, etwa dass der Partner den Kontakt mit dem/der Geliebten sofort einstellt; dass er künftig die Wahrheit sagt; dass er pünktlich nach Hause kommt; dass er sagt, wo er ist, wenn er unterwegs ist; dass er aufhört zu trinken usw. Es muss ihm unmissverständlich klargemacht werden, mit welchen Konsequenzen er rechnen muss, wenn er den Partner noch einmal belügt.

Für den eigenen Schutz ist es manchmal gut für den verletzten Partner, Grenzen zwischen sich und dem Partner zu ziehen. Manche können nicht mehr mit dem Partner in einem Bett oder in einem Zimmer schlafen. Sie brauchen nun vielleicht einen eigenen Raum oder Bereich, in den sie sich zurückziehen können. Wenn es finanzielle Unklarheiten gegeben hat, sollten vielleicht gemeinsame Konten getrennt werden. Will man weiterhin körperliche Nähe oder sexuelle Intimitäten und in welchem Ausmaß? All dies sollte man für sich überlegen und dem Partner mitteilen.

Welche Rolle hat der betrogene Partner bisher in der Beziehung gespielt?

Wenn wir uns die Tabelle im Kapitel »Affären und ihre Folgen« auf Seite 158 ff. anschauen, sehen wir, dass der betrogene Partner manchmal die Augen vor der Wahrheit verschlossen hat: Er hat vielleicht seinem Partner zu viel Freiheit gelassen, hat über dessen Fehler hinweggesehen, dessen Fehlschritte entschuldigt. Er hat womöglich die Rolle des großzügigen »Papis« oder der überversorgenden »Mami« gespielt. Er war immer da, wenn der andere ihn brauchte. Vielleicht hat er sich nicht ernst genug genommen und am eigenen Selbstwert gezweifelt. Deshalb hat er sich einiges vom Partner gefallen lassen, ohne dagegen zu protestieren.

Auf der anderen Seite hat er möglicherweise nicht genau hingeschaut auf das, was im Partner vorging, vor allem wenn es um schwierige Themen in der Beziehung ging. Er hat sich vielleicht nicht ernsthaft mit ihm auseinandergesetzt. Stattdessen hat er alles nur von der guten Seite gesehen und ist dankbar und erleichtert gewesen, wenn alles seinen gewohnten Gang ging. Er hat sich lieber um die alltäglichen

Dinge, die Arbeit, die Kinder, den Haushalt gekümmert. Die Partnerschaft hat er womöglich vernachlässigt und als selbstverständlich hingenommen.

Möglicherweise hat er damit, ohne es zu wollen, die Probleme in der Beziehung ausgeblendet. Der Partner fühlte sich womöglich von ihm allein gelassen, kam mit seinen Sorgen und Nöten nicht durch und fand dann bei der anderen Person ein offeneres Ohr. Oder er kam sich vor wie ein verwöhntes Kind und hatte das Gefühl, sich alles leisten zu können, ohne dass ihm negative Konsequenzen drohten. Deshalb ist es so wichtig für den betrogenen Partner, klare Forderungen zu stellen und deutliche Grenzen zu ziehen.

Krebs und Partnerschaft

Eine Frau kam in Therapie. Sie war an Brustkrebs erkrankt. Die äußerst liebenswürdige, rücksichtsvolle, sympathische Frau hatte mehrere Kinder großgezogen. Sie berichtete, dass sie ihren Mann während der Ehe in jeder Hinsicht unterstützt hatte. Er machte Karriere, betrog sie, ließ sich scheiden und heiratete eine andere. Ihr Vater, ein vollkommener Egoist, war ebenfalls sehr erfolgreich in seinem Beruf. Ihre Mutter hatte, wie sie, alles ertragen. Die Klientin lebte in bescheidensten Verhältnissen, ihr Mann zahlte ihr kaum Unterhalt. Zwei Jahre später starb sie.

Ich möchte hier ein ernstes Wort in Bezug auf Krebs sagen. Bei vielen Frauen, die Krebs im mittleren Alter bekommen, habe ich den Eindruck, dass sie sich in ihrer Ehe aufopfern oder aufgeopfert haben. Es sind, wie einmal eine amerikanische Kollegin, die ihren Krebs nach langer, harter Arbeit an sich überwunden hat, sagte, »die netten, liebenswürdigen Frauen, die Krebs bekommen«. Wenn ich mir deren Partner ansehe, entdecke ich unter ihnen einige von sich eingenommene und egozentrische Männer. Ich vermute, ein Teil der Krebserkrankungen hat mit einer solchen Konstellation zu tun.

Peggy Vaughan, eine in den USA bekannte Expertin für eheliche Untreue und Autorin des Buches *The Monogamy Myth*, war selbst Betroffene. Ihr Mann hatte sie vorher betrogen. Später bekam sie Krebs, den sie überwand. Sie schreibt über ihre eigene Geschichte:

»Die Affäre von James dauerte sieben Jahre, und während dieser Zeit wuchs mein Verdacht immer mehr. Aber ich war unfähig, ihn zu konfrontieren. Wenn es wahr wäre, hätte ich mich scheiden lassen müssen, um mein Selbstwertgefühl zu retten. Aber ich hatte Angst und war unsicher, ob ich es alleine mit zwei kleinen Kindern schaffen würde. Sehr viel Aufmerksamkeit ist auf den Schmerz bei der Entdeckung einer Affäre gelegt worden, aber sehr wenig auf den Schmerz, den der Verdacht verursacht. Nur etwa 20 % derer, deren Partner eine Affäre haben, finden je mit Sicherheit die Wahrheit heraus. Das macht 80 % von denen unter uns, die es scheinbar nicht wissen und daher ›nicht verletzt sein könnten‹. Aber es verletzt uns doch. Es wird zu einem stummen, kriechenden Krebs, der alles, was wir tun, beeinflusst. Es ist immer da – die Furcht, die Angst, die Unsicherheit und die enorme Belastung unseres Selbstwertgefühls. Ich fühlte mich einsam und hilflos. Alles erschien wie ein Albtraum. Ich ging durch alle Arten von Emotionen: sterben wollen, alles vergessen wollen, weglaufen wollen ... Daher waren die schlimmsten Zeiten für mich jene, bevor ich mit Sicherheit herausfand, was war – während dieser sieben Jahre des Verdachts (des ›fast Wissens‹), aber der Wahrheit nicht ins Gesicht sehen Wollens. Ich fühlte mich so beschämt, dass ich nicht fähig war, es irgendjemandem anzuvertrauen. Ich erzählte weder meiner besten Freundin noch einem Familienmitglied noch einem Berater etwas – niemandem. Ich behielt es vollkommen bei mir. Und eine der primären Gründe ... war mein überwältigendes Gefühl des Versagens. Ich dachte, dass *ich* versagt hätte, dass irgendwas mit *mir* oder *meinem* Ehemann oder *meiner* Ehe usw. usw. nicht stimmte.«*

Trauern und loslassen

Wenn man erfährt, dass der eigene Partner fremdgegangen ist, zerbricht etwas in einem. Dies ist mit einem tiefen Gefühl von Trauer verbunden. Beim betrogenen Partner stellt sich dieses Gefühl sofort ein. Der untreue Partner wird dies anfangs nicht wahrnehmen wollen. Er wird denken, nach der Beichte und der Beendigung der Affäre könne die Beziehung in bisheriger Form fortgesetzt werden. Das geht aber nicht. Denn mit dem Betrug ist die alte Beziehung zerbrochen. »Das Ringlein sprang entzwei«, heißt es in einem Volkslied. Vielleicht kann man einen Neuanfang machen – in der Mehrzahl der Beziehungen ist das möglich. Aber die alte Beziehung, so wie sie einmal gewesen ist, ist zu Ende. Man hat die Unschuld verloren.

Für den betrogenen Partner ist das Gefühl, dass etwas mit dem Treuebruch zu Ende gegangen ist, ganz gegenwärtig. Die Tatsache, dass der eigene Partner eine andere Person liebt oder geliebt hat, macht es überdeutlich, dass die bisherige exklusive Zweierbeziehung längst aufgehört hat zu existieren. Der verletzte Partner wird also derjenige sein, der am stärksten motiviert ist, etwas zu ändern. Er wird am ehesten eine Therapie für sich selbst und eine Paartherapie für beide

---

* Zitiert aus www.dearpeggy.com

anstreben und durchsetzen können. Er hat ein vitales Interesse daran, die Gründe für den Eklat ausfindig zu machen. Dies ist das Gute, das aus der bösen Erfahrung erwachsen kann: die Chance für einen neuen Aufbruch zu ergreifen.

Aber zunächst muss um die alte Beziehung getrauert werden. Ich habe einmal geschrieben: »Trauern ist der emotionale Prozess, den wir durchmachen, wenn wir uns von etwas Vertrautem oder Liebgewordenem trennen. Es schmerzt, wenn wir uns an die gemeinsamen Erlebnisse erinnern und realisieren, dass sie nie mehr sein werden. Abschied nehmen tut weh. (...) Der Abschiedsschmerz ist das Gefühl, das wir beim Loslassen des Verlorenen spüren. Wenn wir ihn zulassen, tut es zwar im Moment furchtbar weh, aber durch unsere Trauer wird der Schmerz auch gleichzeitig weggespült. Wenn die Tränen fließen, fließt auch der Schmerz aus uns heraus. Danach geht es uns besser, wir sind erleichtert. Nun realisieren wir, dass das, was uns lieb war, in die Vergangenheit versinkt, während wir selbst hier in der Gegenwart zurückbleiben. An diesem Punkt scheidet sich das Heute vom Gestern. Diese schmerzliche Erkenntnis ist notwendig, damit wir begreifen, dass wir *jetzt* leben (...) Noch etwas schenkt uns das Trauern: Das Wissen um die Vergänglichkeit lässt uns eine Tiefe erleben, die wir nicht kennen würden, wenn alles ewig wäre. Es ist diese Verbindung zwischen Trauer und Wissen, die uns das Leben hier und jetzt schätzen lässt (...). Dies kann, bei aller Trauer, eine tiefe Freude, Demut und Dankbarkeit in uns entstehen lassen.«[*]

Natürlich widerstrebt es dem betrogenen Partner, seine Beziehung als vergangen anzusehen. Er wünscht sich nichts

---

[*] Victor Chu: *Lebenslügen und Familiengeheimnisse. Auf der Suche nach der Wahrheit*, München: Kösel, 2. Auflage 2007, S. 72 f.

sehnlicher, als dass die alte Beziehung wieder hergestellt würde. Aber er hat vielleicht eins noch nicht erkannt: dass es in jeder langjährigen Beziehung immer wieder Anfang und Ende gibt, sei es, dass man von den Flitterwochen in den Alltag zurückkehrt, sei es, dass man Kinder aus dem Haus entlässt, sei es, dass man älter wird. Wenn ein Lebensabschnitt zu Ende geht, muss er betrauert werden, damit man frisch und offen in die nächste Phase eintreten kann. Es wird innerhalb einer langen Partnerschaft immer wieder Momente geben, wo man trauern muss, und Augenblicke, in denen man etwas Neues willkommen heißt.

Wenn die Brüche drastisch sind, wie bei einem Seitensprung, kann es zu einer *inneren Scheidung* kommen, ohne dass man sich äußerlich trennen oder scheiden lassen muss. Eine innere Scheidung bedeutet, man verabschiedet sich von der früheren Zweisamkeit und zieht einen Strich – auf dieser Seite stehe ich, auf der anderen stehst du. Aus dem Paar werden wieder zwei Einzelpersonen, die sich gegenüberstehen. Nur wenn wir uns gegenüberstehen, können wir uns in die Augen sehen, können wir uns begegnen (im Unterschied zu dem Nebeneinanderstehen, das in einer guten Zweierbeziehung üblich ist).

Zwiegespräche

Jetzt ist die Zeit für regelmäßige Zwiegespräche gekommen. Wenn zu viele Hindernisse oder Missverständnisse bestehen, sollte man eher eine/n Paartherapeuten/in aufsuchen, der/die als Vermittler und Übersetzer dient. Wenn ein Gespräch ohne Gefühlsausbrüche möglich ist, kann man das oben beschriebene Ritual des »Zwiegesprächs« (siehe Seite 186 ff.) nutzen, bei dem man sich regelmäßig zusammensetzt und abwechselnd einander sagt, was einem auf der Seele liegt.

Für den betrogenen Partner ist es wichtig, dass er in diesen Gesprächen versucht, seine Gefühle im Zaun zu halten. Das heißt nicht, dass er seine Emotionen nicht zeigen darf – das soll er sogar. Jedoch so, dass man dabei dem Partner sagt, was man gerade fühlt. Wichtig ist auch, dass man den Partner nicht beschuldigt, sondern den eigenen Schmerz und das Verletztsein beschreibt. In den Zwiegesprächen geht es hauptsächlich darum, dass die Partner verstehen, wie es im anderen aussieht, was bei ihm vorgeht. Mit zunehmender Empathie (Mitgefühl) kann ein neues Verständnis füreinander entstehen und mit der Zeit eine neue Vertrauensbasis aufgebaut werden. Denn ein Hauptgrund für die Entfremdung eines Paares besteht oft in der Unfähigkeit, die eigenen Gedanken und Gefühle dem Partner mitzuteilen. Daran muss nun intensiv gearbeitet werden, um eine Brücke zwischen den beiden wieder aufzubauen.

Nachforschen, welche Enttäuschungen der Partner in der Beziehung erlebt hat

Für den betrogenen Partner ist es besonders wichtig, herauszubekommen, was in der Beziehung passiert ist, dass sich sein Partner innerlich von ihm entfernt hat. Manchmal ist es etwas, das man selbst gar nicht als bedeutsam angesehen hat: Es kann sein, dass der Partner sich überflüssig gefühlt hat, nachdem die Frau ein Kind bekommen und sich diesem zugewandt hat. Es kann sein, dass die Partnerin sich vernachlässigt gefühlt hat, als ihr Mann sein Examen machte. Es kann sein, dass das Paar den Tod eines Kindes nicht gemeinsam betrauern konnte und sich in der Zeit danach entfremdete. Es kann sein, dass der Partner in die Midlife-Crisis kam und sich nicht mehr als Mann begehrt fühlte.

All dies bedeutet nicht, dass der betrogene Partner nun die Schuld für das Fremdgehen des anderen übernehmen sollte. Hier geht es nicht um Schuld, sondern darum, Verständnis für die innere Situation des Partners zu entwickeln. Wenn wir verstehen können, wie eine Sache zur nächsten geführt hat, dann erkennen wir, dass das Fremdgehen des Partners nicht ein plötzlicher Schicksalsschlag oder ein »verrückter« Akt des Partners war, sondern die Folge vieler ineinandergewobener Ereignisse und Interaktionen. Die Partner begreifen nach und nach, wie ihre Lebenslinien einander gegenseitig beeinflusst haben. Hieraus entsteht ein Gefühl von Solidarität, das Gefühl, dass man in einer Zweierbeziehung tatsächlich das Leben teilt, das Leidvolle wie das Freudvolle. Dies lässt wiederum das Vertrauen ineinander wachsen.

Parallelen und Ursachen in der eigenen Kindheit finden

Untreue ist nichts, das in das Leben eines Menschen zufällig hereinbricht. Häufig hat sie ihre Wurzeln in Ereignissen, die noch vor der jetzigen Beziehung stattgefunden haben: zum Beispiel etwas, das man in einer früheren Liebesbeziehung oder in seiner Ursprungsfamilie erlebt hat. Wir haben im Kapitel »Ursachen für Untreue« einige solcher Kindheitserlebnisse angeschaut. Bei den Opfern von Untreue gibt es einige spezifische Merkmale aus der Kindheit:

* Viele von ihnen sind in ihrer Kindheit abgelehnt worden. Sie waren keine Wunschkinder, sind gegenüber anderen Geschwistern benachteiligt oder abgeschoben worden.
* Sie sind als Kinder oft Intrigen ausgesetzt gewesen, gegen die sie machtlos waren.

- Viele sind als Kinder getäuscht worden. Sie wuchsen zum Beispiel in Familien auf, in denen Geheimnisse und Tabus herrschten.
- Manche sind über ihre Herkunft im Unklaren gelassen oder getäuscht worden (zum Beispiel, dass sie unehelich geboren wurden oder ungewollt waren).
- Sie sind häufig ausgenutzt worden, galten als naiv, gutgläubig und hilfsbereit.
- Viele sind in ihren Herkunftsfamilien stark beansprucht worden, mussten sich zum Beispiel um kranke oder unfähige Eltern kümmern oder auf jüngere Geschwister aufpassen.

Wenn man solche Parallelen zwischen der Kindheit und der heutigen Beziehung entdeckt, wird man oft wütend oder traurig. Man sieht, wie sich Erfahrungen aus der Vergangenheit in der Gegenwart wiederholen. Um diese unglücklichen Zusammenhänge aufzulösen, empfiehlt sich eine Therapie, in der man mithilfe eines Therapeuten oder einer Therapeutin die alten Erlebnisse besprechen und hinter sich lassen kann. Es ist manchmal ein schmerzlicher Prozess, aber danach fühlt man sich wie von einer alten Last befreit.

Neuentscheidung

Wie ich oben beim Thema »Trauern« beschrieben habe, bedeutet Untreue in einer Partnerschaft meistens das Ende der bisherigen Beziehung. Trauern ist wichtig, um die Beziehung innerlich abzuschließen. Das sagt aber noch nicht aus, wie es nun weitergeht mit den Partnern. Sie stehen sich, bildlich gesprochen, einander gegenüber, schauen sich an, sprechen miteinander, versuchen, ihre Vergangenheit zu verstehen, und suchen nach einem neuen Anfang.

Wie es weitergeht, hängt von vielen Faktoren ab, etwa

- ob die Partner sich noch lieben,
- was sie füreinander empfinden,
- in welcher Lebensphase sie sich gerade befinden (vor allem bei einem großen Altersunterschied von Bedeutung),
- ob ihre Lebenswege und -pläne miteinander vereinbar sind,
- ob sie gemeinsame Wege und Ziele sehen (oder finden),
- ob sie Kinder haben,
- ob die Kinder klein oder erwachsen sind,
- welche gemeinsamen Bindungen existieren (Kinder, Enkelkinder, Haus, Besitz, Freunde, Arbeit, Hobbys),
- welche gemeinsamen Verpflichtungen sie tragen (berufliche, private, verwandtschaftliche Verpflichtungen),
- wie die finanzielle Situation jedes Partners aussieht,
- wie alt sie sind,
- wie gesund sie sind,
- welche privaten, beruflichen und beziehungsmäßigen Alternativen sie haben.

Die Neuentscheidung – ob für oder gegen die Weiterführung der Beziehung – fällt erst am Ende der Auseinandersetzung mit sich und dem Partner. Die Arbeit an einer guten Kommunikation und an einer Verarbeitung der Vergangenheit ist auf jeden Fall wertvoll, egal wie die Entscheidung ausfällt. Sie ist notwendig, wenn man einen neuen Anfang machen will. Der alte »Müll« muss abgeräumt sein, bevor man eine neue Beziehung miteinander aufbaut. Diese Arbeit ist ebenfalls nützlich, wenn man sich trennt – dann kann man im Frieden auseinandergehen. Dies gilt vor allem, wenn Kinder oder andere wichtige Bindungen vorhanden sind. Wenn man gemeinsame Kinder hat, wird man sein Leben lang miteinander zu tun haben. Solange die Kinder noch

Kinder sind, muss man Unterhalt und Besuchsmodus regeln und Entscheidungen in der Kindererziehung gemeinsam fällen. Wenn sie groß sind, gibt es immer familiäre Anlässe, bei denen man als Eltern oder Großeltern eingeladen wird und sich wieder begegnet. Eine gute Verständigung bietet hierfür eine solide Basis.

Hilfe und Selbsthilfe für den Geliebten/die Geliebte

Nun zur dritten Partei in einer Affäre: Was kann der oder die Geliebte tun, wenn der Seitensprung bekannt wird?

- Sich klar werden über die Stadien einer Affäre und die Rolle, die der oder die Geliebte darin spielt (siehe Tabelle im Kapitel »Affären und ihre Folgen« auf Seite 158 ff.)
- Wissen, dass
  - die meisten Affären nicht lange dauern
  - der untreu gewordene Partner in den meisten Fällen in der Ehe bleibt
  - selbst im Fall einer Entscheidung die Wahrscheinlichkeit, dass er die/den Geliebten heiratet, nur zwischen zwei und sechs Prozent liegt[*]
  - man als Geliebte(r) in der ohnmächtigsten und abhängigsten Position steht
- Ursachen in der eigenen Lebensgeschichte finden, weshalb man in einer solchen Position gelandet ist (zum Beispiel emotionaler oder sexueller Missbrauch)

---

[*] Nach Rona B. Subotnik: *Will He Really Leave Her For Me?* a. a. O.

- Möglichkeiten der Selbsthilfe und therapeutischer Hilfe in Anspruch nehmen (siehe Anhang), um sich eindeutig aus der unglücklichen Konstellation zu lösen

Eine junge Frau ist unglücklich mit einem Vorgesetzten liiert, einem verheirateten Familienvater. Sie fühlt sich leidenschaftlich zu ihm hingezogen, er ist die Liebe ihres Lebens. Sie hofft einige Jahre lang, dass er sich von seiner Frau trennt. Es gibt aber ein endloses Hin und Her. Er sagt, er liebe sie, könne aber von den Kindern nicht weg. Mit der Zeit erkennt sie, dass sie sich eigentlich trennen müsste. Sie wird älter, die biologische Uhr tickt, es verbleibt nur noch wenig Zeit, um eigene Kinder zu bekommen. Aber sie schafft den Schritt der Trennung nicht. In ihrer Herkunftsfamilie war sie lange der Stolz ihres Vaters. Ihre Mutter hat sie als kalt und abweisend erlebt. Sie war lange Jahre die rechte Hand ihres Vaters, hat sich neben ihm als die bessere Frau gefühlt. Er führte sie gerne als Assistentin herum, ging mit ihr auf Bälle und Empfänge, bis er irgendwann die Familie verließ und eine jüngere Frau im Alter der Tochter heiratete.

Wie oben erwähnt ist die Geliebte – in den meisten Fällen sind es Frauen – die Ohnmächtigste und Abhängigste von allen drei beteiligten Personen. In der Liebschaft schwebt sie zunächst im siebten Himmel. Die Aufmerksamkeit von einem häufig älteren Mann mit höherem Status schmeichelt ihr. Sie fühlt sich aus der Menge herausgehoben. Er legt ihr alles zu Füßen. Solange sie sich in der Werbungs- und Verliebtheitsphase befindet, ist es herrlich, ein wahrer Rausch. Sie fühlt sich wie Pretty Woman – ein modernes Aschenputtel, das vom Prinzen aus dem Elend herausgehoben wird und auf dem Ball mit ihm tanzen darf. Leider entpuppt sich der Liebhaber aber nicht als treuherziger Prinz, der von Haus zu Haus zieht und nach seiner Angebeteten sucht, um sie auf seinem Ross ins Schloss zu tragen – das Schloss hat schon eine Herrin!

Es wiederholt sich im Leben der Geliebten häufig die Erfahrung aus der Kindheit, von einem Erwachsenen missbraucht worden zu sein, emotional und/oder sexuell. Im obigen Beispiel ist die Tochter vom Vater emotional (wir Psychologen sagen auch: narzisstisch) missbraucht worden – als kleines niedliches Mädchen war sie sein ganzer Stolz, als heranwachsende Frau war sie seine rechte Hand und seine »Partnerin« auf Bällen und Empfängen, bis er irgendwann die Familie verließ und sich eine ähnlich junge Frau nahm.

Als Geliebte erlebt die Frau aus dem Beispiel das Gleiche: Sie wird zuerst vom Kollegen hofiert und umworben. Auch er sagt, sie sei seine große Liebe, er bleibe nur aus Pflichtgefühl bei seiner Frau. Aber für sie kommt es auf dasselbe heraus, egal ob er seine Frau liebt oder nicht: Sie bleibt stets die einsame Dritte. Sie sagt sich vielleicht: Der betrogenen Ehefrau geht es auch nicht besser. Aber diese hat ihren angestammten Platz, sie hat die Kinder, das Haus oder die Wohnung und die gesellschaftliche Position als Ehefrau. Es ist sinnlos, sich mit ihr zu vergleichen, nach dem Motto: »Sie hat zwar sein Geld, ich aber habe seine Herz.« Solange die Geliebte in dieser Konkurrenz bleibt, ist sie im Dreieck gefangen. Vor allem ahnt sie nicht, dass sie in der Dreiecksbeziehung eigentlich nur eine *Funktion* erfüllt: Sie soll die Lücke zwischen dem Mann und seiner Frau überbrücken helfen. Als Geliebte hat sie, ohne es zu wollen, ihre Ehe stabilisiert, indem der Ehemann durch die Affäre zufriedener nach Hause kommt und die Ehefrau froh ist, dass er nicht so viel von ihr will. Dass sie nur eine Funktion erfüllt und nicht als *Person* gemeint ist, hat die Geliebte schon einmal beim Vater erlebt: Er hat sie letztlich durch eine gleich junge Frau ersetzt.

Dabei haben Ehefrau und Geliebte durchaus vieles gemeinsam: Sie lieben denselben Mann. Beide lassen sich ausnutzen, die eine in der gutmütigen versorgenden Mutterrolle, die andere in der Rolle der Gespielin. Es wird in der Literatur und in Filmen immer wieder das Motiv aufgegriffen, wie Ehegattin und Geliebte sich kennenlernen und sich zusammentun, um es dem treulosen Ehemann heimzuzahlen. Dann kehrt sich die Konspiration um: Die Geliebte steckt nun mit der Ehefrau unter einer Decke. Im wirklichen Leben kommt es gelegentlich vor, dass nach der Auflösung einer Affäre sich Partnerin und Geliebte treffen und manchmal sogar Freundinnen werden. Aber bis dahin ist es normalerweise ein langer Weg, und es ist sicher eher die Ausnahme. Die Ehefrau muss erst ihr Verhältnis mit ihrem Mann klären und die Geliebte sich aus der Dreiecksbeziehung lösen.

Dies ist jedoch nicht einfach. Oft kommt die Geliebte aus der Beziehung nicht heraus, weil sie in der gleichen Rolle wie in der Kindheit steckt. Sie kennt keine andere Position als die Schwächste in einem Dreieck. Sie weiß nicht, wie es sich anfühlt, in einer ausschließlichen Zweierbeziehung zu leben. Sie mag zwar davon träumen, aber im Herzen ist ihr so etwas unvorstellbar, ja fast unheimlich. (Eine Therapeutin sagte einst zu einer sympathischen Klientin: »Ich wünsche Ihnen mal einen Mann, der Sie auf Händen trägt!« Die Klientin antwortete lachend: »Ach nein, das würde ich gar nicht aushalten!«) Das Wichtigste ist jedoch: Ihr Herz ist nicht frei. Es ist besetzt durch das alles beherrschende Bild des Vaters, das sich tief in ihr eingeprägt hat wie ein Siegel. Um dieses aufzulösen, bedarf es in der Regel einer Therapie.

Kinder und Untreue

Kinder sind die unschuldigen Leidtragenden in einer Familie, in der ein Elternteil fremdgeht. Für Kinder fühlt sich die Untreue eines Elternteils an, als würde das »Familienschiff« ein Leck bekommen. Das Schiff droht zu sinken. Die darin Sitzenden (hier die Kinder und der verlassene Partner) sind gezwungen, das eindringende Wasser ständig hinauszuschöpfen, während der Kapitän sich klammheimlich mit dem Rettungsboot davongemacht hat und woanders ein schönes Leben genießt. Anfangs mag es den Kindern vielleicht noch Spaß bereitet haben, das Wasser hinauszuschöpfen. Den Notfall fassten sie als ein neues Spiel auf, aber dies jahrelang zu tun, ist alles andere als lustig. Es ist eine Qual. Und es ist bitter, wenn sie sich daran erinnern, dass der Kapitän einst allen versprochen hat, sie sicher durch alle Meere zu leiten.

In der Schifffahrt geloben Kapitäne, bei einem Unglück das Schiff als Letzte zu verlassen. Eltern geloben, für die Kinder da zu sein, bis diese alt genug sind, das Elternhaus zu verlassen. Eltern sind der wichtigste Halt für Kinder, sie sind ihr Hintergrund, ihre Stütze, ihr Rückgrat. Wenn sie am Steuer stehen und Kurs halten, können Kinder sorglos spielen, in der Zuversicht, dass das Schiff dem schlimmsten Sturm trotzen wird. Sie lernen von den Eltern, wie man ein Schiff pflegt und steuert. Ist der Kapitän aber von Bord gegangen, müssen die Kinder das Steuer selbst übernehmen und das Schiff, so gut es geht, über Wasser halten. Kein Wunder, dass sie manchmal vom Kurs abkommen. Kein Wunder, dass sie keine Zeit mehr zum Spielen haben. Kein Wunder, dass sie, wenn sie erwachsen werden, meinen, das Schiff nicht verlassen zu können, weil sonst der zurückgelassene Elternteil allein weiterfahren müsste. Das Schiff kommt nicht ans Ziel, die Kinder steigen irgendwo aus und schlagen sich, so gut es geht, in der unvertrauten Umgebung durch.

Im Stich gelassene Kinder

- kommen leicht vom Kurs ab: Manche werden drogen- oder alkoholabhängig, versagen schulisch oder beruflich;
- haben keine Zeit zum Spielen: Sie müssen schnell erwachsen werden und Verantwortung übernehmen. Sie werden überernst. Viele ergreifen später einen Helferberuf, in dem sie sich leicht ausnutzen lassen oder sich von ihrer Arbeit auffressen lassen;
- können das Schiff und den zurückgelassenen Elternteil nicht verlassen: Sie bleiben lange zu Hause; selbst wenn sie es schaffen auszuziehen, sind sie ständig um Vater oder Mutter oder beide besorgt; sie bleiben immer deren »Kinder«, werden nie erwachsen;
- haben nie gelernt, ein Schiff gut zu steuern: Sie wiederholen in ihrem Leben das Chaotische, das sie von ihren Eltern gelernt haben;
- kommen nicht ans Ziel: Sie haben es schwer, eine eigene Existenz, eine stabile Partnerschaft und Familie aufzubauen; stattdessen irren sie im Leben herum;
- misstrauen im Grunde ihres Herzens nahen Beziehungen, weil sie als Kinder so enttäuscht worden sind;
- gehen nach dem Vorbild der Eltern auch selbst in einem ungünstigen Augenblick von Bord: Sie lassen Partner und Kinder im Stich. Oder sie bauen eine Familie auf wie eine Trutzburg, die sie zwanghaft zusammenhalten müssen.

Alle diese Hypotheken erben Kinder von Eltern, die vorwiegend an ihr eigenes Glück denken und aus den Augen verlieren, dass es Menschen gibt, für die sie einst Verantwortung übernommen haben und die existenziell von ihnen abhängig sind. Es ist nicht eine Frage von reich oder arm, gesund oder krank – für Kinder ist es zweitrangig, ob sie auf einem Luxusdampfer oder in einem bescheidenen Boot fahren, ob sie an Bord bedient werden oder selbst ans Ruder müssen. Für sie ist nur wichtig, dass die Eltern zusammenhalten und das ihnen Mögliche für die Kinder tun.

Was Eltern mit schwerwiegenden Partnerschaftsproblemen wissen sollten und tun können

- Kinder spüren fast immer, wenn etwas nicht stimmt.
- Kinder bekommen Angst, dass die Familie auseinanderbricht, wenn Eltern fremdgehen, weil sich dadurch ihr Leben drastisch verändert.
- Je nach ihrem Alter zeigen Kinder und Jugendliche unterschiedliche Angstsymptome.
- Kinder brauchen altersgemäße Aufklärung über die Wahrheit.
- Dabei sollten Eltern intime Einzelheiten aus ihrem Privatleben für sich behalten.
- Eltern sollten ihren Kindern das Gefühl geben, dass sie ihre Eheprobleme selbst lösen können.
- Eltern sollten Kinder nicht in die Eheprobleme hineinziehen.

- Eltern sollten Kinder nicht in Dinge einweihen, die vor dem Ehepartner geheim gehalten werden (sie also nicht zum Mitwisser machen).
- Eltern sollten Kinder weder zum Anwalt noch zum Richter ihrer Eheprobleme machen.
- Eltern sollten (vor allem vor der Scheidung) ihre Kinder nicht mit einem anderen Partner so zusammenbringen, als seien sie »eine neue Familie«.
- Eltern bleiben auch nach einer Scheidung als Eltern zuständig für ihre Kinder.
- Auch eine geschiedene Familie soll in den Augen der Kinder eine Familie bleiben.
- Eltern sollen neue Partner nicht zu neuen Eltern für ihre Kinder machen.
- Scheidungen stellen immer eine schwere Belastung für die Kinder dar.
- Auch erwachsene Kinder können von einer Scheidung der Eltern belastet werden.

Kinder haben einen siebten Sinn. Sie spüren immer, wenn es ernsthafte Partnerschaftsprobleme bei den Eltern gibt. Sie bekommen dann Angst, vor allem wenn sie nicht verstehen, was los ist. Je nach Alter zeigen Kinder ihre Angst auf verschiedene Weise: Kleine Kinder können weinerlich reagieren, Wutanfälle bekommen, sich zurückziehen, auf frühere Entwicklungsstufen zurückfallen (regredieren), Angst vor der Dunkelheit bekommen, sich anklammern, Angst vorm Verlassenwerden zeigen. Ältere Kinder versagen in der Schule, werden unaufmerksam, aggressiv oder straffällig. Bei Pubertierenden brechen Liebesaffären ihrer Eltern gerade in einer Phase über sie herein, in der sie selbst die eigene Sexualität entdecken und die ersten Kontakte mit dem anderen Geschlecht ausprobieren. Sie erleben den fremdgehenden Elternteil ähnlich sexualisiert und hilflos wie sich selbst. Dabei erfahren sie die Sexualität als etwas Verbotenes, Aufreizendes oder Schmutziges, anstatt dass ihre Eltern ihnen Sicherheit bieten und Grenzen aufzeigen. Später übernehmen sie in ihren eigenen Partnerschaften entweder das Vorbild des untreuen Elternteils oder sie ekeln sich vor der Sexualität und scheuen vor Liebesbeziehungen zurück.

Wenn sich Eltern trennen, bricht für Kinder eine Welt zusammen: Der Zusammenhalt der Familie, die Zuständigkeiten der Eltern, die täglichen familiären Rituale, die Familienfeste, die Beziehungen unter den Geschwistern – alles verändert sich. Wenn ein Elternteil die Familie verlässt (dies geschieht oft bereits vor der Scheidung), müssen die Kinder diese Lücke schließen. Söhne übernehmen die Rolle des Ehemannes und Versorgers, Töchter die der Fürsorgerin für die jüngeren Geschwister und den Haushalt. Sie sehen sich gezwungen, den verlassenen Elternteil zu trösten und zu stützen. Sie haben das Gefühl, ihn nicht auch noch im Stich lassen zu dürfen. Sie werden oft zur einseitigen Parteinahme für die eine oder andere Seite gezwungen oder erpresst. Ältere Kinder müssen für den Unterhalt der Familie mitsorgen und dafür ihre Ausbildung unterbrechen.

Dabei kommen sie gar nicht dazu, selbst den Verlust ihrer familiären Geborgenheit und des ausgezogenen Elternteils zu betrauern. Da die Eltern nicht selten mit sich selbst beschäftigt sind, gibt es niemanden, der sich der Kinder annimmt und sie tröstet. Kinder sind bei einer zerstrittenen oder zerbrechenden Ehe die Einsamsten in der Familie. Die Erwachsenen finden Freundinnen und Therapeuten, die ihnen weiterhelfen. Aber die Kinder müssen die Katastrophe bewältigen, ohne über die Reife und die Distanz zu verfügen, die notwendig wäre, um das ganze Chaos um sie herum zu verstehen.

Darüber werden Kinder oft frühreif oder altklug. Sie interpretieren die Dinge auf ihre Weise und geben dabei oft sich selbst die Schuld für die ganze Misere: »Wenn ich nur braver wäre, wenn ich nur besser in der Schule wäre, wenn ich nur besser vermitteln könnte zwischen den Eltern – dann würde alles wieder gut werden.« Sie versuchen, die Ehe zu kitten, etwas, worüber sie keinerlei Gewalt haben.

Außerdem werden sie oft in die Geheimnisse der Eltern eingeweiht, die sie dem jeweils anderen Elternteil nicht verraten dürfen. Ein Kind wird zum Beispiel von der Mutter zu einem Essen mit einem Mann mitgenommen, den sie als einen Kollegen vorstellt. Später erfährt es, dass er ihr Liebhaber war – die Mutter hatte das Kind zum Rendezvous mitgenommen und sich dabei in der Fantasie ausgemalt, sie würde mit ihrem Kind und einem »neuen« Vater an einem Tisch sitzen. Ein anderes Kind schreibt seinem Vater, der sich auf einer längeren Auslandsreise befindet, dass seine Mutter einen Freund habe. Kurz darauf erfährt es, dass der Vater selbst mit einer Geliebten unterwegs war. Bei einem späteren Streit mit der Mutter zieht der Vater den Brief des Kindes in dessen Gegenwart triumphierend hervor als Beweis für die Untreue seiner Frau.

Ehestreite bringen die Kinder immer wieder in unlösbare Loyalitätskonflikte. Es ist im Grunde eine Grenzverletzung, wenn Eltern versuchen, die Kinder auf ihre Seite zu ziehen. Eltern sollten ihre ehelichen Konflikte für sich behalten und ihren Kindern die Botschaft geben: »Wir haben zwar Probleme miteinander, aber wir schaffen es allein, sie zu lösen.«

Wenn die Eltern den Kindern die bittere Wahrheit sagen müssen (etwa wenn ein Elternteil auszieht, wenn sie sich scheiden lassen, wenn sie sich neu verheiraten wollen), dann sollte dies in einer altersgemäßen und fürs jeweilige Kind angemessenen Form geschehen. Die Kinder sollen weder mit intimen Details belastet werden (Grenzverletzung) noch belogen oder beschwichtigt werden (Lügen und Halbwahrheiten). Wenn die Kinder Fragen stellen, sollten die Eltern wahrheitsgemäß antworten. Kinder können, auch wenn sie klein sind, mit vielem fertig werden. Aber sie müssen die Wahrheit erfahren. Sonst machen sie sich ein falsches Bild von sich, von den Eltern und der Welt. Man sollte nicht vergessen, dass Kinder in allem die Eltern zum Vorbild nehmen, selbst wenn sie vordergründig deren Ansichten und Handlungen ablehnen.

Nach einer Trennung oder Scheidung sollten die Eltern dafür sorgen, dass sie beide weiterhin für die Kinder verfügbar und verantwortlich sind. Erst nach der Trennung merken sie, in wie vielen Kleinigkeiten im Alltag sie sich abstimmen und absprechen müssen. Daher ist eine gute Verständigung zwischen den Eltern das A und O für das Wohl der Kinder.

Auch erwachsene Kinder sehen ihre Eltern als Vorbilder. Wenn alte Eltern sich unwürdig trennen, wenn sie sich unpassende Partner nehmen oder abstoßenden Sexualpraktiken nachgehen, verletzen sie das Selbstgefühl ihrer Kinder. Denn sie schämen sich für die Eltern. Das sexuelle Verhalten von Eltern, ihre Partnerwahl haben einen großen Einfluss auf die Kinder, selbst wenn diese längst aus dem Haus sind. Eine Tochter, deren Vater sich von der alten Mutter trennt und eine junge Frau nimmt, die nur wenige Jahre älter ist als sie selbst, kann durch das Verhalten des Vaters in schwere innere Nöte gestürzt werden. Ein erwachsener Sohn, dem der Vater augenzwinkernd von dessen Besuchen in Clubs und Bars erzählt, spürt, wie er in seinen eigenen sexuellen Wünschen und Bedürfnissen verwirrt wird. Wenn Eltern pubertierende oder erwachsene Kinder auf diese Weise mit ihrer eigenen Sexualität konfrontieren, verletzen sie diese in ihren intimen Grenzen und in ihrer Würde. Auch hier kehren sie das Eltern-Kind-Verhältnis um, indem sie die Kinder zu ihren Vertrauten und Geheimnisträgern machen.

Auch wenn Eltern nicht aufhören, Sexualwesen zu sein, wenn sie älter werden, sollten sie achtsam damit umgehen, wie sie sich ihren Kindern präsentieren, vor allem wenn es um das Thema Sexualität geht. Denn Liebe und Sexualität berühren den zentralen Kern im Leben jedes Menschen. Es gilt, das Taktgefühl und die Würde des Kindes zu achten. Wir sollten als Eltern nie vergessen, dass wir in den Augen unserer Kinder Vorbilder sind – in allem. Daraus erwächst die Pflicht, uns auch über unsere eigene Sexualität klar zu werden. Wenn wir uns unserer Würde bewusst sind, können wir relativ sicher sein, dass unsere Kinder nicht auf Irrwege geraten. Selbst wenn sie es tun, können wir ihnen Orientierung und Halt geben.

Die Kunst,
treu zu sein

Treuebruch als Chance

Was kann ein Paar aus einem Treuebruch lernen?

- Die Kostbarkeit einer Beziehung schätzen
- Achtsamer mit der Beziehung und dem Partner umgehen
- Alte Wunden heilen (aus der Herkunftsfamilie, aus der Paarbeziehung)
- Die Beziehung pflegen
- Neue Leidenschaft in die Beziehung bringen

Der Treuebruch als Chance – ein Beispiel

»Mit meiner Freundin bin ich nun schon sieben Jahre zusammen. Vor ein paar Monaten gab es einen Seitensprung vonseiten meiner Freundin. Ich muss dazu sagen, dass unsere Beziehung in letzter Zeit nicht besonders gut gelaufen ist. Ich habe mich kaum um meine Freundin gekümmert, habe allmählich das Interesse an ihr verloren. An diesem Abend waren wir auf einer Party, ich musste früher nach Hause, dann ist es passiert. Sie ist mit einem Mann, den sie auf der Fete traf, nach Hause gegangen und hat mit ihm geschlafen. Sie traf sich danach noch einmal mit ihm, dann hörte sie damit auf, weil sie merkte, dass sie eigentlich nicht fremdgehen wollte. Nach einigen Wochen spürte ich, dass etwas nicht stimmte, und stellte sie zur Rede. Daraufhin hat sie mir alles gebeichtet. Ich war furchtbar geschockt und wollte gleich Schluss machen. Sie war darüber sehr traurig, konnte aber meine Reaktion verstehen. Ich lag danach die ganze Nacht wach und ließ mir alles nochmals durch den Kopf gehen. Am nächsten Morgen haben wir erneut ausführlich geredet. Danach habe ich mich dann doch entschieden, weiterzumachen.

Durch den Vorfall ist mir klar geworden, dass wir eigentlich lange nichts mehr gemeinsam unternommen haben. Wir haben keinen Urlaub gemacht, nur Fernsehen, gelegentlich Ausgehen. Wir haben eigentlich nie über uns geredet. Ich habe ihr auch nie gesagt, wenn mir etwas nicht gepasst hat. Es ging so weit, dass auch mir das eine oder andere Mal fast ein Seitensprung passiert wäre.

Nach dem Vorfall hat sich bei uns vieles verändert. Wir haben gemerkt, wie viele gemeinsame Interessen wir eigentlich haben, von denen wir nichts geahnt haben. Jeder von uns hat mit einigen schlechten Gewohnheiten aufgehört, die den anderen gestört haben. Auch unsere sexuelle Beziehung hat sich neu belebt. Den Seitensprung habe ich ihr leicht verzeihen können, weil mir das Gleiche auch hätte passieren können. Die Beziehung vor ihrem Seitensprung war eigentlich schon eingeschlafen, sie existierte nur noch formal.

Wir reden nun regelmäßig über unsere Beziehung. Wir reden auch viel über Sex und welche Vorlieben wir da haben. Die Beziehung ist jetzt viel vertrauter und ehrlicher als je zuvor. Wir haben wohl die letzten Jahre einiges falsch gemacht und merken erst jetzt, wie sehr wir uns doch lieben und wie gut wir zusammenpassen.«

Die Schilderung dieses jungen Mannes zeigt den charakteristischen Verlauf eines Seitensprungs: Die Vernachlässigung der Beziehung und das nachlassende Interesse aneinander führte zu einer Entfremdung, die den Seitensprung zur Folge hatte. Der betrogene Partner spürte, dass irgendetwas nicht stimmte, und stellte die Freundin zur Rede. Als sie den Seitensprung zugab, reagierte er überaus heftig und wollte impulsiv Schluss machen. Dann aber wurde ihm sein eigener Anteil klar (Desinteresse). Er erinnerte sich, dass auch er mehrmals kurz vor dem Seitensprung gestanden hatte. Diese Selbsterkenntnis gab ihm die Möglichkeit, auf die Freundin zuzugehen und einen Neubeginn zu wagen.

Sie begannen, ehrlich und offen miteinander zu sprechen, auch über heikle Punkte wie ihre sexuellen Wünsche. Dadurch erwachte ihre Leidenschaft und Liebe wieder. Sie entdeckten, wie viel Neues sie miteinander unternehmen können. Sie gaben sogar alte Gewohnheiten wie das Rauchen für die Beziehung auf. Die Krise, die durch den Seitensprung ausgelöst wurde, erwies sich letzten Endes als Segen. Sie gab dem Paar die Chance, vergangene Fehler einzusehen und einen neuen Anfang zu machen.

Krisen fordern uns immer wieder heraus

Auch wenn wir uns Treue vom Partner wünschen, können wir sie nicht blind voraussetzen. Es ist nicht selbstverständlich, dass Beziehungen sich stetig bessern und gedeihen – selbst wenn sich die Partner lieben. Man gewöhnt sich, wie im obigen Beispiel, an das Leben zu zweit und verliert einander aus dem Blick. Oder es bricht von außen plötzlich etwas herein, das die Partner aus der Bahn wirft: ein Unfall, eine schwere Krankheit, der Verlust des Arbeitsplatzes. Oder einer der Partner begegnet einem attraktiven Mann oder einer attraktiven Frau und erliegt dessen/deren Verführungskünsten. Wir sind nicht gegen Veränderungen in unseren Beziehungen gefeit. Wir können weder den Status quo zementieren noch unsere Ehe einfrieren. Wir können uns nur bereithalten, auf Veränderungen zu reagieren, wenn sie eintreten, und unsere Fähigkeit stärken, mit Krisen umzugehen.

Dies ist durchaus möglich, indem wir uns in der Kunst üben,

- gut für unsere körperliche, geistige und seelische Balance zu sorgen,
- in uns hineinzuhören und auf unsere innere Stimme zu hören,
- uns selbst gut kennenzulernen, in unseren Stärken und Schwächen, in unserer Lebensgeschichte und unserem Entwicklungsweg,
- uns weder Positivem noch Negativem zu verschließen, uns gleichzeitig nicht von beidem einnehmen zu lassen,
- unserem Partner gegenüber offen zu sein,
- dem Partner mitzuteilen, was uns bewegt,
- ihm zuzuhören und uns dafür zu interessieren, was ihn bewegt,
- offen zu sein für das, was um uns in der Welt geschieht, und uns zu engagieren,
- andere zu unterstützen und uns ebenfalls helfen zu lassen.

Vertrauen in sich selbst aufbauen

Wir haben bereits viel über das Vertrauen zwischen den Partnern nachgedacht. Genauso wichtig, ja eigentlich noch wichtiger ist das Vertrauen in sich selbst. Denn es ist grundlegender. Sie können es selbst ausprobieren. Sagen Sie sich:

»Ich bin liebenswert. Ich bin für meinen Partner wichtig. Er oder sie kann sich auf mich verlassen«, und stellen Sie sich vor, wie Sie mit dieser Einstellung auf Ihren Partner zugehen. Dann stellen Sie sich vor, wie es wäre, wenn Sie sich die innere Botschaft geben: »Ich bin nichts wert. Eigentlich habe ich in meinem Leben total versagt. Warum ist er/sie überhaupt noch mit mir zusammen? Da gibt es doch so viele tollere Frauen/Männer als mich!«

Das Gefühlspaar *Scham* und *Stolz* spielt eine entscheidende Rolle in einer Liebesbeziehung. Die Vorstellung »Ich bin meinem Partner nichts wert« ist ein äußerst destruktiver Gedanke. Sie schiebt sich wie ein Keil zwischen die Liebenden. Wenn ich mich selbst verachte, überträgt sich meine Sicht auf meinen Partner, bis er irgendwann tatsächlich auf mich herabschaut: Er hat dann auch meine schwarze Brille aufgesetzt. Dann hätte sich meine Anfangsthese bestätigt: »Ich bin sowieso nicht liebenswert!« Sie wird zu einer *selbsterfüllenden Prophezeiung*.

Scham spielt in der Untreue eine wesentliche Rolle. Ein Mann, der sich selbst verachtet und sich neben seiner attraktiven Frau schämt, kann leicht Potenzprobleme bekommen. Irgendwann nimmt er vielleicht eine Beziehung mit einer Prostituierten oder einer einfacheren Frau auf, der er sich ebenbürtig oder überlegen fühlt. Der Betrug an seiner Partnerin wird ihm aber Schuldgefühle bereiten, sodass sein Selbstbewusstsein noch tiefer sinkt. Ein anderes Beispiel: Eine Frau, die der Meinung ist, sie genüge ihrem Mann nicht und könne seine sexuellen und emotionalen Bedürfnisse sowieso nicht befriedigen, fühlt sich in ihrem Minderwertigkeitsgefühl womöglich bestätigt, wenn sie erfährt, dass ihr Mann sie betrügt. Scham und Minderwertigkeitsgefühle können auf diese Weise zu einem Teufelskreis von Selbsterniedrigung und gegenseitiger Kränkung führen.

Scham und Stolz – dieses Gefühlspaar, das unser Selbstwertgefühl ausmacht – gehören zum Kernbereich unserer Persönlichkeit. Sie werden sehr früh im Leben ausgebildet. Je nachdem, ob wir in den Augen unserer Eltern liebenswert waren oder von ihnen abgelehnt wurden, wachsen wir zu selbstbewussten Menschen heran, oder wir schämen uns unserer selbst. Solche Grundüberzeugungen über unser Selbst sitzen äußerst tief und lassen sich nicht so leicht verändern. Wenn zum Beispiel in der Schulung von Wirtschaftsfachleuten gesagt wird, man solle seinen Geschäftspartner mit selbstbewusstem Blick und einem kräftigen Händedruck begrüßen, dann mag eine solche Selbstmanipulation im Geschäftsleben vielleicht gelingen. Aber einen Liebespartner kann man damit nicht täuschen. In einer intimen Beziehung spürt der Partner intuitiv, wie wir über uns selbst denken. Hier kommt alles, was wir in unseren früheren Beziehungen, besonders unseren familiären Beziehungen, erlebt haben, wieder zum Vorschein. Wenn ich mich selbst nicht mag, wie soll mein Partner mich denn lieben? Selbst wenn er es tut, kommt seine Liebe bei mir nicht an. Ich glaube ihm nicht.

Daher ist Selbstliebe eine Grundvoraussetzung für eine gute Partnerschaft. Wohlgemerkt: Eine gesunde Selbstliebe ist gemeint, nicht eine krankhaft übersteigerte Selbstbezogenheit, die im Grunde einen Mangel an natürlicher Selbstliebe und Selbstakzeptanz verbirgt. Jemand, der allseitige Bewunderung nötig hat, fühlt sich minderwertig. Ein Mensch, der ein gesundes Selbstvertrauen hat, strahlt eine selbstverständliche, heitere Stimmung aus. Er braucht nichts zu tun, um geliebt zu werden. Er muss sich nicht verstellen. Er genügt, so wie er ist. Selbstliebe und Selbstvertrauen können in einer Therapie langsam wieder aufgebaut werden. Dort können alte Kränkungen und Verletzungen bearbeitet werden, sodass man sich liebevoll annimmt und dadurch offen wird, auch von einem anderen geliebt zu werden. Geliebt werden setzt Selbstliebe voraus.

Innere Stärke entwickeln

Indem wir uns lieben lernen, stärken wir unsere innere Kraft – auf Englisch nennt man diese innere Stärke *Resilience*, das heißt im wörtlichen Sinne »Elastizität, Zähigkeit, Strapazierfähigkeit«. Für mich ist Resilienz einfach *innere Stärke* und *Reaktionsbereitschaft*. Das ist die Fähigkeit, angemessen auf Unerwartetes zu reagieren, unerschrocken die Herausforderungen des Lebens anzunehmen, geduldig und zuversichtlich anstehende Aufgaben zu erledigen – wie ein Kung-Fu-Meister, der jeden Morgen seine Übungen macht und danach gelassen in seinen Tag geht. Wenn ihm etwas Unerwartetes begegnet, wie etwa ein Angriff von außen, reagiert er ruhig und angemessen darauf. Um diese innere Ruhe und Gelassenheit zu erlangen, müssen wir uns selbst gut kennen, in unseren Stärken und Schwächen, in unseren Sonnen- und Schattenseiten. Wir müssen wissen, welche Krisen wir im Leben erlebt und überwunden haben, und welche wir noch nicht bewältigt haben. Ein guter Kung-Fu-Kämpfer weiß auch, wann seine Gegner ihm zu stark werden, sodass er in solchen Situationen fliehen oder sich Hilfe holen kann.

Im Grunde bedeutet Resilienz, dass wir uns in unserem *Wesenskern* gut kennen. Der Philosoph Otto Bollnow hat dies einmal als »die Durchsichtigkeit für uns selbst« genannt. Dies zu erreichen erfordert viel Arbeit an sich selbst. Das Bewusstsein, dass Irren menschlich ist, gehört ebenfalls zur inneren Stärke. Nicht der ist stark, der meint, sich nie einen Fehler leisten zu dürfen (dies macht eher hart, nicht stark), sondern der weiß, dass ihm auch etwas danebengehen kann, auch wenn er sich bemüht, der aber nach einem Fehltritt versucht, diesen zu verstehen, damit er das nächste Mal nicht den gleichen Fehler begeht.

Traumata in Krisen verwandeln

Wenn wir nach einem traumatischen Ereignis zusammenbrechen, schwächt dies unsere Widerstandskraft. Wir haben dann ständig Angst davor, dass uns etwas Ähnliches wieder passieren könnte. Wir entwickeln möglicherweise ein *posttraumatisches Belastungssyndrom* (siehe Seite 177 f.). Wenn wir jedoch – vielleicht mithilfe einer Therapie – es schaffen, das Trauma zu bewältigen und unsere Wunden zu heilen, werden wir stärker und zuversichtlicher: Wir wissen, dass wir die Fähigkeit haben, auch die nächste schwierige Situation zu bewältigen. Dann sind wir fähig, etwas, das uns früher aus der Bahn geworfen hätte, als eine Krise anzunehmen und angemessen darauf zu reagieren. Ein Schicksalsschlag überwältigt uns nicht mehr, er kann uns nicht mehr traumatisieren. Er ist eben nur noch eine Krise – wir stehen zwar vor einer schwierigen Situation, aber wir wissen, dass wir uns damit auseinandersetzen und sie bewältigen können. Wir sind uns auch sicher, dass wir uns Hilfe holen können. Das macht den entscheidenden Unterschied zwischen Trauma und Krise aus.

Eine traumatische Erfahrung wie das Betrogenwerden in der Partnerschaft können wir somit nutzen, um klüger und weiser zu werden. Wir können daraus lernen, dass wir Unstimmigkeiten zwischen uns und dem Partner gleich ansprechen, statt sie auf die lange Bank zu schieben. Wir können mehr Zeit und Energie in die Pflege der Partnerschaft investieren, statt uns nach Zerstreuung umzuschauen. Wenn wir vor Krisen nicht weglaufen, sondern die Herausforderung annehmen, gewinnen wir an Selbstvertrauen und innerer

Stärke. Es ist, als würden wir unsere seelischen »Muskeln« üben. Jede überstandene Krise lässt uns stärker werden.

Gemeinsam an innerer Stärke gewinnen

Wir gehen nun noch einen Schritt weiter: In der Beziehungs-arbeit geht es nicht nur um die Stärkung der inneren Kraft des Einzelnen, sondern auch um die Stärkung der Partner-bindung. Das Paar muss *gemeinsam* an innerer Stärke, an Resilienz gewinnen. Unser Ziel muss es sein, dass unsere Beziehung an Elastizität, Zähigkeit und Strapazierfähigkeit zunimmt, damit sie auch gegen künftige Krisen (die zweifellos kommen werden) gut gewappnet ist. Um im vorigen Bild zu bleiben, geht es darum, dass das Paar ein gutes Kung-Fu-Kämpferteam wird.

Wir wissen aus dem Tennisspiel, dass zwei gute Einzel-spieler nicht ohne Weiteres ein gutes Doppel spielen können. Ein jeder von ihnen kann zwar für sich gut spielen, aber er muss auch lernen, sich mit dem Partner zu koordinieren und auf ihn einzustimmen. Ich fragte meinen Sohn einmal, wes-halb er so gerne Fußball spielt. Er antwortete: »Weil wir ein Team sind.« Er ist ein guter Einzelspieler, dazu hat er ein gutes Auge für die Gesamtsituation. Er läuft genau dorthin, wo er benötigt wird. Er hilft den anderen aus und geht auf sie zu. Deshalb ist er ein gern gesehener Mitspieler.

Genauso ist es in der Paarbeziehung. Wenn die Partner aufeinander hören und sich aufeinander einstimmen, wächst mit der Zeit ihr Verständnis füreinander. Sie spüren, wie es dem anderen geht, sie gehen aufeinander ein, sie teilen dem Partner mit, was ihnen gerade wichtig ist. So weben sie be-ständig am Band ihrer Beziehung. Dieses Band wird jeden Tag fester und widerstandsfähiger. Dann kann ein Sturm kommen und an dem Strick zerren, ohne dass er zerreißt. Im

Gegenteil, er wird durch die Herausforderung noch stärker und elastischer.

Eine Krise in der Beziehung gemeinsam durchgestanden zu haben, stärkt die Resilienz des Paares. Wir können also eine Situation, die die Partnerschaft zunächst bedroht, in eine Erfahrung verwandeln, die die Beziehung festigt und belebt. Gemeinsam zusammenzustehen schafft ein *Kraftfeld*. Das Paar strahlt Selbstvertrauen, Würde und Zuversicht aus. Freude kommt auf, wie ein beständiges inneres Feuer.

Die Mauer zwischen den Partnern abbauen

Dies ist also das Ziel der Arbeit an der Treue: gemeinsam an innerer Stärke zu gewinnen. Aber bis dahin ist es noch ein weiter Weg, denn wenn einer der Partner fremdgegangen ist, ist ja gerade das innere Band zerrissen oder zumindest beschädigt. Die Partner stehen eben *nicht* mehr zusammen, sondern einander gegenüber. Es ist zwischen ihnen eine Kluft entstanden, eine neue Mauer, die sie trennt.

An dieser Mauer haben wohl beide mitgebaut, jeder auf seiner Seite. Vergegenwärtigen wir uns noch einmal, wie sich eine Affäre entwickelt (nachzulesen in der Tabelle auf Seite 158 ff.): In der *Vorphase* haben sich die Partner bereits voneinander entfernt, sie haben sich entfremdet. Man könnte sich vorstellen, dass jeder seinerseits schon eine kleine Mauer hochgezogen hat. (Im Beispiel am Anfang dieses Kapitels hat der junge Mann erzählt, wie er in der Zeit vor dem Seitensprung sich kaum mehr um seine Freundin gekümmert und das Interesse an ihr verloren hat. Sie haben eigentlich nichts mehr gemeinsam unternommen und nie über sich geredet.) Das ist die erste Mauer. In der *Verliebtheitsphase*, wenn der eine Partner fremdgeht, baut er an der Mauer zwischen sich und seinem Partner, sodass dieser nichts von seiner Affäre mitbekommt. Dies ist die zweite Mauer. Diese Mauer des Verschweigens kracht zusammen, wenn die Wahrheit ans Licht kommt. Dann beginnt der betrogene Partner seinerseits, eine Mauer zu errichten, um sich zu schützen – wenn er etwa aus dem gemeinsamen Schlafzimmer auszieht und keinen Sex mehr duldet. Er grenzt sich ab. Das ist die dritte Mauer.

Sich aufeinander zubewegen:
Reue – Vergebung – Versöhnung

Nun gilt es, diese Mauern abzubauen. Da beide daran mitgebaut haben, muss auch jeder von seiner Seite anfangen, die Mauer abzutragen. Das ist viel Arbeit. Hierzu ein Beispiel vom Paartherapeuten Don-David Lusterman:

Bens Frau hatte eine Affäre. Monate, nachdem sie vorbei war, fragte Ben sie: »Hast du wirklich aufgehört, Lennie zu sehen, wie du es versprochen hast? Ich habe immer einen leisen Verdacht, dass du ihn danach noch getroffen hast.« Sie erwiderte: »Ich hatte damals Angst, es dir zu sagen, aber jetzt fühle ich mich sicherer mit dir. Die Wahrheit ist: Ich traf ihn noch einige Male. Ich hatte das Gefühl, dass ich die Beziehung nicht beenden konnte, außer von Angesicht zu Angesicht, obwohl ich dir versprochen habe, telefonisch mit ihm Schluss zu machen. Und ich habe tatsächlich ein letztes Mal mit ihm geschlafen – aber es war so eigenartig. Es war, als wäre alle Leidenschaft heraus. Ich denke, ich verstehe jetzt endlich, dass die Affäre nicht seiner Person galt – es war meine Enttäuschung über unsere Ehe. Und es war eine dumme Art, meine Enttäuschung zu zeigen – das tut mir leid. Und es tut mir leid, dass ich dich belogen haben.« Als Ben das Geständnis von Irene und ihr Bedauern hörte, schmolz etwas in ihm. Seine Tränen herunterschluckend bat auch er sie um Verzeihung dafür, dass er früher emotional so distanziert und mit anderen Dingen beschäftigt war: »Ich glaube, dass jeder von uns eine Rolle in dieser furchtbaren Sache gespielt hat. Ich kann nur darum beten, dass wir etwas daraus gelernt haben und dass wir nie mehr so etwas durchstehen müssen.«[*]

Ich gebe diese Begegnung zwischen Ben und seiner Frau wörtlich wieder, weil sie die wechselseitige Bitte um Verzeihung und Vergebung gut illustriert. Irene bestätigt Bens Verdacht, dass sie den Geliebten nach der Entdeckung wiedergesehen hat. Sie gibt sogar unaufgefordert zu, dass sie noch einmal mit ihm geschlafen hat. Gleichzeitig bittet sie ihn um Vergebung, dass sie ihn belogen hat. Sie nennt den wahren Grund für ihr Fremdgehen: dass sie in ihrer Beziehung enttäuscht war.

Ihre Ehrlichkeit berührt Ben so, dass er seinen Anteil an der Entfremdung einsieht und sie seinerseits bittet, ihm zu verzeihen, dass er (vor ihrem Seitensprung) so distanziert und desinteressiert gewesen ist. Jeder steht zu seiner Verantwortung für die Krise in ihrer Ehe. Dadurch entsteht eine neue Brücke zwischen ihnen. Die Mauern verschwinden. »Etwas schmolz in ihm.«

Es ist auch bemerkenswert, dass Ben sagte, er bete darum, dass sie etwas aus der Krise gelernt haben und dass ihnen so etwas nicht mehr passiert. Damit eine Beziehung langfristig hält und die Stürme des Lebens besteht, brauchen wir auch Hilfe und Kraft aus anderen Quellen. Ein gemeinsamer Glaube, eine gemeinsame Grundüberzeugung stärkt die Resilienz einer Liebesbeziehung, denn sie gibt ihr eine Kraft von innen heraus.

---

[*] Don-David Lusterman: *Infidelity*, a. a. O., S. 154

Im Alten Testament ist das hebräische Wort für *Wahrheit* das gleiche wie für *Treue*. Beide Bedeutungen sind dort nicht unterschieden. Im Psalm 36 heißt es in der Luther-Übersetzung: »Herr, deine Güte reicht, so weit der Himmel ist, und deine *Wahrheit*, so weit die Wolken gehen.« In der Elberfelder Bibel, die sich eng an den Originaltext hält, heißt es: »Herr, an die Himmel reicht deine Gnade, deine *Treue* bis zu den Wolken.« Hier steht also das gleiche Wort für *Wahrheit* und *Treue*.

Wahrheit hat die Macht, eine eingefrorene Beziehung wieder zum Schmelzen zu bringen. Die Wahrheit tut oft weh, sie ist aber warm, denn sie ist lebendig. Lügen sind kalt und starr, sie lassen die Beziehung erfrieren. Auf eine Lüge folgt die nächste, es entsteht ein Lügengebäude, an dem man nicht rütteln darf. Denn ein Lügengebäude ist auch wackelig. Zieht man einen Stein heraus, bricht alles zusammen. Deshalb erstarrt eine Beziehung, in der betrogen wird. Nichts bewegt sich mehr – sonst würde ja das Lügengebäude (an dem meistens beide Partner gebaut haben) einstürzen.

Die Wahrheit bringt den emotionalen Strom zwischen den Partnern wieder zum Fließen. Die Wahrheit der einen Partei gibt den Anstoß für ein Geständnis von der anderen Seite. Durch diesen wechselseitigen Austausch entsteht wieder ein lebendiger Strom zwischen beiden Partnern.

Sich selbst vergeben

Dem anderen zu verzeihen bedeutet auch, sich selbst zu vergeben. Wenn man erkennt, dass man einen Fehler begangen und dabei einen Menschen, den man liebt, verletzt hat, dann legt sich einem manchmal etwas wie ein schweres Schuldgefühl aufs Herz. Man schämt sich vor seinem Partner, man schämt sich vor der Welt, aber man schämt sich auch vor sich selbst. Denn man hat das eigene Ideal, wie man sein möchte, verraten. Dieses *Schuld- und Schamgefühl* ist wichtig. Das Empfinden tiefer Scham und Schuld ist die stärkste Kraft, die uns dazu motiviert, umzukehren. Aus ihm erwächst der feste Entschluss, einen Fehler nicht mehr zu wiederholen. Es lässt ein tiefes Gefühl der *Reue* in uns entstehen. Wir möchten den Schaden, den wir angerichtet haben, wiedergutmachen. Wir gehen auf den Geschädigten zu und bitten ihn um Vergebung.

Sich seiner Schuld bewusst zu werden heißt zugleich, *demütig* zu werden. Das vorher aufgeblasene Selbstgefühl schrumpft zu seiner richtigen Größe. Die Selbstgerechtigkeit weicht der Erkenntnis, dass man nicht viel besser ist als andere Menschen. Es ist, als sei man im Keller, im untersten Stockwerk gelandet. Man erkennt: Tiefer kann man in seiner Beziehung nicht fallen. Aber nun hat man wieder festen Boden unter den Füßen, während man vorher in seinen Illusionen geschwebt ist. Man wird wieder menschlich, man wird bescheiden. Die Demut lässt uns toleranter und duldsamer werden anderen gegenüber. Angesichts unserer eigenen Unvollkommenheit werden wir geduldiger und wohlwollender hinsichtlich der Schwächen unseres Partners. Wir sehen, wie auch er sich manchmal vergeblich bemüht. Wir sehen, dass wir beide in unseren Möglichkeiten begrenzt sind.

Irren ist menschlich – Irren macht auch menschlich. Wenn wir dies erkennen, fällt auch unser Scham- und Schuldgefühl ab. Wir sind rehabilitiert. Manche Menschen neigen dazu, noch weiter an ihrem Schuldgefühl zu tragen, nachdem sie schon längst dafür gebüßt haben. Sie halten ihre Sünde für unverzeihlich und geißeln sich weiter, oft ihr Leben lang. Dies ist jedoch eine Form der Selbstquälerei, die niemandem nutzt. Sie hat zur Folge, dass man sich immer mehr in sich zurückzieht. Man meidet den Kontakt mit Menschen, die es gut mit einem meinen. Aus lauter Scham beraubt man sich und seinen Nächsten der Möglichkeit, einen neuen Anfang zu machen. Daher ist es wichtig, sich selbst zu vergeben, wenn man genug für seine Fehler gebüßt hat. Wenn man sich dazu bekannt und die Konsequenzen dafür getragen hat, hat die Schuld ihre Schuldigkeit getan. Dann kann man sich aufrichten und dem Partner wieder ins Auge schauen. Der christliche Gott ist ein gnädiger Gott.

Riten der Versöhnung

Verzeihen und Versöhnen brauchen Zeit und Geduld. Irgendwann hat man es dann erreicht, dass man keinen Groll mehr spürt. Die Mauern, die die Partner getrennt haben, sind abgeschliffen. Die Luft zwischen ihnen ist wieder rein. Dann ist es an der Zeit, das Alte zu begraben und hinter sich zu lassen. Dazu können *Riten* sehr nützlich sein. Sie geben dem Abschluss der Trauerphase eine Form und ein Gesicht. Sie können in symbolischen Handlungen ausgedrückt werden, etwa dass man das Vergangene begräbt, verbrennt oder in den Fluss wirft. Man kann einen Baum zum Zeichen der Versöhnung pflanzen. Man kann eine lang ersehnte Reise zu zweit machen. Man kann eine Pilgerfahrt unternehmen. Man kann eine Wohnung, in der man in der Zeit des Konfliktes zusammengelebt hat, renovieren oder in eine neue Gegend ziehen.

Ein Mann war seit vielen Jahren sexsüchtig: Er ging laufend fremd, konsumierte Pornos, besuchte Sexklubs. Seine Frau warf nach Jahren, in denen sie versucht hatte, über sein Verhalten hinwegzusehen, das Handtuch und ging. Die Trennung machte ihm deutlich, wie krank er war. Er begab sich in Behandlung. Nach einer langen und entbehrungsreichen Zeit konnte er sich schließlich von seiner krankhaften Neigung befreien und ganz von vorn anfangen. Ein Jahr, nachdem er wieder »clean« war, rief er seine ehemalige Frau an und lud sie zu einem Essen ein, um sich bei ihr zu bedanken, dass sie ihm mit ihrer Konfrontation geholfen hatte, sein Leben zu verändern. Sie versöhnten sich, auch wenn sie nun getrennt leben.

Entrümpelung

Zu den wichtigsten Riten einer Versöhnung gehört die Entrümpelung alten Mülls. Wenn ein Paar lange Jahre zusammengelebt hat, sammeln sich allerhand Sachen an: Souvenirs, Bücher, Fotos, alte Kleidung, Schuhe, Einrichtungsgegenstände usw. Wenn man auch noch Kinder (gehabt) hat, türmen sich auch die früheren Kindersachen im Keller oder auf dem Speicher. *Alter Müll sind meistens die Überreste überlebter Bindungen (»alte Treue«).* Man hat es bisher noch nicht übers Herz bringen können, sich von ihnen zu trennen. Alte Sachen machen uns zwar sentimental, aber sie belasten auch. Sie machen uns unbeweglich – im wahrsten Sinne des Wortes. Jeder Umzug wird beschwerlicher, bis man sich eines Tages in einem Museum mit lauter toten Gegenständen wiederfindet.

Müll ist außerdem ein Zeichen für *Sucht.* Suchtabhängige hinterlassen, wo sie stehen und gehen, Zigarettenkippen, Bier-

flaschen, Essensreste, Bücherhaufen, ausgediente Elektroge-
räte, Schrottautos. Sie konsumieren, ohne danach aufzuräu-
men. Die meisten fühlen sich wohl in ihrer Unordnung, ohne
zu wissen, dass ihr Müll langsam ihre Partnerschaft zersetzt
und ersetzt. Wo es zum Himmel stinkt, lässt sich keine Nähe
herstellen. Wenn man über Berge von Zeitungen steigen muss,
bevor man ans Bett kommt, können keine zärtlichen Gefühle
entstehen. Für Partner von Suchtabhängigen kommt irgendwann der Zeitpunkt, an dem sie sich entscheiden müssen, weiter mitzumachen in einem Leben, in dem sie wie Sisyphos hinter dem Süchtigen herräumen, oder zu gehen.

Leer werden

Sich von alten, liebgewonnenen Sachen und Erinnerungsstü-
cken zu trennen, tut weh. Im Abschiednehmen spüren wir
noch einmal, was diese Dinge uns einmal bedeutet haben.
Wir merken aber gleichzeitig, dass sie einer Zeit angehören,
die vergangen ist. In einer lebenslangen Beziehung muss man
immer wieder Abschied nehmen, um neu anfangen zu können. Abschied nehmen ist wie ein kleines Sterben.

»Leer werden« in einer Beziehung bedeutet einerseits,
uns der Kostbarkeit jedes gelebten gemeinsamen Augenblicks
bewusst zu werden, andererseits heißt es, das Gelebte nicht
festzuhalten, sondern es freizulassen, sodass es in die Vergangenheit versinken kann. Im Film »Harold and Maud«, einer
ungewöhnlichen Liebesgeschichte zwischen einem Jüngling
und einer alten Frau, gibt es eine Passage, die dieses Loslassen deutlich zeigt. Harold hat sich in Maud verliebt. Sie sitzen
am Meer und schauen in den Sonnenuntergang. Da steckt er
ihr einen Ring, den er auf der Kirmes erstanden hat, an den
Finger. Sie freut sich sehr darüber – dann streift sie ihn vom
Finger und wirft ihn im hohen Bogen ins Wasser.

Zärtlichkeit und Sinnlichkeit

Ein Mann beklagt sich darüber, dass seine Frau ihm gegenüber so ablehnend sei. Bei der Frage, woran er dies denn merke, antwortet er, dass sie nur selten bereit sei, mit ihm zu schlafen. Beim genaueren Nachfragen wird deutlich, dass er eigentlich keine andere körperliche Beziehung kennt außer der Sexualität. Auch zu seinen Kindern ist er äußerst sparsam im Ausdruck seiner Zuneigung, obwohl er sie genauso liebt wie seine Frau.

Männer (aber auch Frauen) kennen häufig nur die Sexualität, um ihre Liebe und Nähe auszudrücken. Wenn Liebe ausschließlich auf Sex beschränkt ist, verarmt eine Beziehung, sobald das Feuer der anfänglichen Leidenschaft heruntergebrannt ist. Dann sucht man möglicherweise nach dem nächsten Partner, um das innere Begehren wieder zu entfachen. Der Reiz einer Affäre wird durch die Geheimhaltung potenziert. Enttäuscht entdecken manche, die fremdgegangen sind, dass ihre Geliebte gar nicht mehr so anziehend ist, sobald das Verhältnis legalisiert ist.

Sexualität ist zwar in unserer offenen Gesellschaft überall präsent. Man meint, sie sei wunderbar, aber wo lernt man sie – die Liebeskunst? Es gibt heute zwar Aufklärungsunterricht in der Schule. Es gibt jede Menge Bücher über dieses Thema. Aber es scheint immer noch, als müsste man es sich im Selbststudium aneignen. Es ist auch nicht einfach, etwas darüber aus erster Hand zu erfahren. Selbst wenn die Eltern sonst liebevoll und zärtlich sind: Was im Schlafzimmer geschieht, bleibt den Kindern oft verschlossen. Das Liebesspiel bekommt man höchstens im Film oder in Liebesromanen dargeboten, und dort ist es entweder romantisiert oder pornografisch, aber nur selten realistisch.

Eine zweite Schwierigkeit taucht auf, die das Ganze heikler macht. Sexualität findet an der *intimsten Grenze* statt, die wir haben. Diese kann leicht verletzt werden, wenn der Partner dabei zu schnell, zu grob oder zu unsensibel vorgeht. Hier ist also Achtsamkeit und Sensibilität geboten. Gleichzeitig hat sie aber mit *Entgrenzung* zu tun: sich loslassen, sich gehen und sich fallen lassen. In der leidenschaftlichen Umarmung heißt es, die Kontrolle aufzugeben, wo man vorher vorsichtig sein musste. Zwischen diesen beiden Extremen bewegen sich Liebende, in einem Tanz, dessen Choreografie vorher nicht einstudiert werden kann, sondern sich völlig aus dem Moment entwickelt – wie bei einer musikalischen Improvisation. Wie soll man aber improvisieren können, wenn man weder Noten lesen kann noch das Instrument beherrscht, auf dem man spielt?

Deshalb sollten Liebende sich nicht davor scheuen, Unterstützung in Anspruch zu nehmen. Es gibt nicht nur Tanzkurse, sondern auch Paarseminare, in denen Paare die Sinnlichkeit wiederentdecken lernen. Es gibt auch Kurse zum Erlernen erotischer Massagen, sogar Kochkurse für »erotic food«. Manche Anleitungen werden nicht nur auf Seminaren angeboten, sondern können als DVDs oder Videos erworben werden. Es gibt viele Möglichkeiten in einer Beziehung, sich körperlich kennenzulernen – beim Baden, Massieren, Tanzen, Kuscheln, Kochen, Essen, Raufen. Wichtig ist, nicht nur intuitiv aufeinander einzugehen, sondern auch darüber zu sprechen. Wie hätte man es gern? Was törnt einen an? Was törnt einen ab? Wo ist man empfindlich? Wie möchte man berührt werden? Es gibt nicht nur viele individuelle Vorlieben, es gibt auch geschlechtsspezifische, kulturelle, familiäre Unterschiede in der Art, mit seinem Körper umzugehen. All dies kennenzulernen, ist wie einen neuen, unbekannten Kontinent zu entdecken.

Wenn man sich in der Liebesbeziehung auf diese Weise näherkommt, wird man entdecken, welche Vielfalt uns Intimität bietet. Wir werden sehen, dass Zärtlichkeit etwas anderes als Sinnlichkeit ist, so wie diese sich ihrerseits von der Leidenschaft unterscheidet. Alle Nuancen dieses weiten Feldes entfalten sich, wenn wir uns wirklich auf unseren Partner einlassen. Oft ist es persönliche Scheu, manchmal auch anerzogene Hemmung, die uns davor zurückhält, uns wirklich näherzukommen. Dann ist es vielleicht gut, wenn man erst einmal miteinander über die inneren Hemmungen spricht, zum Beispiel in einem Zwiegespräch (siehe Anhang). Einander ehrlich in seiner Unsicherheit zu begegnen, öffnet die Tür zu mehr Intimität.

Würdigung des Alltags

In einer langjährigen Beziehung überwiegt meist der Alltag: Arbeit, Kinder, Haushalt – all dies bestimmt weitgehend das Leben zu zweit. Da verliert man leicht den Partner aus den Augen. Man merkt gar nicht, wie viel jeder Partner Tag für Tag für die Beziehung und die Familie tut. Es ist, als wäre ein Tag wie jeder andere. So vergehen Tage, Monate und Jahre. Man wird älter und weiß gar nicht, was man am anderen hat.

Daher ist es gut, immer wieder Halt zu machen und eine Pause einzulegen – es kann nach dem Feierabend sein, am Wochenende, im Urlaub –, wo man sich Zeit nimmt, um beieinander zu sein, zu kuscheln, zu erzählen, was man in der Zwischenzeit alles erlebt hat, was einen gerade beschäftigt. Intimität kann in solchen Momenten bedeuten, dass man offen ist für den anderen und spürt, wie es ihm geht. Ihm das Gefühl zu geben, dass man ihn versteht und mit ihm mitfühlt. Alleinstehende wissen es: Das, was ihnen am meisten fehlt, ist nicht der Sex, auch nicht die Liebe, sondern das gemeinsame Teilen des Alltags – dass man morgens jemandem seinen bösen Traum erzählen kann, dass man sich mal über den launischen Chef oder das pubertierende Kind beklagen kann, dass man abends nicht allein ins Bett gehen muss. All das geben wir dem Partner und empfangen wir von ihm, jeden Tag. Das ist etwas einzigartig Wertvolles.

Abwechslung und neue Farben

Nichtsdestoweniger ist es gut, wenn wir uns spezielle Zeiten herausnehmen, in denen wir mit dem Partner etwas Besonderes erleben. Dies hebt uns aus dem Alltag und macht das Sahnehäubchen einer Liebesbeziehung aus. (Außerdem macht es uns immun gegen die Versuchung eines Seitensprungs.) Wenn man Kinder hat, sollte man wenigstens einen Abend in der Woche für sich und den Partner reservieren, an dem man – mit der Rückendeckung eines Babysitters – zu zweit etwas Besonderes unternimmt. Man kann schön essen, ins Kino oder Theater gehen, einen langen Spaziergang machen, einen Tanzkurs besuchen, sich mit Freunden treffen. Diese Auffrischungen sind ungeheuer wichtig, manchmal lebensrettend für eine langjährige Beziehung. Sobald die Kinder aus dem Gröbsten heraus sind, kann man auch kleinere oder größere Urlaube zu zweit planen, wo man wie frisch Verliebte nach Venedig, Prag oder Paris fährt, wo man wandern geht oder eine Kulturreise unternimmt. In diesen Urlauben frischt oft die sexuelle Beziehung wieder auf. Man wundert sich, wie leicht es fällt, wieder aufeinander zuzugehen, wenn man frei von Arbeit und Kindern ist. Wenn ein Paar auf diese Weise sich immer wieder etwas Neues gönnt, wird man keine aufregende Affäre vermissen.

Feste feiern

Unter diesen besonderen Erlebnissen ragen Feste heraus. Feste sind Rituale, in denen wir uns und unsere Beziehungen hervorheben, in denen wir das Leben feiern. Feste sind Akzente, die wir setzen, um mit Freunden, Verwandten, vielleicht sogar mit der ganzen Gemeinde, in der wir leben, einen bedeutenden Lebensübergang oder das Erreichen eines lang ersehnten Zieles gemeinsam zu feiern. Ich war einmal auf der Bar-Mizwa unseres Neffen eingeladen (der Einführung eines Jungen in die jüdische Glaubensgemeinschaft). Da haben wir zu hundert getanzt, so ausgelassen und leidenschaftlich, wie ich es noch nie erlebt hatte. Man erzählte mir, dass gelegentlich schon der eine oder andere beim Tanz tot umfällt! So feiert man das Leben. Geburt, Erwachsenwerden, Tod – nichts wird ausgelassen.

Als Paar können wir Geburtstage, Jahrestage, Kennenlerntage, Hochzeitstage feiern. Es ist ein wunderbarer Anlass, unsere Verbundenheit mit Menschen, die wir lieben, zu erneuern und zu bestätigen. Solche Feste und die Erinnerung daran geben uns die Zuversicht und Kraft, den gemeinsamen Weg fortzusetzen.

An solchen Jubiläumsdaten können wir natürlich auch, statt zu feiern, uns unseren Erinnerungen zuwenden – vielleicht indem wir alte Fotos oder Videos anschauen, indem wir Kinder und Enkel einladen oder zu zweit an einen erinnerungsträchtigen Ort fahren. Unsere Erinnerungen sind, besonders wenn wir älter werden, wie eine unersetzliche Schatztruhe, in der wir den Spuren des Werdens und Wachsens unserer Beziehung nachgehen können. Indem wir die Vergangenheit wiederbeleben, schöpfen wir Kraft für das Jetzt und die Zukunft.

Mit Versuchungen umgehen lernen

Reizende Begegnungen und attraktive Angebote können überall und jederzeit auftauchen. Gerade in unserer mobilen Welt gibt es viele Möglichkeiten, interessante Menschen kennenzulernen. Es kann nebenan im Supermarkt, in einem Volkshochschulkurs ebenso wie auf einer Zugfahrt oder einer Geschäftsreise passieren. Wenn die zwischenmenschliche Schwingung stimmt und man gerade ohne Partner ist, kommt man sich schnell näher. Manchmal trifft man auch einen alten Bekannten, den man länger nicht mehr gesehen hat. In Zeiten, in denen man dafür besonders offen ist (wenn man zum Beispiel gerade Ärger zu Hause hat oder – umgekehrt – wenn es einem im Moment besonders gut geht), kommt man leicht in Versuchung, die Gelegenheit zu nutzen.

Auch hier ist es eine Frage der angemessenen Grenzziehung. Ich kann jemandem sehr wohl nahekommen und eine schöne Zeit mit ihm verbringen, wenn ich meine Grenzen einhalte und die Grenzen meines Gegenübers respektiere. Man kann sich sogar gelegentlich in jemanden verlieben und von ihm fasziniert sein, ohne dass man die Grenzlinie überschreitet. Es ist ähnlich wie bei der Sexualität: Es gibt eine Vielfalt von Nuancen, wie wir einem Menschen, der uns sympathisch ist und uns anspricht, begegnen können, ohne dass wir mit ihm intim werden müssen. Kontakt und Anregung sind etwas, das jeder Mensch braucht. Es bereichert uns und bringt uns weiter. Dies ist nicht nur vereinbar mit unserer Liebesbeziehung, es ist sogar eine notwendige Ergänzung davon. Kein Mensch kann auf die Dauer von einer einzigen, exklusiven Beziehung allein glücklich sein.

Wenn wir unsere Grenzen wahren, können wir die Begegnung mit besonderen Menschen schätzen und danach auch unserem Partner davon erzählen, ohne dass er eifersüchtig zu reagieren braucht. Dies ist der entscheidende Punkt: Ob ich meinem Partner von meiner Begegnung offen erzählen kann oder nicht. Mache ich ein Geheimnis daraus, könnte dies der Anfang eines Seitensprungs oder zumindest einer emotionalen Affäre sein. Dann bin ich nämlich dabei, etwas, das ich eigentlich mit meinem Partner teile, abzuspalten und es in die andere Beziehung zu schmuggeln. Meist hat dies mit erotischer Spannung zu tun. Dann habe ich möglicherweise die Grenzlinie schon überschritten.

Es gibt eine einfache Methode, dies zu vermeiden beziehungsweise rückgängig zu machen: Man kann die dritte Person mit dem eigenen Partner bekannt machen, und man kann darum bitten, den Partner der anderen Seite (falls vorhanden) kennenzulernen. Wenn man eine zuvor geheim gehaltene Beziehung offenlegt, löst sich der Ruch des Geheimen schnell auf. Man kann ein herzliches Verhältnis mit der betreffenden Person pflegen, ohne dass es uns kompromittiert.

»Ökologie der Beziehungen« – soziale Netzwerke

Der Begriff »Ökologie der Beziehungen« stammt vom Paartherapeuten Jürg Willi*. Er besagt, dass alle menschlichen Beziehungen ähnlich wie in der Umwelt untereinander vernetzt sind. Unsere Liebesbeziehung können wir nicht unabhängig sehen von unseren Beziehungen und Bindungen mit unseren Eltern und Kindern, unserer Herkunftsfamilie, unserer Kultur, unserer Geschichte, unserem Freundes- und Bekanntenkreis, unserer Arbeitswelt und letztlich auch von der Natur, von der wir ja ein Teil sind. Treue in unserer Lie-

---

* Jürg Willi (Hrsg.): *Ökologische Psychotherapie. Theorie und Praxis*, Reinbek: Rowohlt-TB 2005

besbeziehung kann nur dann von Dauer sein, wenn wir auch in einem guten Verhältnis zu allen anderen Aspekten unseres Lebens stehen. Je verlässlicher diese Beziehungen sind, desto stabiler ist auch unsere Partnerschaft. Es ist wie ein großes Netz: Wenn alle Stricke fest und gut verknotet sind, können wir Belastungen besser abfedern, als wenn Lücken oder Schwachstellen im Netz sind. Die Resilienz, von der ich oben geschrieben habe, also unsere innere Belastbarkeit, hängt auch vom sozialen Netzwerk ab, das wir geknüpft haben und in dem wir eingebettet sind.

Wir wissen alle, wie wichtig gute Freunde in der Not sind; wie gut es tut, wenn unsere Familie uns beisteht, wenn es in unserer Liebesbeziehung kriselt; welch gute Unterstützung ein vertrauter Therapeut sein kann, wenn etwas im Leben schiefgeht. Ein Spaziergang in der Natur bringt uns wieder ins Lot, wenn wir innerlich aufgewühlt sind. Wir wissen, wie uns ein vertrauter Text, ein religiöses Buch oder ein Gebet in Zeiten der Verzweiflung trösten kann. All dies bildet ein unsichtbares Netz, in dem unsere Beziehungen eingebettet sind. Dieses Netz, das aus vielen verlässlichen Verbindungen besteht, ist die Grundlage für unsere Treue in der Liebe.

Spiritualität und religiöse Bindung

Hinter dieser »Ökologie der Beziehungen« steht letzten Endes die Verbindung mit dem Allumfassenden. Wenn Sie sich an das Modell des Wesenskerns erinnern, den Kreis mit dem Punkt in der Mitte (Seite 45), dann bildet das Göttliche den Mittelpunkt dieses Kreises. Ich glaube, dass im Zentrum unseres Wesenskerns etwas Großes, Unfassbares steht, das in und um uns ist, das auf uns aufpasst und für uns sorgt, was auch immer geschieht. Ich habe diese Mitte in Zeiten der

Not erlebt, es sind »Engel« erschienen, die mich durch diese Zeiten begleitet haben (Engel in Form von hilfreichen Menschen, die unerwartet auftauchten oder das innere Bild eines Hundes, der lange Jahre unser Begleiter war). Ich hatte nie das Gefühl, selbst in der schlimmsten Krise, dass ich alleingelassen war. Diese Verbundenheit lässt mich zuversichtlich werden, das Leben bestehen zu können. Letztlich ist es die Erfahrung dieser *existenziellen Geborgenheit*, die uns in unseren Beziehungen und allem, was wir erleben und erleiden, stützt und hält.

Dankbarkeit

Daher können wir im Grunde dankbar sein, dankbar für alles, was das Leben uns schenkt, auch für die Herausforderungen, die es uns stellt. Alle Menschen, Tiere, Pflanzen und andere Wesen, die uns im Leben begegnen, sind Gefährten auf unserem Lebensweg – unsere Lebenspartner, unsere Eltern und Geschwister, unsere Kinder, die Menschen, die wir einmal geliebt haben und denen wir nahe waren, auch unsere Gegner und Feinde. Sie alle tragen etwas zu unserem Lebensweg bei. Durch ihre Anstöße bekommt unser Leben Sinn und Richtung. Sowohl das Unerwartete, Herbe, Bittere als auch das Erhoffte, Beglückende, Lösende geben unserem Leben Farbe. Eigentlich ist das Leben Gnade, die wir nur demütig annehmen können.

»Der Eisenofen« – ein Beispiel für den langen Weg zur Treue

Um den langen Weg zur Treue zu illustrieren, möchte ich eines meiner Lieblingsmärchen erzählen. Das Märchen »Der Eisenofen« der Gebrüder Grimm handelt von der Treue, die verraten wurde, und ihre Wiederherstellung. Es gibt die Stufen der Entwicklung von Treue außerordentlich plastisch wieder. Im Folgenden gebe ich das Märchen gekürzt wieder:

Ein Königssohn wurde von einer alten Hexe verwünscht, dass er im Wald in einem großen Eisenofen sitzen sollte. Eines Tages verirrte sich eine Königstochter in den Wald und entdeckte den Eisenofen. Da kam eine Stimme heraus und fragte sie, wer sie sei. Der Unbekannte versprach ihr, den Weg nach Hause zu zeigen, falls sie ihm unterschreibe, mit einem Messer wiederzukommen und ein Loch in das Eisen zu kratzen. In ihrer Not gab sie ihm das Versprechen und fand mit dessen Hilfe den Weg zurück zu ihres Vaters Schloss. Sie wollte aber den Eisenofen nicht heiraten und schickte statt ihrer eine Müllerstochter, dann eine Schweinehirtentochter zum Eisenofen. Dieser entlarvte die Täuschungen und drohte, das ganze Königreich in Schutt und Asche zu legen, falls sie nicht persönlich käme. Sie musste hin, kratzte ein Loch in den Eisenofen und sah darin einen wunderschönen Jüngling in Gold und Edelsteinen, der ihr gut gefiel. Er stieg heraus und sprach: »Du bist mein, und ich bin dein, du bist meine Braut und hast mich erlöst.« Er wollte sie mit sich in sein Reich führen, aber sie bat sich aus, dass sie noch einmal zu ihrem Vater gehen dürfe. Der Königssohn erlaubte es ihr, doch sollte sie nicht mehr als drei Worte zu ihrem Vater sagen. Sie ging, aber sprach mehr als drei Worte. Darauf verschwand der Eisenofen über gläserne Berge und schneidende Schwerter. Sie suchte ihn neun Tage vergebens, schließlich fand sie ein Häuschen, in denen Itschen (Kröten) saßen. Sie wurde willkommen geheißen und erzählte, was geschehen war. Da gab ihr die alte Itsche drei Nadeln, ein Pflugrad und drei Nüsse mit. Sie kam an einen gläsernen Berg, steckte die drei Nadeln hinter die Füße und kam darüber. Dann kam sie zu drei schneidenden Schwertern, über die sie auf ihrem Pflug sitzend rollte. Dann fuhr sie über ein großes Wasser und kam zu einem großen Schloss. Sie verdingte sich dort als Magd, weil sie herausfand, dass der Königssohn aus dem Eisenofen dort war und eine andere heiraten wollte, weil er dachte, seine erste Braut sei längst gestorben. Die Magd biss eine der drei Nüsse auf, heraus kam ein stolzes, königliches Kleid. Als die Braut davon erfuhr, wollte sie ihr das Kleid abkaufen. Die Magd sagte, sie verkaufe es, wenn sie eine Nacht in der Kammer des Bräutigams schlafen dürfe. Die Braut willigte ein, aber gab dem Königssohn einen Schlaftrunk. In der Nacht weinte die Königstochter und rief: »Ich habe dich erlöst aus dem wilden Wald und aus einem eisernen Ofen, ich habe dich gesucht und bin gegangen über einen gläsernen Berg, über drei schneidende Schwerter und über ein großes Wasser, eh ich dich gefunden habe, und du willst nicht hören.« Er schlief aber fest. In der zweiten Nacht geschah das Gleiche. Aber die Bediensteten des Prinzen sagten ihm, was sie gehört hatten. Als sie in der letzten Nacht kam, hütete sich der Kö-

nigssohn und ließ den Schlaftrunk vorbeigehen. Wie sie weinte und sprach, sprang er auf und sprach: »Du bist mein, und ich bin dein!« Sie flohen und kamen den gleichen Weg zurück. Als sie zum Häuschen der Itschen zurückkamen, war es ein großes Schloss. Die Itschen waren alle erlöst und lauter Königskinder. Alle freuten sich, es gab eine Hochzeit. Sie holten auch ihren Vater zu sich »und hatten zwei Königreiche und lebten in gutem Ehestand.«[*]

Dieses Märchen markiert alle Stationen der Prüfung der Treue in einer Liebesbeziehung:

- Der Königssohn war von einer alten Hexe in den Eisenofen verbannt. Im Märchen steht die Hexe häufig für die böse Mutter. Der Eisenofen ist ein Symbol für Scham: Wenn man sich schämt, versteckt man sich und verhüllt sich. Man könnte sich zum Beispiel vorstellen, dass der Königssohn von seiner Mutter missbraucht wurde und sich in seiner Scham im Eisenofen verbarg – bis die wahre Liebe ihn erlöste. (Im grimmschen Märchen »*Allerleirauh*« kommt das gleiche Motiv vor: Das von seinem Vater begehrte Mädchen versteckt sich in einem Baum und verhüllt sich in dicken Fellen.)
- In der Gestalt des Eisenofens war der Prinz aber für die Königstochter völlig unattraktiv. Sie wollte ihn nicht heiraten. Deshalb musste er sie zur Heirat zwingen. Sie musste unterschreiben, dass sie wiederkommen würde. Ein unter Druck entstandener Ehevertrag ist aber nichts wert. Deshalb versuchte die Königstochter ihrerseits, ihn mit zwei Stellvertreterinnen zu täuschen.

---

[*] Jacob und Wilhelm Grimm: *Die Kinder- und Hausmärchen der Brüder Grimm*, 3. Nachdruck der Ausgabe Kassel 1812/1814, Lindau: Antiqua 1988

- Als sie schließlich doch gezwungenermaßen zurückkam und ihn aus dem Eisenofen befreite, verliebten sie sich ineinander und er sprach die entscheidenden Worte: »Du bist mein, und ich bin dein!« Da war ihre Liebe besiegelt.
- Aber die Königstochter war noch nicht reif für die Beziehung, weil sie noch an ihrem Vater hing, das heißt, ihr Herz war noch nicht frei für ihren Geliebten. Daraufhin verschwand er.
- Sie bereute es und suchte überall nach ihm. Dies ist der Beweis ihrer Treue. Sie erhielt Hilfe von den Itschen – seit alters her gelten Kröten als weise Tiere, die alte Itsche könnte als eine »gute Mutter« für die Königstochter angesehen werden.
- Sie bekam die drei Gegenstände, mit denen sie die Hindernisse – den gläsernen Berg, die drei Schwerter und das große Wasser – überwinden konnte.
- Jedoch hatte der Königssohn sie zwischenzeitlich für tot geglaubt und wollte eine andere heiraten – nun ist er untreu geworden. Den Schlaftrunk könnte man als Sucht deuten, die ihn daran hinderte, seine richtige Braut zu erkennen.
- Auch hier ist die Hilfe von außen wichtig: Seine Bediensteten erzählten ihm, was nachts geschehen war, sodass er vom Schlaftrunk ließ.
- Als sie ihm die Geschichte ihrer Beziehung das dritte Mal erzählte, sprang er auf und leistete zum zweiten Mal – nun von den Versuchungen befreit – den Liebesschwur: »Du bist mein, und ich bin dein!«
- Endlich waren beide wieder vereint. Sie erlösten damit nicht nur sich selbst, sondern auch die Itschen. Auch der Versöhnung mit dem Vater der Königstochter stand nichts mehr im Wege. Die falschen Bindungen – sie zum Vater, er zur falschen Braut – haben allen geschadet. Die richtige Bindung erlöste alle aus ihrer Verzauberung.

An diesem Beispiel können wir ersehen, welch langer und gewundener Weg zur wahren Liebe führt. Die Königstochter musste ihre enge Beziehung zum Vater hinter sich lassen und einen unendlich weiten Weg über viele Hindernisse zurücklegen, bis sie ihren Bräutigam wiederfand. Auch dann musste sie ihre Nebenbuhlerin austricksen, um in die Schlafkammer (die man als das Innerste, also den Wesenskern des Königssohns interpretieren könnte) zu gelangen. Der Königssohn stand ebenfalls unter dem Bann der Hexe (seiner Mutter). Er konnte nur durch die Liebe der Königstochter (mit dem Messer am Eisenofen kratzen) erlöst werden. Durch ihren Verrat enttäuscht (dass sie mehr als drei Worte zu ihrem Vater sprach), verschwand er und ging zu einer anderen Frau. Dort verfiel er der Sucht. Erst als er »den Schlaftrunk vorbeilaufen ließ«, konnte er seine wahre Braut wiedererkennen. Wahrlich ein langer, aber ermutigender Weg einer großen Liebe!

Das Erlernen der Kunst, treu zu sein

Treue fällt nicht vom Himmel. Treue ist für die meisten von uns etwas, was wir im Leben erlernen müssen. Wie das Erlernen einer Sprache oder eines Instrumentes ist die Fähigkeit, eine Beziehung langfristig lebendig zu führen, eine Kunst, in die wir uns einüben müssen. Denn Treue beinhaltet eine Vielfalt von Einstellungen, Fähigkeiten und Haltungen, die wir erst im Laufe der Zeit erwerben.

Was sind es für Fähigkeiten, die wir auf diesem Weg erlernen können?

- *Selbsterkenntnis*: Wir lernen uns selbst kennen, besonders in unseren Schwächen: Kann ich mich auf mich verlassen? Wo bin ich verführbar? Wo bin ich misstrauisch? Wo bin ich kränkbar?
- *Impulskontrolle*: Wir lernen unsere spontanen Impulse und unsere Gefühle kennen und lernen mit der Zeit, sie zu lenken, statt ihnen willenlos ausgeliefert zu sein.
- *Wahrhaftigkeit*: Wir lernen, uns selbst gegenüber wahrhaftig zu sein über unsere Motive, Wünsche und Bedürfnisse (anstatt uns etwas vorzumachen).
- *Klarheit über unsere Liebesbeziehung*: Wir gewinnen Klarheit über unsere Gefühle unserem Partner gegenüber: Was empfinden wir für ihn? Was verbindet uns mit ihm? Welchen Stellenwert hat er in unserem Herzen? Steht er für uns an erster Stelle? Halten wir möglicherweise die

Partnerschaft aus Gewohnheit, Bequemlichkeit, Alternativlosigkeit oder Schuldgefühlen aufrecht?

- *Vertrauen*: Habe ich genügend Vertrauen in mich, meinen Partner und in unsere Beziehung, dass wir die Stürme des Lebens gemeinsam meistern können?
- *Geduld*: Schaffe ich es, die Zeiten der Dürre, Stürme, Irrungen und Wirrungen in einer langjährigen Beziehung durchzuhalten?
- *Toleranz*: Können wir es aushalten, wenn unser Partner sich in seinen Vorlieben, seinen Freundschaften, seinen Idealen und Lebenszielen von uns unterscheidet?
- *Freiheit*: Erlaube ich mir selbst, meine Vorlieben, meine Freundschaften, meine Ideale und Lebensziele zu pflegen und zu verfolgen, auch wenn sie sich von denen meines Partners unterscheiden?
- *Kreativität*: Finden wir gemeinsam Wege und Möglichkeiten, diese Unterschiede nicht (nur) als Hindernisse, sondern auch als Angebote an uns und an den Partner anzusehen und die Vielfalt, die darin verborgen liegt, kreativ zu nutzen?
- *Stabilität*: Schaffen wir es, bei aller Vielfältigkeit unser Selbstverständnis, unsere Beziehung und unseren Alltag stabil zu halten?
- *Flexibilität*: Können wir auf vorhersehbare und unvorhersehbare Veränderungen im Zusammenleben angemessen reagieren (zum Beispiel auf Kinder, auf unerwartete Schicksalsschläge und andere Veränderungen in unseren Lebenszielen und -perspektiven)?
- *Beständigkeit im Wandel*: Können wir bei allem Wandel Kurs halten?
- *Balance*: Können wir das Gleichgewicht zwischen den Interessen von Ich – Du – Wir – und anderen Beziehungen halten?

- *Aufgabenteilung*: Können wir die gemeinsamen Aufgaben (Kinder, Haushalt, Beruf) auf faire Weise teilen?

- *Grenzen ziehen*: Können wir angemessene Grenzen ziehen zwischen unseren eigenen Interessen und denen des Partners? Wo müssen wir Kompromisse machen? Wo muss ich zu mir stehen? Wo gestehe ich dem Partner den Vorrang zu?

- *Beziehungsgrenzen ziehen*: Hat meine Liebesbeziehung den ersten Platz in meinem Herzen? Ist sie klar und deutlich von anderen wichtigen Beziehungen abgegrenzt? Wo gibt es Grenzkonflikte? Wo streiten sich zwei (oder mehrere) Beziehungen um den gleichen Platz in meinem Herzen? Wie gehe ich mit diesem inneren Konflikt um?

- *Mit Versuchungen umgehen lernen*: Wo sind wir verführbar? Warum reagieren wir auf Verlockungen und Angebote? Schmeicheln sie uns in unserem Narzissmus? Sprechen sie uns in unseren geheimen Wünschen und Sehnsüchten an? Wie können wir angemessen auf sie reagieren? Wie behalten wir unsere Standfestigkeit?

- *Unsere Sehnsüchte und Leidenschaften verstehen und mit ihnen umgehen lernen*: Woher kommen unsere tiefsten Sehnsüchte – was hat uns im Leben gefehlt? Woher kommen unsere Leidenschaften – welches innere Bedürfnis sollen sie befriedigen? Wie gehen wir gut und angemessen mit ihnen um, ohne ganz auf sie verzichten zu müssen und ohne ihnen willenlos ausgeliefert zu sein?

- *Fehltritte anerkennen und von ihnen lernen*: Kein Mensch ist unfehlbar, Irren ist menschlich. Was können wir tun, wenn wir einen Fehler begangen haben? Wie können wir zurückfinden zu unserem eigenen Pfad? Wie gehe ich mit meinen Schuld- und Schamgefühlen um? Wie sage ich es meinem Partner?

- *Sich verzeihen lernen*: Können wir uns nach einem Fehltritt verzeihen? Wie lernen wir, mit uns selbst wahrhaftig, aber auch liebevoll umzugehen?

- *Dem Partner verzeihen lernen*: Können wir dem Partner nach einem Fehltritt verzeihen? Wie gehen wir mit unseren Gefühlen wie Wut, Enttäuschung, Rachebedürfnis, Ekel und Distanzbedürfnis um?
- *Aus Beziehungskrisen lernen*: Schaffen wir es, eine Krise als gemeinsame Chance für eine Neubesinnung und einen Neubeginn zu nutzen? Wie bewältigen wir sie persönlich, wie bewältigen wir sie als Paar?
- *Den gemeinsamen Weg schätzen*: Können wir sowohl die Freuden als auch die Schmerzen, die wir im Laufe einer langen Beziehung erleben, als gemeinsame Lern- und Lebenserfahrung annehmen? Können wir daran wachsen?
- *Die Ernte einfahren*: Wenn die schlimmsten Krisen überwunden sind: Können wir die Ernte einer lebenslangen Beziehung dankbar annehmen?

Sie werden beim Lesen dieser Punkte sicherlich gemerkt haben: Es sind existenzielle Fragen, die sich uns entgegenstellen, wenn wir an das Thema »Treue und Untreue« herantreten. Sie werden ebenso gespürt haben: Es gibt keine fertigen Antworten und Patentlösungen zu diesen Lebensfragen. Jeder von uns muss eine eigene Antwort finden. Es ist ein unvorhersehbarer, manchmal beschwerlicher aber lohnender Weg.

Treue im Werden,
Treue als Weg

Was lieben wir an Kindern? Es ist die Vielfalt an Möglichkeiten, die in ihnen schlummern und auf eine Verwirklichung warten. Was lieben wir an Alten? Es ist das Gewordene, das sich aus der Vielfalt der Möglichkeiten herauskristallisiert hat.

Zwischen Kindheit und Alter werden wir erwachsen, gleichzeitig werden wir älter. Aus der Vielfalt der angelegten Möglichkeiten wächst ein Mensch wie ein Baum heran, der sich an die Gegebenheiten seiner Umgebung anpasst. Auf der Suche nach den optimalen Wachstumsbedingungen findet er das für ihn Realisierbare und nimmt Form und Gestalt an. Wenn er unter harten Bedingungen aufwachsen muss, wird er womöglich klein und knorrig. Sind die Bedingungen günstig, kann aus ihm ein majestätischer Baum werden. Solange er lebt, ist seine Gestalt nicht endgültig. Er ist bis zum Tod im Werden, aber mit dem Älterwerden bildet sich immer mehr der Baum heraus, der er im Laufe seines Lebens geworden ist.

So ist es auch mit unseren Beziehungen. Wir bringen individuelle Anlagen mit, wenn wir geboren sind. Wir wachsen in einer bestimmten Umwelt auf, wir finden bestimmte familiäre, kulturelle, geschichtliche Bedingungen vor, an die wir uns anpassen müssen. Im Zusammenspiel von Anlage und Umwelt entwickelt sich unser Leben. Gleichzeitig haben wir die Möglichkeit der Wahl. Wir können uns für bestimmte Lebensweisen, für bestimmte Kontakte und Beziehungen, für bestimmte Lebensziele entscheiden. Mit jeder Entscheidung legen wir uns ein wenig mehr fest. Wenn wir uns für die eine Beziehung entscheiden, verzichten wir auf andere mögliche Beziehungen. Durch das Festlegen entsteht aber etwas Reales: ein Leben zu zweit, die Verwirklichung gemeinsamer Lebenspläne, die Gründung einer Familie usw. Wenn wir Ja zu einer Möglichkeit sagen, sagen wir Nein zu anderen Alternativen. Wenn wir eine bestimmte Richtung einschlagen, kommen wir woanders an, als wenn wir einen anderen Weg ausgesucht hätten.

Diesen Weg mit vollem Herzen zu gehen, macht Treue aus.

Das bedeutet, sehr genau auszuwählen aus den gegebenen Alternativen. Das bedeutet, die Entscheidung mutig zu fällen, wenn sie reif ist. Das bedeutet, die ganze Energie und Kraft für diesen einen Weg einzusetzen. Das bedeutet aber auch, Veränderungen wahrzunehmen und angemessen darauf zu reagieren. Den einmal eingeschlagenen Weg immer wieder auf seine Richtigkeit zu überprüfen und zu korrigieren, wenn es nötig ist. Da es sich in einer Beziehung um einen gemeinsamen Weg handelt, den man mit seinem Partner (und gegebenenfalls mit Kindern) geht, muss diese ständige Überprüfung gemeinsam vorgenommen werden. Wie auf einer Expedition muss man immer wieder innehalten und miteinander überlegen, wie man weitergeht. Wenn man sich einig ist, gut. Wenn man sich nicht einig ist, muss man vielleicht in Absprache mit dem anderen gelegentlich getrennte Wege gehen, bis man wieder zusammentrifft. Aber die Richtung, in die alle gehen wollen, muss klar und eindeutig sein. Beziehung ist Verhandlungssache. Gelegentlich kann es an Weggabelungen heftige Dispute geben, welche Richtung man einschlägt. Dann muss man so lange weiterverhandeln, bis eine gemeinsame Entscheidung zustande kommt.

Manchmal findet man keine gemeinsame Entscheidung. Es stellt sich vielleicht heraus, dass jeder eine andere Vorstellung von seinem Ziel hat. Dann muss man getrennte Wege gehen. Aber selbst dann ist es gut, den gemeinsam zurückgelegten Weg zu würdigen und dem anderen alles Gute zu wünschen. Auch Trennungen gehören zu unserem Lebensweg. Aber das, was wir hinter uns lassen, ist ein Teil unserer Geschichte. Wir dürfen es nicht einfach wegwerfen oder darauf herabschauen. Wir sollen es in uns aufnehmen als einen Teil unseres Selbst, das sich in ständigem Werden und Vergehen befindet.

Wenn aber ein gemeinsamer Weg möglich ist, dann entsteht möglicherweise aus einzelnen Bäumen ein Wald. Das ist die Ernte eines gemeinsamen Lebens, die dem Alter Würde und Fülle verleiht. Im Laufe einer Beziehung wächst dabei die Zuversicht, dass es womöglich doch einen unsichtbaren Führer gibt, der uns einst mit unserem Partner zusammengebracht hat und der uns nun auf diesem gewundenen Pfad weiterführt. Auf diesem bisweilen dornigen Weg wird unsere Liebe und unser Verständnis füreinander und für uns selbst wachsen. Wir schmecken, was das Leben uns bieten kann, und erkennen dabei, was im Leben *wirklich* wichtig ist. Dies ist vielleicht der schönste Lohn, wenn wir uns aufmachen, die Kunst, treu zu sein, zu erlernen.

Anhang

Möglichkeiten der Hilfe und Selbsthilfe

Soforthilfe in der Not

Telefonseelsorge: *Telefon 08 00 – 1 11 00 01 11 und 08 00 – 1 11 02 22, über www.telefonseelsorge.de auch per E-Mail oder Chat erreichbar*

Die Telefonseelsorge ist eine sehr wertvolle und verlässliche Soforthilfe in der akuten seelischen Krise. Die Mitarbeiter sind Tag und Nacht erreichbar. Sie sind darin geschult, gut zuzuhören und nicht zu bewerten. Der Service ist nicht kirchlich gebunden. Er ist anonym, vertraulich und gebührenfrei.

Kummertelefon: *Telefon 08 00 – 1 11 03 33*
Kostenlose Beratung für Kinder, Jugendliche, Eltern und Lehrer.

Beratung und Therapie

Ehe-, Lebens- und Erziehungsberatungsstellen, Suchtberatungsstellen der Kirchen und des paritätischen Wohlfahrtsverbandes: *Telefonnummern im Telefonbuch unter »Kirchen«*

Hier kann man Termine vereinbaren, in denen man kompetent und kostengünstig beraten wird. Hier findet man auch viele therapeutische Angebote und Seminarangebote für Kinder, Jugendliche und Eltern.

Pro Familia: *www.profamilia.de, Telefonnummer in jedem Telefonbuch oder im Internet*

Kostenlose Beratung über Verhütung, Schwangerschaft, Elternschaft. Aufklärung und Beratung Jugendlicher, auch online.

Therapie: *Sie können sich entweder Empfehlungen von Therapeutinnen und Therapeuten von Freunden und Bekannten geben lassen oder in den Gelben Seiten nachschlagen unter »Psychologische Beratung«, »Psychologische Psychotherapeuten«, »Kinder- und Jugendlichen-Psychotherapeuten«oder »Ärzte für Psychiatrie und Psychotherapie«*

Eine Psychotherapie hat das Ziel, tiefer gehende seelische Probleme aller Art zu bearbeiten (psychische Probleme, psychosomatische Krankheiten, Partnerschaftskonflikte, Familienprobleme). Sie wird bei approbierten Ärzten und Diplom-Psychologen von allen Krankenkassen bezahlt. Bei nicht approbierten Psychotherapeuten muss man selbst zahlen. Das kann sich durchaus lohnen.

Psychotherapie ist Vertrauenssache: Der Suchende soll sich einen Therapeuten oder eine Therapeutin suchen, bei dem/der er das Gefühl hat, gut verstanden zu werden. Man kann einige Probestunden vereinbaren, bevor man sich entscheidet. Auch danach kann man den/die Therapeut/in noch wechseln, wenn man nicht zueinander passt. (Man sollte das Problem vorher mit dem Therapeuten oder der Therapeutin besprechen.)

Therapeuten unterliegen der Schweigepflicht. Es gibt Einzel-, Paar- und Familientherapien. Therapeuten sind in unterschiedlichen Schulrichtungen ausgebildet (zum Beispiel Psychoanalyse, Verhaltenstherapie, Gestalttherapie, Körpertherapie usw.) – auch hier kann man beim betreffenden Therapeuten nachfragen oder sich im Internet und bei Freunden informieren. Eine Psychotherapie wird meist über eine längere Zeit in regelmäßigen Abständen durchgeführt (Einzeltherapien meist wöchentlich, Paar- und Familientherapien in größeren Abständen).

Selbsthilfe

EFT (Emotionale Freiheits-Techniken)

EFT ist eine neue, sehr effektive Selbsthilfemethode, mit der man leichtere psychische Probleme selbst lindern kann. Sie kann in zehn Minuten erlernt werden. Das Grundprinzip: Man denkt an ein bestimmtes Problem und klopft sich leicht mit einem oder zwei Fingern an bestimmten Akupressurpunkten. Dabei werden zuvor blockierte Energiebahnen frei. Es kommt zu einer inneren Entspannung, Lösungen des Problems fallen einem selbst ein. Eine Buchempfehlung: Christian Reiland: *EFT. Klopfakupressur für Körper, Seele und Geist* (siehe Literaturliste). Das Buch mit DVD ist eine gute Hilfe, um die Methode schnell zu lernen.

Meditation

Meditation ist die wirksamste Möglichkeit, zu sich selbst zu kommen. Man setzt sich morgens und abends (als Erstes nach dem Aufstehen, als Letztes vor dem Zubettgehen) hin (mit freiem Rücken auf einem Stuhl, einem Meditationsbänkchen oder -kissen, am besten vor einer Kerze). Man legt die Hände zusammen in den Schoß, stellt sich vor, an einem Faden zwischen Himmel und Erde aufgerichtet zu sein, konzentriert sich auf einen Mittelpunkt im Becken und atmet dorthin aus. (Das Einatmen geschieht von selbst.) Gedanken kommen und gehen lassen. Wenn man sich abgelenkt fühlt, zum Atem zurückkehren. »Mit dem Atem eins werden.« Die Zeitdauer richtet sich nach dem eigenen Gefühl, mit fünf bis zehn Minuten beginnen, dann nach Bedarf steigern. Wichtiger als die Dauer ist die Regelmäßigkeit: am besten täglich. Je nach Bedarf variieren. Es gibt Kurse, bei denen man das Meditieren lernen kann, zum Beispiel an der örtlichen Volkshochschule, bei kirchlichen Angeboten, an buddhistischen Zentren usw. Eine gute Adresse ist der Benediktushof, Telefon 0 93 69 – 9 83 80 (www.benediktushof-holzkirchen.de)

Körperliche Übungen

Körperliche Übungen sind wohltuend für Körper, Seele und Geist. Vor allem östliche Methoden wie Tai-Chi, Qigong und Yoga zentrieren und beruhigen. Diese können beispielsweise vor oder nach der morgendlichen Meditation gemacht werden. Am besten etwas finden, das Spaß macht. Kurse gibt es etwa an örtlichen Krankenkassen, Volkshochschulen, Turnvereinen, Privatschulen usw.

Joggen, Walken und andere Fitnesstrainings sind auch wertvoll, aber nicht so zentrierend und beruhigend wie die oben erwähnten Methoden.

Selbsthilfegruppen

Selbsthilfegruppen gibt es zu allen möglichen Problemen, zum Beispiel Untreue, Essstörungen, Depression, Erziehungsproblemen usw. Interessant sind auch Männer- und Frauengruppen. Selbsthilfezentren gibt es in allen größeren Städten. Wo es keines gibt, selbst eine Selbsthilfegruppe gründen!

Chatrooms

Chatrooms im Internet gibt es ebenfalls zu allen möglichen Problemen. Über die Suchmaschine finden Sie passende Chatrooms zum Thema »Liebe und Sexualität«.

Selbsthilfe zu zweit

Zwiegespräche

Diese Methode von Michael Lukas Moeller ist eine ausgezeichnete Möglichkeit für Paare, über sich und ihre Beziehung miteinander zu sprechen. Sie eignet sich für Paare, bei denen keine gravierenden Probleme vorliegen (sonst sollte man lieber eine Beratungsstelle oder einen Therapeuten aufsuchen – siehe oben).

Vorgehensweise: Man nimmt sich regelmäßig, zum Beispiel wöchentlich oder alle zwei Wochen eineinhalb Stunden Zeit, etwa am Sonntagmorgen. Anrufbeantworter einschalten, Kinder zum Spielen schicken. Einen Wecker oder eine Eieruhr auf 15 Minuten einstellen. Jeder Partner darf dreimal eine Viertelstunde sprechen, egal worüber, Hauptsache über das, was ihm wichtig erscheint. Der andere hört nur zu, er darf nicht unterbrechen und stoppt die Zeit. Nach der Viertelstunde wechseln. Reihenfolge am Anfang festlegen: A fängt an, dann B. Drei Sequenzen nach dem Schema A-B-A-B-A-B. Nach den drei Runden aufstehen. Nicht darüber reden.

Wenn man die Zwiegespräche regelmäßig macht, kommt man zu einem tieferen gegenseitigen Verständnis – man bekommt mit, was den Partner wirklich bewegt. Und man hat selbst die Möglichkeit, sich alles von der Seele zu sprechen, ohne unterbrochen zu werden. Zwiegespräche fördern die Intimität eines Paares ungemein. Weitere Tipps dazu auf Seite 186 ff. im Kapitel »Untreue überwinden«. In jedem Fall ausprobieren!

Gemeinsam Walken

Eine ausgezeichnete Möglichkeit, sich gleichzeitig fit zu halten und miteinander zu sprechen. Tut Körper, Seele und der Beziehung gut!

Gemeinsame Auszeiten

Einmal die Woche abends ausgehen

Einmal im Jahr ein Urlaub zu zweit (Städtereise, Wanderung, Kulturreise)

Jubiläen feiern (Kennenlern-, Verlobungs-, Hochzeitstage)

Gemeinsame religiöse oder spirituelle Tätigkeiten

Meditieren

Geistige Übungen

Seminare besuchen

Sonntags in die Kirche gehen

Gemeinsames Engagement

für die Umwelt

für Kinder

für Tiere

für die Dritte Welt

für den Frieden

Gemeinsam fürs Alter planen

Alternative Wohnformen (zum Beispiel mit Freunden) suchen

Alten- und Pflegeeinrichtungen suchen

Patientenverfügung, Testament, Beerdigung planen

Netzwerk fürs Alter aufbauen

Viel Glück!

Empfohlene Literatur

Allgemeines

Bollnow, Otto Friedrich: *Wesen und Wandel der Tugenden*, Frankfurt/M.: Ullstein 1975

Gibran, Khalil: *Der Prophet*, Freiburg: Walter 1977

Grimm, Jacob und Wilhelm: *Die Kinder- und Hausmärchen der Brüder Grimm*, 3. Nachdruck der Ausgabe Kassel 1812/1814, Lindau: Antiqua 1988

Rinpoche, Sogyal: *Das tibetische Buch vom Leben und vom Sterben. Ein Schlüssel zum tieferen Verständnis von Leben und Tod*, Frankfurt/M.: Scherz 2006

Sheehy, Gail: *In der Mitte des Lebens. Die Bewältigung vorhersehbarer Krisen*, München: Droemer Knaur 1992

Wickert, Ulrich: *Das Buch der Tugenden*, Hamburg: Hoffmann und Campe 1995

Zur Bindungstheorie und -forschung

Brisch, Karl-Heinz: *Bindungsstörungen. Von der Bindungstheorie zur Therapie*, Stuttgart: Klett-Cotta, 7. Aufl. 2006

Brisch, Karl-Heinz/Hellbrügge, Theodor (Hrsg.): *Bindung und Trauma. Risiken und Schutzfaktoren für die Entwicklung von Kindern*, Stuttgart: Klett-Cotta, 2. Aufl. 2006

Endres, Manfred/Hauser, Susanne (Hrsg.): *Bindungstheorie in der Psychotherapie*, München: Ernst Reinhardt, 2. Aufl. 2002

Grossmann, Karin und Klaus E.: *Bindungen – das Gefüge psychischer Sicherheit*, Stuttgart: Klett-Cotta, 3. Aufl. 2006

Grossmann, Klaus E. und Karin (Hrsg.): *Bindung und menschliche Entwicklung. John Bowlby, Mary Ainsworth und die Grundlagen der Bindungstheorie*, Stuttgart: Klett-Cotta 2003

Kreisman, Jerold J./Straus, Hal: *Ich hasse dich – verlass mich nicht. Die schwarzweiße Welt der Borderline-Perönlichkeit*, München: Kösel, 19. Aufl. 2007

Dies.: *Zerrissen zwischen Extremen. Leben mit einer Borderline-Störung. Hilfen für Betroffene und Angehörige*, München: Kösel, 2. Aufl. 2007

Zur Paarbeziehung

Gratch, Alon: *Wenn Männer reden könnten. Und was sie fühlen, ohne es zu sagen*, München: Droemer Knauer 2004

Kinsey, Alfred Charles: *Das sexuelle Verhalten der Frau*, Frankfurt/ M.: S. Fischer 1963

Ders.: *Das sexuelle Verhalten des Mannes*, Frankfurt/M.: S. Fischer 1964

Mohrmann, Helga/Steinert, Ilona: *Wir leben die Liebe in wachsenden Ringen. Zu einer erfüllten Beziehung. Wege der Systemischen Therapie*, München: Knaur 2005

Willi, Jürg: *Was hält Paare zusammen? Der Prozess des Zusammenlebens in psycho-ökologischer Sicht*, Reinbek: Rowohlt-TB, 8. Aufl. 2002

Ders. (Hrsg.): *Ökologische Psychotherapie. Theorie und Praxis*, Reinbek: Rowohlt-TB 2005

Zur Treue und Untreue

Chu, Victor: *Casablanca oder wohin die Sehnsucht dich trägt. Unerfüllte Liebe und andere Leidenschaften*, München: Kösel, 2. Aufl. 1998 (vergriffen, Kopie beim Autor bestellbar. www. vchu.de)

Chu, Victor: *Lebenslügen und Familiengeheimnisse. Auf der Suche nach der Wahrheit*, München: Kösel, 2. Aufl. 2007

Chu, Victor: *Liebe, Treue und Verrat. Von der Schwierigkeit, sich selbst und dem Partner treu zu sein*, München: Kösel 1995 (vergriffen, Kopie beim Autor bestellbar: www.vchu.de)

Chu, Victor/de las Heras, Brigitta: *Scham und Leidenschaft*, Zürich: Kreuz, 2. Aufl. 1995 (vergriffen, Kopie beim Autor bestellbar: www.vchu.de)

Koisser, Harald/Schulak, Eugen Maria: *Wenn Eros uns den Kopf verdreht. Philosophisches zum Seitensprung*, Wien: Orac 2005

Lusterman, Don-David: *Infidelity. A Survival Guide*, Oakland: New Harbinger Publications 1998

Mailer, Norman: *Marilyn Monroe. Eine Biographie*, München: Droemer Knaur 1993

Olbrich, Heike/Schmidt, Jörg: *Die Verflossenen. Risiken und Nebenwirkungen*, Berlin: Christoph Links 1999

Pittman, Frank: *Angenommen, mein Partner geht fremd*, München: Droemer Knaur 1994

Subotnik, Rona B.: *Will He Really Leave Her For Me? Understandig Your Situation, Making Decisions for Your Happiness*, Avon: Adams Media Corporation 2005

Vaughan, Peggy: *The Monogamy Myth. A Personal Handbook for Recovering from Affairs*, New York: Newmarket Press, 3. Aufl. 2003

Wiede, Patricia: *Marmor, Stein und Eisen bricht. Über die Kunst, sich in der Partnerschaft die Treue zu halten*, Stuttgart: Kreuz 2004

Zur Sexsucht

Carnes, Patrick: *Wenn Sex zur Sucht wird*, München: Kösel 1992

Roth, Kornelius: *Wenn Sex süchtig macht. Einem Phänomen auf der Spur*, Berlin: Christoph Links 2004

Zur Selbsthilfe

Moeller, Michael Lukas: *Die Wahrheit beginnt zu zweit. Das Paar im Gespräch*, Reinbek: Rowohlt-TB 2005

Reiland, Christian: *EFT. Klopfakupressur für Körper, Seele und Geist* (mit DVD), München: Goldmann 2007